GRAMMAIRE

DE LA

LANGUE CHINOISE

ORALE ET ÉCRITE

Paris. — Typographie Ad. Lainé, rue des Saints-Pères, 19.

惟斅學半念終始典于學厥德修罔覺

子曰君子博學於文約之以禮亦可以弗畔矣夫

子曰知者樂水仁者樂山知者動仁者靜知者樂

GRAMMAIRE

DE LA

LANGUE CHINOISE

ORALE ET ÉCRITE

PAR

PAUL PERNY

Auteur du Dictionnaire français-chinois

CONFUCIUS disait : je commente les anciens livres, mais je n'en compose pas de nouveaux ; j'ai foi dans les anciens et je les aime.

子曰述而不作。信而好古

(LÉN YU, ch. 7, v. 1.)

TOME PREMIER

LANGUE ORALE

PARIS

MAISONNEUVE & Cie
Libraires (à la Tour de Babel)
15, QUAI VOLTAIRE, 15

ERNEST LEROUX
Libraire des Sociétés Asiatiques de Paris et Calcutta
28, RUE BONAPARTE, 28

ET A LA LIBRAIRIE AD. LAINÉ, RUE DES SAINTS-PÈRES, 19

1873

子謂子夏曰汝為君子儒無為小人儒

AVERTISSEMENT.

Nous avons annoncé la publication d'une grammaire essentiellement pratique de la langue chinoise, soit *orale,* soit *écrite.* Depuis cette époque, on a souvent demandé à nos éditeurs cette grammaire chinoise. L'impression des travaux sinologiques marche avec une lenteur forcée, *même lorsque ces travaux ne sont pas entravés par des obstacles particuliers.*

Notre grammaire chinoise est naturellement divisée en deux parties; chaque partie formerait un volume. Pour satisfaire le vœu public, nous suivons le conseil de quelques sinologues distingués, qui nous ont engagé à publier d'abord la première partie de notre travail, qui traite spécialement de la langue *orale.* La deuxième partie traite de la langue *écrite;* c'est la plus importante et la plus considérable. Elle est sous presse. Nous avons l'espoir que rien ne viendra en retarder l'impression, qui est poussée avec activité. Devant rendre compte de ce travail dans son ensemble, nous attendrons, pour le faire, la publication de la deuxième partie. La préface, que nous y consacrerons, paraîtra seulement avec cette deuxième livraison. Nous avons apporté un soin minutieux à la correction typographique, ainsi que nos lecteurs auront lieu d'en faire la remarque.

Les textes chinois, qui ornent le frontispice de cet ouvrage, sont tirés des anciens livres de la Chine. Nous en donnons ici la traduction :

Texte supérieur de la page :

« *Instruire les autres est la moitié de la doctrine; celui qui,* de-

a.

puis le commencement jusqu'à la fin, s'attache à donner des préceptes aux autres s'instruit lui-même, sans s'en apercevoir. »

(**Choû kīn**, chap. 8.)

Texte inférieur de la page :

« *Confucius interpellant* **Tsè hiâ** *lui dit : Que votre savoir soit le savoir d'un homme supérieur et non celui d'un homme vulgaire.* »

(**Lén yù**, chap. 6, v. 11.)

Texte vertical du côté droit :

« *L'homme instruit est comme une eau limpide qui réjouit; l'homme humain est comme une montagne qui réjouit; l'homme instruit a en lui un grand principe de mouvement; l'homme humain, un principe de repos; l'homme instruit a en lui des motifs de joie.* »

(**Lén yù**, chap. 6. v. 21.)

Texte vertical du côté gauche :

« *Confucius dit : L'homme supérieur doit appliquer toute son étude à faire son éducation, à acquérir des connaissances; il doit attacher une grande importance aux rites. En agissant ainsi, il pourra ne pas s'écarter de la droite raison.* »

(**Lén yù**, chap. 6, v. 25.)

TABLE DES MATIÈRES.

Pages.

AVERTISSEMENT. I

PROLÉGOMÈNES.

CHAPITRE PREMIER.

DE LA LANGUE CHINOISE EN GÉNÉRAL.

I. — Origine du langage, d'après les Chinois. 1
II. — Diversité des langues. 2
III. — Classification générale des langues. 3
IV. — Antiquité de la langue chinoise. 5
V. — Facilité de la langue chinoise, surtout de la langue orale. 7
VI. — Division de la langue chinoise. 8

CHAPITRE II.

EXPOSÉ DES ERREURS ET DES PRÉJUGÉS VULGAIRES SUR LA LANGUE CHINOISE. — LEUR RÉFUTATION. 11

CHAPITRE III.

CONSEILS POUR L'ÉTUDE DE LA LANGUE CHINOISE.

I. — Nécessité d'une direction. 15
II. — Fausses méthodes à éviter. 16
III. — Méthode à suivre pour la langue orale. 17
IV. — Méthode pour la langue écrite. 22

CHAPITRE IV.

DES INFLEXIONS DE LA VOIX OU DES CINQ TONS DANS LA LANGUE CHINOISE ET DES ASPIRATIONS GUTTURALES.

I. — Des inflexions de la voix dans les langues en général. 24
II. — Des inflexions de la voix, en particulier dans la langue chinoise. . . . 26
III. — Nombre et distinction des tons de la voix dans la langue chinoise. . . . 27
IV. — Moyen de saisir et de rendre exactement les tons. 29
V. — Des aspirations. 31

CHAPITRE V.

DES MOTS RADICAUX OU PRIMORDIAUX DE LA LANGUE CHINOISE.

Pages.
I. — Caractère spécial des mots chinois. 33
II. — Du nombre des mots primitifs. . . . . *id.*
III. — Erreur des linguistes européens. 35
IV. — Division des sons initiaux de la langue chinoise en neuf séries. 37
V. — Tableau général de tous les mots ou sons de la langue chinoise. . . . 38

PREMIÈRE PARTIE.

LANGUE ORALE.

CHAPITRE PREMIER.

NOTIONS PRÉLIMINAIRES SUR LA LANGUE ORALE, VULGAIREMENT DITE : *LANGUE MANDARINE.*

I. — Caractère propre de la langue orale. 49
II. — Nuances du langage parlé. 50
III. — Mécanisme simple et facile de la langue orale. 51
IV. — Manière de saisir promptement le mécanisme de la langue. 52
V. — Des divers dialectes ou patois de la Chine. 53

CHAPITRE II.

DU SUBSTANTIF OU DU NOM COMMUN.

I. — Comment les Chinois divisent les mots de leur langue. 54
II. — Les neuf classes de substantifs chinois. 55
III. — Du genre dans les substantifs. 61
IV. — Du nombre dans les substantifs. 62
V. — Des augmentatifs et des diminutifs en chinois. 64
VI. — Des substantifs ou noms communs devenant, par position, adjectifs, verbes, adverbes. 68
VII. — Substantifs doubles ou composés qui peuvent ou ne peuvent pas être transposés sans changer de sens. 70
VIII. — Exemples de substantifs à sens opposé. 72

CHAPITRE III.

DES ADJECTIFS EN CHINOIS.

I. — Formation des adjectifs en chinois. 74
II. — Place des adjectifs chinois dans le discours. 75
III. — Adjectifs devenant, par position, substantifs, verbes actifs, verbes neutres, verbes pronominaux, adverbes. . . . . *id.*

Pages.

IV. — Manière fréquente d'exprimer en chinois les défauts ou les négations de qualités . . . 78
V. — Des différentes classes d'adjectifs chinois . . . id.
VI. — Adjectifs changeant de tons et de prononciation . . . 80
VII. — Exemples d'adjectifs à sens opposé . . . id.
VIII. — Règles pour traduire facilement en chinois différentes classes d'adjectifs français . . . 81

DEGRÉS DE COMPARAISON.

DU COMPARATIF . . . 85
I. — Comparatif de supériorité . . . 86
II. — Comparatif d'infériorité . . . 89
III. — Comparatifs d'égalité . . . id.
DU SUPERLATIF . . . 90
I. — Superlatif absolu . . . id.
II. — Superlatif relatif . . . 94
III. — Superlatif excessif . . . id.

CHAPITRE IV.

DES ADJECTIFS NUMÉRAUX OU DES NOMS DE NOMBRE EN CHINOIS.

I. — Système décimal chez les Chinois . . . 97
II. — Nombres cardinaux . . . id.
III. — Des noms numéraux ou des particules numérales . . . 101
IV. — Des nombres ordinaux . . . 103
V. — Des nombres partitifs . . . 104
VI. — Division du temps . . . 105
VII. — De l'abaque chinois ou machine à compter . . . 108
VIII. — Des barres numérales . . . 111
IX. — Spécimens des chiffres en écritures anciennes . . . id.

CHAPITRE V.

DES DIFFÉRENTS NOMS PROPRES EN CHINOIS.

I. — Du nom générique des familles chinoises ou du **Sín** 姓 . . . 113
II. — Du nom dit en chinois ché 氏 . . . 117
III. — Du petit nom de lait des Chinois, ou du **Siaò mîn** 小名 . . . 118
IV. — Du nom tiré du cycle de famille, dit en chinois **Tsé peý** 字輩 . . . 121
V. — Du nom appelé **Tsé haó** 字號 . . . 122
VI. — Du nom posthume ou du **Hoúy** 諱 . . . id.
VII. — Des sobriquets chinois ou **Houèn mîn** 混名 . . . 123
VIII. — Du titre des négociants et des hôtelleries chinoises. **Tchaō paý** 招牌 . 124
IX. — Des noms géographiques en chinois . . . 125
X. — Des noms de royaumes et de peuples étrangers à la Chine . . . 127

CHAPITRE VI.

DES PRONOMS.

Pages.

I. — Des pronoms personnels. 129
II. — Des pronoms relatifs ou conjonctifs. 131
III. — Pronoms démonstratifs. 133
IV. — Pronoms possessifs. 135
V. — Pronoms indéfinis. . . . . *id.*

CHAPITRE VII.

DES VERBES CHINOIS.

I. — Facilité des conjugaisons chinoises. Noms des verbes en chinois. . . . 138
II. — Noms équivalents en chinois des différentes espèces de verbes. 139
III. — Espèces de verbes chinois. . . . . *id.*
IV. — Du verbe substantif ÊTRE, ESSE. 140
V. — Des mots qui font l'office du verbe substantif. . . . . *id.*
VI. — Deux sortes de verbes auxiliaires. 143
VII. — Des verbes simples et composés. 157
VIII. — Manière de former en chinois les modes et les temps des verbes. . . 158
IX. — Des différentes voix dans les verbes. 167
X. — Des mots chinois qui sont toujours verbes. 171
XI. — Des verbes chinois devenant, par position, substantifs, adjectifs, adverbes, et quelquefois verbes actifs, de neutres qu'ils étaient. . . . 172
XII. — Règles générales pour traduire en chinois certaines classes de verbes français. 174

CHAPITRE VIII.

DES ADVERBES.

I. — Des adverbes de temps. 175
II. — Adverbes de lieu et de distance. 176
III. — Adverbes de quantité. 178
IV. — Adverbes de qualité. 179
V. — Adverbes de rang. 180
VI. — Adverbes de comparaison. . . . . *id.*
VII. — Adverbes d'affirmation, de négation et de doute. 182
VIII. — Adverbes d'interrogation. 186
IX. — Manière de faire les interrogations en chinois. 188
X. — Locutions adverbiales. 189
XI. — Adverbes devenant, par position, adjectifs. 190
XII. — Adverbes devenant, par position, verbes. . . . . *id.*

CHAPITRE IX.

DES PRÉPOSITIONS ET DES POSTPOSITIONS.

PREMIÈRE SECTION : *Des prépositions*. 191
DEUXIÈME SECTION : *Des postpositions*. 199
TROISIÈME SECTION : *Prépositions prises substantivement*. 201
QUATRIÈME SECTION : *Prépositions devenant verbes*. . . . . *id.*

Pages.

CHAPITRE X.

DES CONJONCTIONS.

Principales conjonctions. 202

CHAPITRE XI.

DES INTERJECTIONS.

I. — Interjections de douleur, d'affliction. . . . . *id.*
II. — Interjections de désirs. 208
III. — Interjections de crainte, d'aversion, de dégoût. . . . . *id.*
IV. — Interjections d'admiration. . . . . *id.*
V. — Interjections de surprise, d'étonnement. . . . . *id.*
VI. — Interjections d'encouragement. . . . . *id.*
VII. — Interjections de silence. 209
VIII. — Interjections pour appeler. . . . . *id.*
IX. — Interjections pour avertir, modérer, apaiser. . . . . *id.*
X. — Interjections en forme de menaces, de jurons. . . . . *id.*
XI. — Espèces d'interjections euphoniques. . . . . *id.*

CHAPITRE XII.

DES IDIOTISMES DE LA LANGUE CHINOISE.

I. — Idiotismes de la langue orale. 211
II. — Idiotismes de la langue écrite. 214

CHAPITRE XIII.

DE L'URBANITÉ CHINOISE.

I. — Motifs de ce chapitre. 218
II. — Idées des Chinois sur l'urbanité. 219
III. — Des termes honorifiques en chinois. 220
IV. — Des titres que l'on prend, par modestie, en parlant de soi-même. . 224
V. — Des termes dont on se sert pour désigner ce qui nous appartient ou nous concerne. 226
VI. — Des expressions polies qui remplacent le pronom possessif de la deuxième personne. 228
VII. — Des cinq espèces de salutations ou des cinq manières de saluer des Chinois. 230
VIII. — Formules de remercîments. 233
IX. — Des visites. . . . . *id.*
X. — Des présents. 240
XI. — Des festins chinois. 243
XII. — De la correspondance épistolaire. 246

FIN DE LA TABLE DES MATIÈRES.

GRAMMAIRE CHINOISE.

PROLÉGOMÈNES.

CHAPITRE PREMIER.

DE LA LANGUE CHINOISE EN GÉNÉRAL.

1° Origine du langage, d'après les Chinois. — 2° Diversité des langues; ses causes. — 3° Classification générale des langues. — 4° Origine et antiquité de la langue chinoise. — 5° Facilité de la langue chinoise. — 6° Division de la langue chinoise en langue *orale* et langue *écrite*.

I. — ORIGINE DU LANGAGE.

Le langage est la pensée même, considérée dans sa forme essentielle et invariable. La pensée de l'homme ne peut être considérée comme existant individuellement et d'une manière concrète, si elle n'est limitée et circonscrite par la parole. L'homme occupé à créer le langage est une absurdité pareille à celle de l'homme occupé à inventer la société. L'homme, le langage, la société, ont été le résultat d'une création simultanée. Lumière du monde moral, lien de la société, vie des intelligences, dépôt de toutes les vérités, de toutes les lois, la *parole* règle l'homme, ordonne la société, explique l'univers. Tous les jours, elle tire l'esprit de l'homme du néant, comme aux premiers jours du monde une parole divine et féconde tira l'*univers* lui-même du chaos. La *parole* est le plus profond mystère de notre être. Loin d'avoir pu l'inventer, l'homme ne peut même pas la comprendre (1). La raison a été nécessaire pour inventer la raison, la parole pour inventer la parole.

(1) Les écoles rationalistes d'Allemagne et de France ont repoussé, de nos jours, les doctrines matérialistes de Locke, de Condillac, de Tracy, etc.; mais, à des nuances près, qui ne touchent

Les philosophes chinois ne paraissent pas avoir jamais discuté sur l'origine du langage. De même qu'ils admettent que le *Ciel* a fait l'homme raisonnable, ils admettent qu'il l'a doué du don de la parole. Penser et parler découle de la nature de l'homme, et appartient à l'essence de son être. Dans la préface du **Chē kīn** 詩經, on lit ces paroles remarquables : « *L'homme naît intelli-* « *gent et comme associé à la spiritualité du Ciel. Son âme se replie sur elle-même* « *quand les objets extérieurs frappent ses sens : de là ses désirs et ses vouloirs. Il* « *ne peut s'y arrêter sans réfléchir ; la réflexion le conduit à la parole, et sa langue* « *n'est que l'écho de son cœur* (1). »

II. — DIVERSITÉ DES LANGUES.

On compte sur la surface du globe au moins *huit cent soixante langues* parlées, divisées en plus de cinq mille dialectes. De ces *huit cent soixante* langues, *cinquante-trois* appartiennent à l'Europe, *cent cinquante-trois* à l'Asie, *cent quinze* à l'Afrique, *cent dix-sept* à l'Océanie, et *quatre cent vingt-deux* à l'Amérique. Sur la cause toujours subsistante de la diversité des langues, les Chinois nous semblent avoir raisonné plus philosophiquement que certains philologues européens. Dans l'ouvrage **Sín lỳ hoúy tǒng** 性理會通, le philosophe **Y tcheou** parle ainsi : « *La diversité des langues ne tient assurément pas à notre* « *nature.* Elle n'est point son œuvre, puisque dans les premiers moments de « la joie, de la tristesse, de la douleur, de la colère, de la compassion, où la « nature agit presque toute seule, les cris des hommes de tous les pays sont à « peu près les mêmes. Pourtant, cette cause radicale est si fortement enracinée « dans notre nature que nulle puissance humaine ne peut la détruire. Elle « n'est pas, non plus, l'œuvre de la raison, puisque la diversité des langues « ne suit ni règle ni principe, et brise en quelque sorte tous les liens de la « société. Est-ce une altération insensible de la langue primitive ? Est-ce une « suite du peu de commerce des peuples les uns avec les autres ? Non, car les « langues sont trop différentes, et l'ont été dès la plus haute antiquité..... Il « faut que l'homme soit déchu de son premier état, car il y a une prononcia-

---

que la forme ou l'expression, toutes leurs doctrines sont comprises dans celles de G. de Humboldt : « *L'homme, au sortir des mains du Créateur, n'aurait pas reçu une langue toute faite, mais simplement le pouvoir de la produire spontanément par un procédé purement instinctif.* » Qui ne reconnaîtra là un simple subterfuge d'amour-propre philosophique ?

(1) 人生而靜。天之性也。感於物而動。性之欲也。夫既有欲矣。則不能無思。既有思矣。則不能無言。既有言矣則言之所不能盡, etc. (Préf. du **Chē kīn**, par **Tchōu hỳ** 朱熹). Voir, à la IIe partie de la Grammaire, chap. VIII, la notice sur les livres sacrés de la Chine.

« tion vraie et propre de chaque mot. Quelle est-elle? Sont-ce nos ancêtres « qui ne l'ont pas connue? L'avons-nous altérée? Mais pourquoi? Les cris des « animaux, le chant des oiseaux, ne sont-ils pas encore comme dans les pre- « miers temps? La cause n'est-elle pas qu'ils se sont conservés dans l'état de « leur première origine? Quant à l'homme, il faut qu'il soit déchu de la « sienne, puisque chaque royaume a sa langue à part, et même chaque pro- « vince sa prononciation particulière. La nature est une, la raison est une, le « beau est un. Ce désordre si sensible dans les langues dérive d'un plus grand « désordre. Il est ou une punition *ou un décret du Ciel.* »

Deux savants d'Europe qui n'ont probablement jamais lu les philosophes de la Chine signeraient, sans aucun doute, les paroles que nous venons de rapporter. L'un est Niebuhr (1), le célèbre historien de Rome, qui dit que pour tout savant *les restes de l'ancien monde montrent qu'un tout autre ordre de choses a dû exister avant celui-ci, et que ce dernier ordre a dû subir un changement essentiel.* Quant à Herder (2), l'auteur de l'ouvrage : *Idées sur l'histoire de l'humanité*, il affirme avec assurance que, d'après l'examen des langues, *il est clair que la séparation de l'espèce humaine doit avoir été violente*, c'est-à-dire que les hommes ont dû être violemment et soudainement séparés les uns des autres. On trouve dans le Lỷ ký 禮記 ou *Livre des rites* des Chinois un texte assez curieux qui semble faire allusion à la dispersion des peuples : « *L'univers est égaré de sa voie, depuis que les langues ont été divisées comme en branches et en familles.* » 天下無道自言有枝葉。

III. — CLASSIFICATION GÉNÉRALE DES LANGUES.

Les linguistes s'accordent aujourd'hui à reconnaître trois grands types essentiels, qui ont donné lieu à autant de classes de langues. Cette division des langues est la plus rationnelle, la plus logique. Le premier de ces types renferme les langues *monosyllabiques;* le deuxième, les langues *agglutinantes;* le troisième, les langues *à flexion.*

Toutes les langues ont commencé par le monosyllabisme. Une seule, croyons-nous, est demeurée dans ce même état, parce que, l'une des premières, sinon la première peut-être, elle a possédé un corps merveilleux d'écriture *figurative, imagée, symbolique.* Ce corps d'écriture a comme enchaîné à jamais la langue orale aux signes merveilleux de cette même écriture, et l'a

(1) Niebuhr (Berthold-Georges), né à Copenhague en 1776, mort à Bonn en 1803. Ce savant était lié avec le cardinal Maï. Son *Histoire romaine*, non achevée, a été traduite en français par de Golbéry, en sept vol. in-8°; c'est un des bons ouvrages du dix-neuvième siècle.

(2) Herder (Jean-Godefroi), né à Mohrungen en 1744, mort en 1808.

fixée très-probablement pour toujours. Est-ce un bien, est-ce un inconvénient? Cette langue est la langue chinoise. Nos lecteurs savent qu'aucune langue du monde n'est parlée autant que l'idiome chinois. Un peuple sagace et intelligent, de plus de 400 millions d'hommes, échange ses pensées dans cette langue. En dehors de la Chine, plus de 100 millions d'hommes lisent et entendent son admirable écriture (1). La Chine a une grande estime pour sa langue, qu'elle regarde comme supérieure à beaucoup d'autres. Pour soutenir son opinion, elle a des arguments qui ne sont nullement méprisables. L'écriture chinoise, dont les images et les symboles ne sont liés à aucun son (2), peut être lue dans toutes les langues du monde. Dans cette langue, les catégories de mots ne sont pas distinguées par des sons acoustiques particuliers. Le même mot peut représenter tour à tour presque toutes les parties du discours. La distinction se fait surtout à l'aide de la *règle de position des mots*. Cette position seule imprime à ces mots le cachet spécial de telle ou de telle relation. Dans la conversation, l'*intonation* qui en dérive, sert surtout à établir le sens des mots.

Le plus grand nombre des idiomes du globe compose le deuxième type général des langues, auquel on donne le nom de *langues agglutinantes*. En général, dans ces langues-ci, les mots qui représentent la relation se collent, pour ainsi dire, à la fin de la racine restée immuable. Cette classe de langues se subdivise en une foule d'autres, selon la manière plus ou moins intime dont les mots de relation s'attachent soit à la racine, soit aux mots entre eux. Toutefois un certain nombre de langues agglutinantes ne repoussent nullement les flexions ou les désinences qui expriment les divers rapports des mots entre eux. C'est là comme un passage naturel entre cette classe et la suivante.

Ce qui caractérise les langues du troisième type, dites *langues à flexion*, c'est qu'il y a fusion complète de la signification et de la relation. Tandis que, dans les langues agglutinantes, les mots sont formés par des membres dont chacun conserve encore une sorte d'individualité, ces membres, au contraire, dans les *langues à flexion*, se confondent en un seul organisme, de façon à n'avoir plus d'existence distincte.

Les langues *à flexion* sont réparties en deux grands groupes que l'on désigne

---

(1) Au Japon, en Corée, dans le Turkestan ou petite Boukharie, au Thibet, dans le royaume de Siam, les savants lisent tous la langue chinoise, s'ils ne la parlent pas. Le royaume d'Annam, qui compte au moins vingt-cinq millions d'habitants, n'a d'autre langue que celle de la Chine. Nous avons entendu parfois en Europe certains savants systématiques voter par acclamation la suppression de la bizarre langue chinoise. Quelle utopie!

(2) Nous faisons ici allusion aux caractères primitifs, qui étaient rigoureusement *figuratifs*, *idéologiques*. Dans la suite des temps, les Chinois ont admis dans la composition de leurs caractères l'élément phonétique. Nous traitons cette question *ex professo* à la IIe partie de la Grammaire, au chapitre II, qui a pour titre : *Plan des caractères chinois, ou les six règles de leur formation*.

sous les noms de *famille aryaque* ou *indo-européenne* (1) et de *famille sémitique* ou *syro arabe* (2). Depuis un demi-siècle, l'étude raisonnée et synthétique des langues, notamment celles de la famille aryaque, est entrée dans une voie nouvelle, qui jette un jour précieux et inattendu sur l'histoire même des nations européennes, particulièrement sur les époques de leur vie antéhistorique. Nous admirons les beaux travaux des linguistes modernes, parmi lesquels nous citerons F. Bopp, E. Burnouf, Lassen, Max Müller, Windischmann, Eichhoff, Egge , etc.

Cependant il nous semble que ces savants, épris d'une admiration peut-être trop exclusive en faveur des langues à flexion, décernent à ces dernières, d'une manière trop absolue, la palme sur toutes les autres. Leur argument palmaire est que les langues à flexion sont l'apanage exclusif des peuples qui de tout temps auraient marché à la tête de la civilisation. Pour que ce jugement fût sans appel, il faudrait que les anciennes langues fussent aussi connues que nos langues modernes à flexion. Les anciens peuples n'ont pas été moins civilisés que nous, bien que les langues à flexion leur fussent inconnues.

L'Orient, par exemple, offre encore de nos jours un champ immense aux études philologiques. Ce champ nous semble encore peu exploré, comme la géographie de ces hauts sites de l'Asie, où fut le berceau du genre humain. On a jugé quelques langues de l'Asie sur les rapports de gens peu sérieux, sur des traductions pâles et décolorées d'ouvrages orientaux. Est-il possible de porter un jugement sérieux sur une langue d'après de semblables données?

IV. — ANTIQUITÉ DE LA LANGUE CHINOISE.

La chronologie chinoise est sans doute assez obscure pour les temps primitifs de la monarchie chinoise. Cependant, quelle que soit l'opinion que l'on adopte sur cette question, la langue chinoise est indubitablement la plus ancienne des langues que l'on parle à présent sur toute la surface du globe. Une opinion s'accrédite de jour en jour davantage dans le monde savant; nous la faisons connaître à nos lecteurs sans émettre notre opinion personnelle sur cette grave question. Certains plateaux de la haute Asie auraient été habités et peuplés par des émigrations antédiluviennes. Traversant les plaines immenses du Sennaar, voisines de la petite Boukharie, qui porte le nom chinois de 天山南路, la colonie primitive des Chinois aurait poussé constamment sa marche, ainsi que le firent plus tard les émigrations noémiques,

(1) Cette famille comprend six rameaux, savoir : les rameaux *indien*, *persan*, *gréco-romain*, *germanique*, *slave* et *celtique*.

(2) Elle comprend l'araméen (syriaque et chaldéen), l'hébreu, le phénicien, l'arabe et l'éthiopien.

vers les régions de l'est, et se serait arrêtée, pour s'y fixer, sur le sol qui forme aujourd'hui la province que l'on nomme le Chèn sў 陝西。 Un fait unique peut-être dans les annales de tous les empires, c'est qu'à cette heure la Chine soit encore, d'une manière certaine, habitée par la postérité de la colonie primitive qui vint s'y établir. La Chine n'a jamais été non plus, comme tous les pays d'Occident, envahie par des hordes de barbares, qui en modifiant les mœurs et les coutumes, altèrent surtout la langue du peuple conquis, quand ils ne la font pas disparaître.

Fixée par son écriture *figurative*, *idéologique*, la langue chinoise, sauf quelques modifications inévitables, qui ont dû tomber plus spécialement sur la prononciation, la langue chinoise a conservé sa forme première, c'est-à-dire un monosyllabisme qui suffit largement à tous les besoins de la pensée. Ses mots sont tout à elle. D'où les a-t-elle tirés? Ce monosyllabisme particulier n'a aucune analogie avec les langues vivantes ou mortes les plus anciennes (1). Au moyen des livres sacrés de la Chine, qu'on nomme Kīn 經, c'est-à-dire *Livres par excellence*, et qui sont incontestablement les plus beaux comme les plus anciens monuments profanes de l'antiquité, on saisit le fil de son histoire à plus de deux mille ans avant notre ère. Les odes sacrées de la Chine, ses inscriptions antiques, nous montrent déjà à cette époque la langue chinoise aussi pleine d'énergie que de beautés pénétrantes. Le style de ces livres sacrés, leurs récits simples, naïfs, touchants, idylliques, surtout les chants en l'honneur du ciel et des ancêtres, ont un parfum inexprimable de grâce et de simplicité, qui laissent bien loin derrière eux les livres homériques et tous les autres de l'antiquité profane. Son Choū kīn 書經 nous montre les arts et les sciences déjà florissantes sous le règne du célèbre Yaô 堯, 2367 av. J.-C. Les propriétés du triangle rectangle n'étaient pas inconnues à Yù le Grand 大禹, non moins illustre par sa sagesse que par ses immenses travaux. L'astronomie, la musique, inséparables en ces temps anciens de la vraie philosophie, étaient cultivées dès lors avec un égal succès. Quel peuple de l'univers peut aujourd'hui présenter des annales qui soutiennent la comparaison avec celles de la Chine? Les Chaldéens, les Babyloniens, les Égyptiens, ne sont plus en cause; leur langue a presque entièrement disparu avec eux. La première mention d'une langue étrangère à la Chine, dont il soit question dans les Annales chinoises, remonte au règne de Taў kēn 太庚, environ 1691 av. J.-C.

(1) Les philologues modernes font remarquer justement une analogie plus ou moins frappante entre un certain nombre de mots radicaux dans plusieurs langues. On peut signaler ce même fait dans les langues anciennes. Ce que nous disons du monosyllabisme chinois en général n'est nullement infirmé par les publications récentes de deux savants anglais, M. Chalmers (*the Origine of the Chinese*) 1868, et M. Edkins (*China's place in philology*, 1871). L'intonation chinoise et la liaison étroite de ce monosyllabisme chinois aux caractères idéo-phonétiques de cette langue lui donnent un caractère exclusif entre toutes les langues

Des ambassadeurs étrangers étaient venus rendre hommage à ce Prince. Il fallut leur donner des interprètes. On ignore de quelle contrée venait cette ambassade.

V. — FACILITÉ DE LA LANGUE CHINOISE, SURTOUT DE LA LANGUE ORALE.

L'ignorance a répandu sur la langue chinoise des préjugés épais, qui ont envahi non-seulement les classes ordinaires de la société européenne, mais encore les membres des corps savants de l'Europe. Grâces à ces préjugés, le seul nom de langue chinoise est encore, comme au temps d'Abel Rémusat, le synonyme de *mystère impénétrable*, de même qu'une sorte de ridicule, attaché depuis longtemps au nom du peuple chinois, demeure aussi vivace que jamais. M. Rémusat faisait remarquer qu'à une époque antérieure à lui la suffisance de certains savants se plaisait à alimenter ces ridicules préjugés pour faire déverser sur eux un prestige d'honneur d'autant plus considérable. Malgré les travaux remarquables publiés depuis un demi-siècle sur la langue chinoise, cette langue passe encore de nos jours pour une langue si difficile que peu de personnes osent en entreprendre l'étude. Sur tout le continent européen, c'est à peine si à présent on compterait douze ou quinze personnes en état de lire ou de parler la langue chinoise. Par suite de ce déplorable préjugé, on ne cesse de répéter qu'une langue qui exige toute la vie d'un homme pour en connaître seulement l'*alphabet* est inabordable. Ne dit-on pas chaque jour encore, que toute la science d'un lettré chinois consiste à retenir de mémoire un chiffre plus ou moins élevé de caractères hiéroglyphiques parmi les *cent mille* que l'on dit former le vocabulaire de cette langue? Aussi, imbus de ces funestes préjugés, où est le linguiste qui ose aborder cette langue, dont les symboles antiques offrent pourtant de si vastes horizons aux recherches philosophiques? Où est l'historien qui essaye de visiter les textes originaux du seul peuple de l'univers qui, à travers les révolutions des siècles et la ruine des empires, demeure encore debout, seul débris de tant de ruines accumulées sur ce globe? Où est le disciple d'Hippocrate et de Galien, qui ait le courage de fouiller dans les originaux, ces vastes et riches herbiers de la Chine, dépôt immense des plus minutieuses et sagaces recherches, fruit de l'expérience accumulée de plus de quarante siècles, et dont le résultat serait si utile à l'humanité souffrante? Où est le diplomate qui, en arrivant en Chine, ait le courage de s'affranchir d'un ridicule préjugé et de se mettre de suite à même de parler, de lire la langue chinoise, afin de se passer de *comprador*, dans la discussion si grave des intérêts internationaux? Où est le savant qui ait le désir d'étudier ces immenses encyclopédies, qui n'ont pas leur pareille chez aucun peuple de l'univers, et dans lesquelles les Chinois ont consigné tous leurs procédés ingénieux sur les arts libéraux, sur l'agriculture, etc.? Non, aucun savant n'ose entreprendre une telle étude. Le préjugé vulgaire enlève même le simple désir de se livrer à cette étude.

Voici pourtant la vérité toute nue sur cette langue, qui fait en Europe l'épouvante des esprits les plus cultivés. *Aucune langue n'est aussi simple et aussi facile què la langue chinoise.* Notre travail en sera la preuve à tous nos lecteurs. Nous ajouterons ici : Est-il une langue, dans l'univers, qui ait autant de titres à l'attention des hommes sérieux? Le chinois n'est-il pas le moyen par lequel plus de *cinq cents millions* d'hommes se communiquent mutuellement leurs pensées?

VI. — DIVISION DE LA LANGUE CHINOISE.

La langue chinoise se divise en langue *orale* et langue *écrite.*

La langue orale, que l'on nomme vulgairement en Europe *langue mandarine,* est moins difficile à apprendre que toute autre langue alphabétique. Ses mots *radicaux* sont tous invariables et en fort petit nombre. On n'en compte même pas *cinq cents.* La langue chinoise n'a ni déclinaison ni conjugaison, ce qui aplanit énormément la difficulté d'une langue. L'ordre des mots dans la phrase est toujours fixe et régulier. Les règles de la syntaxe sont également régulières et bien peu nombreuses. La seule difficulté de la langue orale consiste à saisir avec une grande justesse d'oreille les modulations vocales, et à les reproduire en parlant, car ces modulations varient le sens des mots *radicaux.* Cette difficulté est, au fond, peu sérieuse, puisque, sans le secours d'aucun livre, d'aucune grammaire, sans notions préliminaires sur le génie et sur les formes de la langue chinoise, sur ses principes constitutifs, mais aidé seulement d'un indigène chinois, un missionnaire, après six ou huit mois d'étude, est en état d'exercer les fonctions de son ministère apostolique en Chine (1).

On ne peut apprendre seul la langue parlée, puisqu'on ne saurait s'exercer soi-même à saisir et à reproduire exactement la nuance des différentes modulations des mots chinois. Dirigé par le travail que nous publions, exercé par un maître indigène ou un Européen habile, un jeune sinologue, après *trois* ou *quatre mois* seulement d'étude, commencera à parler très-convenablement la langue chinoise. Est-il une seule de nos langues modernes, même parmi les plus faciles, que l'on puisse en aussi peu de temps parler avec la même facilité? Assurément un jeune sinologue ne sera pas capable de saisir le génie, la délicatesse, les grâces de ce langage antique, mais il pourra converser directement avec les Chinois, et suffire à ses besoins.

(1) Voir à la fin de la Grammaire la note A, avec le titre de *Bibliothèque d'un jeune sinologue.*

On peut très-bien entendre et parler la langue chinoise sans pouvoir lire une ligne, un seul caractère. On peut de même lire couramment et comprendre les caractères chinois, sans être en état de parler la langue orale. Les sinologues d'Occident sont à peu près tous dans ce dernier cas. Bien que la connaissance de la langue parlée, celle du génie, des mœurs, des coutumes publiques et privées des Chinois, soient une précieuse ressource pour entendre les livres chinois, cependant ces connaissances ne sont nullement indispensables pour posséder la langue écrite. Un sinologue peut même devenir éminent dans la connaissance de cette langue, sans pouvoir soutenir une conversation chinoise.

L'écriture chinoise dessine aux yeux les idées incorporées dans les images. A l'origine, elle était surtout figurative; peu à peu, elle est devenue partie *figurative*, partie *phonétique*. En somme, l'écriture chinoise est *idéologique*, ou si l'on veut, *idéographique*. Tout ce qu'on a dit sur la difficulté de la langue écrite, à cause de la multitude et de la variété des caractères, n'est, en réalité, qu'une exagération ridicule, qui passe de bouche en bouche, parce qu'on n'examine pas sérieusement la question. Affirmer sans cesse qu'il y a, dans la langue chinoise, *soixante*, *quatre-vingts* et même *cent mille caractères*, n'est-ce pas comme si l'on disait qu'un de nos Dictionnaires français renferme tant de milliers de mots? Nous avons un Dictionnaire français, celui de Boiste (1), qui renferme juste le double plus de mots que les Dictionnaires chinois les plus usuels. Que dirait-on d'un étranger qui, voulant apprendre le français, n'aurait pas de plus grand souci que celui de savoir le nombre exact des mots de cette langue? La langue française est riche, lui dirait-on; jugez-en vous-même. Elle renferme au moins *cent vingt mille* mots. *Apprendre une langue qui renferme un tel nombre de mots, eh! mais la vie de l'homme le plus laborieux n'y suffirait pas!* — Voilà littéralement l'exagération que l'on fait sur la langue chinoise. Des deux Dictionnaires chinois les plus usuels, l'un renferme environ *quarante-trois mille caractères*; l'autre, *trente-trois mille*. Sur ce dernier nombre, plus des *deux tiers* (qu'on ne l'oublie pas), plus des deux tiers sont tombés en désuétude.

Cela simplifie énormément, comme on le voit, le véritable état de la question. Mais ce n'est pas tout : sur dix ou quinze mille caractères qui restent, une partie n'est vraiment nécessaire qu'aux écrivains de profession, aux membres des corps savants, à ceux, en un mot, qui veulent se faire un nom dans la république des lettres et composer des ouvrages. *Cinq* ou *six mille caractères, bien*

---

(1) Boiste, lexicographe célèbre, né à Paris en 1765, mort en 1824. Son *Dictionnaire universel de la langue française* a obtenu, dans le temps, un succès immense; de 1800, date de la première édition, à 1844, il a eu douze éditions.

connus, suffisent très-largement pour lire couramment tous les livres ordinaires.

Or est-ce là une difficulté sérieuse? N'est-il pas incomparablement plus facile, ainsi que le fait judicieusement observer M. Abel Rémusat (1), de retenir des caractères qui représentent des idées, qui peignent la pensée, que de retenir les mots de nos langues alphabétiques qui ne figurent que de simples sons? Ce serait une grave erreur que de s'imaginer que les caractères chinois sont entre eux sans analogie, que la connaissance des uns ne fasse rien pour celle des autres. Réduits par l'analyse à un petit nombre de chefs ou de clefs, les caractères chinois se recomposent suivant des règles plus constantes, plus faciles à retenir que celles qui président à la formation des dérivés dans nos langues les plus savantes.

Avec la langue chinoise, l'esprit n'a qu'une opération à exécuter, au lieu que, dans toute autre langue, on n'a rien quand on a seulement le son d'un mot, parce que ce son ne conduit presque jamais à sa signification. Dans nos langues d'Europe, savoir lire n'est rien; dans la langue chinoise, c'est tout, outre qu'il est bien plus facile à la mémoire de retenir des symboles ingénieux, pittoresques, que des prononciations bizarres ou insignifiantes qui ne disent rien à la vue.

La langue chinoise, comparée à nos langues modernes, paraît sans doute singulière. Ceux qui ne la connaissent pas s'en font seuls une fausse idée, de même qu'ils la jugent propre à entraver le progrès des connaisances. Au reste, comme le fait toujours observer M. Rémusat, si, à cause de la nature de cette langue, les éléments des sciences humaines sont un peu moins accessibles au commun des hommes, il est plus difficile par cela même de s'en tenir à des notions superficielles. En Chine, mais en Chine seulement, l'étude des caractères est véritablement l'étude des choses. Le même sinologue en concluait avec raison qu'en Chine le nombre des demi-savants devait être beaucoup moins considérable qu'en Europe. La plupart de ceux qui taxent les Chinois d'ignorance, dit un sinologue distingué de nos jours, sont hors d'état d'en juger par eux-mêmes, puisqu'ils ne savent point la langue écrite des Chinois, que peu de livres chinois ont été traduits, qu'ils n'ont point vécu en Chine, qu'ils ignorent l'existence et même les noms des immenses travaux philologiques chinois, des vastes encyclopédies de cette langue, et qui n'ont rien de comparable dans aucun pays de l'univers (2).

En se pénétrant bien, dès le début de ses études, du génie particulier de la langue chinoise *écrite*, de la valeur qui résulte *de la position des mots dans*

(1) *Discours sur l'origine et les progrès de la langue chinoise*. 1815.

(2) Ainsi, l'auteur de cette Grammaire est, à ce moment, en pourparlers avec la Bibliothèque nationale de Paris pour échanger contre divers ouvrages la fameuse encyclopédie chinoise 永樂大典 **Yùn lǒ tá tièn**, qui compte près de quinze mille volumes.

la phrase, du rôle que jouent, dans cette langue curieuse, certains mots, que nous désignerons sous le nom d'*affixes* ou de *particules*, dont l'emploi est de déterminer les rapports des mots entre eux; en un mot, en étudiant avec ordre et intelligence, on sera, *en peu de mois*, en état de lire, de comprendre la langue écrite de la Chine. Qu'on ne l'oublie pas, la science d'un sinologue ne consiste nullement dans le nombre plus ou moins considérable de caractères chinois que l'on aura gravés dans sa mémoire, mais bien dans la *connaissance raisonnée* du rôle que jouent dans une phrase les mots chinois selon leur position. On pourrait avoir consacré des années entières à l'étude du chinois, et en savoir beaucoup moins qu'un jeune sinologue qui n'aura étudié la langue que durant quelques mois, mais qui aura compris et observé nos conseils. Il est impossible de préciser la durée du temps nécessaire pour lire aisément le chinois; mais, après avoir lu ce qui précède, il n'est aucun lecteur qui ne sente instinctivement que la langue chinoise n'est pas, au fond, plus difficile que toute autre langue, et surtout qu'elle n'est pas au-dessus de la portée d'aucune intelligence.

CHAPITRE II.

EXPOSÉ DES ERREURS ET DES PRÉJUGÉS VULGAIRES SUR LA LANGUE CHINOISE. — LEUR RÉFUTATION.

Le but principal de cet ouvrage est de *vulgariser* la langue chinoise. Ce but sera en grande partie atteint dès qu'on aura dissipé les erreurs et les préjugés répandus sur cette langue.

On a souvent déjà réfuté ces erreurs. Dans ses *Mélanges asiatiques*, M. Abel Rémusat s'y est appliqué avec un soin particulier. Néanmoins, ces erreurs sont encore très-répandues, même dans le monde savant. Les écrivains de nos jours, qui traitent les questions des langues, se montrent aussi imbus que jamais de ces préjugés, et contribuent à les perpétuer par leurs appréciations inexactes. Voici quelques passages d'auteurs modernes, qui résument à peu près tous les autres, tant ils ont su accumuler d'erreurs exorbitantes en moins de paroles. Chacun de ces auteurs occupe une chaire hébraïque en France :

« La langue chinoise (1), avec sa structure inorganique et incomplète, n'est-

(1) De l'*Origine du langage*, par E. RENAN, p. 195.

« elle pas l'image de la sécheresse d'esprit et de cœur qui caractérise cette « langue? Suffisante pour les besoins de la vie, pour la technique des arts « manuels, pour une littérature légère de petit aloi, pour une philosophie qui « n'est que l'expression souvent fine, mais jamais élevée, du bon sens pra- « tique, la langue chinoise exclut toute philosophie, toute science, toute reli- « gion..... Dieu n'y a pas de nom; les choses métaphysiques ne s'y expriment « que par des locutions détournées; encore ignorons-nous le sens précis que « ces locutions présentent à l'esprit des Chinois. »

Voilà un jugement si affirmatif sur la langue chinoise que tout lecteur en tirerait la conclusion que M. Renan est très-versé dans la connaissance de cette langue. Cet auteur, pourtant, ignore complétement la langue chinoise. Nous pourrions relever vingt autres passages aussi erronés que le précédent sur la même langue, dans le même ouvrage. Pour parler pertinemment de la structure d'une langue, ne faut-il pas la connaître au moins convenablement? Si on ne la connaît pas, est-il possible de pouvoir parler de sa littérature, de sa philosophie? Affirmer que la langue chinoise exclut toute philosophie, toute science, toute religion!..... Et l'école philosophique de Confucius! Seul, depuis plus de deux mille ans, ce philosophe fait une école qui n'a jamais eu son égale. A cette heure, ce sage païen compte ses disciples par *dizaines de millions!* Si la langue chinoise exclut toute science, comment se fait-il que les Chinois nous aient devancés en tout et pour tout? Dieu n'y a pas de nom! Cela est aussi inexact que tout ce que le même auteur ajoute.

Dans un travail qui a pour titre : *Origine de l'alphabet*, M. Guinaud, professeur d'hébreu à la Faculté de Lyon, parle ainsi : « La chétive construction « des mots chinois a voué la langue à une pauvreté radicale. L'idiôme littéraire « des descendants de **Tsin** ne possédait que 450 syllabes, et son écriture 450 idéo- « grammes (*sic*). Si leur intelligence se fût bornée à 450 idées, tout était dit; la « race entière, vouée à une espèce d'idiotisme, n'avait pour se mouvoir qu'un « obscur univers de moins de 500 pas de longueur. Mais les fils du Ciel sont « doués d'une riche intelligence; ils possèdent une littérature étendue; leur « civilisation a devancé la nôtre presque sur tout le champ des découvertes « modernes..... Cette langue d'enfant, ébauche informe de la parole, au ser- « vice d'une pensée adulte et pleine, condamnait l'homme à une dure gymnas- « tique intellectuelle. Il s'est produit en Chine ce phénomène inouï d'un esprit « qui valait plus que sa langue, et d'une science qui débordait de toute part la « parole..... Pour découvrir la pensée au travers du dédale de significations « des mots chinois, la pénétration, la finesse, la ruse, étaient indispensables. « Il fallait une espèce de divination pour épier et surprendre au passage le mot « de l'énigme enveloppé sous des expressions équivoques, sans aucun doute : « c'est ce travail perpétuel d'artificieuse interprétation qui a façonné le peuple

« chinois aux habitudes de duplicité, de patience, de sagacité, qui le distingue.
« ..... La combinaison de 450 syllabes avec les 214 clefs ont produit le total « effroyable de 80 mille caractères. En France, pour écrire 80 mille mots de « notre idiome, 24 lettres nous suffisent abondamment. Pour écrire 450 mots « chinois, il fallut 80 mille lettres. C'est plus qu'il n'en fallait pour apprendre « à lire toute sa vie..... Ces 80 mille mots, épuisant à peu près toutes les com- « binaisons des syllabes primitives avec les clefs, la Chine ne peut plus ajouter « un mot à son Vocabulaire, et une conception à son entendement..... Cette « langue infortunée s'est donc constituée, de son vivant, à l'état de langue « morte, et s'est ensevelie elle-même dans son linceul d'hiéroglyphes..... »

L'auteur de l'*Origine de l'alphabet* laisse croire à ses lecteurs qu'il connait à fond la langue dont il parle. Chaque phrase citée plus haut renferme une erreur. Cela n'est pas étonnant, puisque l'auteur ne connaît point le premier mot de la langue chinoise. Mais ce qui étonne, c'est qu'un homme grave, sérieux, puisse traiter, avec un pareil aplomb, un sujet qui lui est tout à fait étranger. La construction des mots chinois dans le discours n'est pas plus *chétive* que dans toute autre langue. Qu'entend l'auteur par ces mots : *les descendants de* **Tsin**? Comment l'idiome de ces descendants ne possédait-il que 450 syllabes, et l'écriture 450 idéogrammes? Si la langue chinoise est si pauvre, comment les Chinois peuvent-ils posséder une *littérature étendue?* Comment nous ont-ils devancés en tout? L'auteur confond sans cesse les syllabes, les mots avec les caractères de l'écriture. Il insiste sur ces 80 mille caractères; la *vie ne suffit pas pour apprendre à lire*. La langue française compte plus de 120 mille mots. Est-ce que la vie ne suffit pas pour l'apprendre? *La Chine ne peut plus ajouter un mot à son Vocabulaire et une conception à son entendement!* C'est une erreur non moins grande que toutes les autres. Peu de langues peuvent aussi facilement s'enrichir de nouveaux mots que la langue chinoise. La langue chinoise est donc bien loin *de s'être ensevelie dans son linceul d'hiéroglyphes*.

Le passage suivant est d'un auteur qui n'a pas plus pénétré dans le sanctuaire de la langue chinoise que les deux précédents. Donnant carrière à son imagination toute méridionale, il nous livre aussi les rêves de sa pensée pour des réalités. Tout cela est écrit dans un ouvrage qui a pour titre : *la Science du langage* (1) : « La proposition chinoise, privée d'unité, ne connaît aucun de « ces enroulements synthétiques qui forment le discours. Le Chinois ne peut « suivre sa pensée dans ses nuances et dans son étendue. Obligé de la revêtir « d'une expression uniforme et invariable, la vie manque au début du dis- « cours; le Chinois s'arrête essoufflé ..... La langue chinoise ne répond pas

(1) La Science du langage, par M. GILLY, professeur à Nîmes.

« aux catégories réelles des choses. C'est par les formes grammaticales que « les catégories trouvent leur expression dans la parole. Or les formes grammaticales sont totalement absentes de cette langue. N'ayant pas de classes « de mots déterminés, les mots de cette langue sont sans vie, sans mouvement, sans couleur et sans forme..... La Chine est la patrie par excellence « de l'abstraction..... Trois systèmes de religion divisent l'humanité; ils répondent à la division des langues en trois grandes catégories. Ces systèmes « religieux sont le monothéisme, le panthéisme, l'athéisme. L'athéisme, dit « cet auteur, répond à la forme des langues chinoises. Est-ce que cette forme « de langage n'est pas en harmonie avec la forme de l'esprit athée du Chinois « qui fait du vide la première cause, du néant la fin suprême, qui nie les « plus hautes réalités, Dieu et l'âme, qui ne voit partout que des fantômes « sans corps, menés par le hasard, de cet esprit enfin qui renferme sa vie « dans une abstraction universelle? »

Tout sinologue qui lira les extraits précédents ne reviendra pas de son étonnement. Il est impossible, en effet, d'accumuler en moins de mots autant d'erreurs sur une langue. C'est ainsi que se perpétuent les préjugés, cent fois combattus, contre la langue chinoise. Nous citerons, en dernier lieu, un passage d'une dissertation publiée dans le *Journal des savants*, qui a pour auteur M. B..... S.....-H....., membre de l'Institut de France. Ce savant, plein d'admiration pour un sinologue moderne, a voulu rendre compte de l'un des ouvrages de son ami et collègue à l'Institut. Sa dissertation, d'ailleurs remarquable à bien des points de vue, renferme de nombreux passages inexacts. Nous citerons le suivant :

« Lorsque les Chinois ont pu commencer à faire l'analyse de leur propre « langue, ils ont rencontré une difficulté très-sérieuse; c'était la multitude « des caractères composés. Il a fallu mettre de l'ordre dans cette abondance, « qui menaçait d'être une vraie confusion, et l'on a réuni ensemble ceux des « caractères qui avaient des parties semblables. On a fait ainsi des sections « ou des classes, non pas de mots, mais de caractères, et ces classes ont été « appelées par les Chinois d'un mot célèbre : pou, qui veut dire *tribunal*. La « partie identique dans chaque classe est ce qui détermine le pou, c'est-à-dire « la classe ou la section; c'est aussi ce qu'on appelle la clef. Selon les Chinois, « ce serait le tribunal devant lequel chaque caractère vient, en quelque sorte, « *comparaître* et *témoigner*. »

Nos lecteurs ne peuvent se figurer l'étonnement qu'éprouverait tout lettré chinois, en apprenant de semblables jugements portés sur leur langue. *Que les Européens*, diraient-ils avec raison, *apprennent au moins notre langue, et ensuite ils la jugeront.*

CHAPITRE III.

CONSEILS POUR L'ÉTUDE DE LA LANGUE CHINOISE.

1° Nécessité d'une direction pour cette étude. — 2° Fausses méthodes à éviter. — 3° Méthode à suivre pour la langue *orale*. — 4° Méthode pour la langue écrite.

I. — NÉCESSITÉ D'UNE DIRECTION.

Chacun sait, au moins d'une manière générale, que la civilisation chinoise se présente sous un aspect tout à fait exceptionnel. Par ses coutumes publiques, par ses mœurs privées, par le génie singulier de sa race, mais surtout par sa langue idéologique, la Chine tranche, en effet, de la façon la plus complète avec tous les autres peuples du monde. Pourtant, il ne serait ni sage ni raisonnable d'en conclure, comme on l'a fait souvent, que la raison, l'intelligence, la science, les vertus morales et sociales soient l'apanage exclusif des autres peuples, et qu'à cause de son originalité réelle, la Chine n'ait droit qu'à notre dédain. Les sinologues, qui ont étudié le peuple chinois dans ses annales, dans ses monuments littéraires, ont tous été épris d'une véritable admiration pour les habitants de l'Empire du milieu. Les anciens missionnaires de la Chine, avec la dignité de leur caractère apostolique et l'autorité de leur science incontestable, ont constamment rendu justice aux patriarcales institutions de cet empire, à la beauté de son code civil, à l'intelligence et à la sagacité du peuple chinois, aux richesses de sa langue écrite. Ils n'ont pas discerné avec moins de tact les abus que l'élément païen a inévitablement introduits dans l'antique civilisation chinoise, qui, malgré les révolutions des temps, semble encore coulée comme dans un moule de fer.

Plus le génie de la langue chinoise diffère de celui des langues connues, plus il importe de donner une direction aux études du jeune sinologue, afin de ménager son temps et le faire avancer rapidement dans la connaissance de cette langue. Vouloir apprendre seul cette langue comme on apprend une langue d'Europe, marcher à l'aventure, se forger à soi-même *à priori* un système qui sera vicieux, c'est s'exposer à un regrettable mécompte et faire fausse route. C'est ainsi qu'un bon nombre de jeunes sinologues ont renoncé à cette étude qui ne leur a offert tant d'obscurité qu'à cause de la mauvaise méthode qu'ils suivaient.

II. — FAUSSES MÉTHODES A ÉVITER.

Nous allons signaler ici les méthodes défectueuses d'un bon nombre de jeunes sinologues.

1° Certains jeunes sinologues, qui veulent, avant tout, s'adonner à la langue *orale*, s'imaginent qu'il convient d'abord de s'adonner exclusivement à l'étude des caractères chinois, et que la langue orale ne sera plus ensuite qu'un jeu pour eux. C'est là une erreur grave, qui les détourne de la véritable voie. Un sinologue européen, dont le but est uniquement de lire, de comprendre la langue écrite, comme on lit et comme l'on comprend une langue morte, peut seul suivre cette méthode.

2° Quelques-uns, en arrivant dans l'extrême Orient, s'adonnent avec ardeur à la langue orale, mettant tout à fait de côté l'étude des caractères chinois. Cette méthode n'est pas moins défectueuse que la précédente. L'expérience montre que *neuf fois sur dix* on finit alors par mettre de côté l'étude de la langue écrite, ou qu'on l'étudie d'une manière si imparfaite qu'on est censé l'ignorer.

3° Le plus grand nombre de ceux qui, en Orient, se livrent à l'étude des caractères chinois, se bornent à une connaissance vague, superficielle de ces signes idéologiques. Ils ne les analysent point, ils ne les décomposent point; ils ne se rendent pas compte de leur valeur de position dans le discours, encore bien moins des règles qui ont présidé à leur formation. Toute leur connaissance consiste à reconnaître un caractère comme on reconnaît la figure de quelqu'un qu'on a vu plusieurs fois. La belle ordonnance du système de l'écriture chinoise leur échappe totalement.

Au défaut de cette méthode, ils joignent souvent celui d'étudier exclusivement les caractères chinois dans des ouvrages composés par des Européens. Quoique bien écrits, ces ouvrages respirent le parfum du génie européen, et empêchent de saisir le génie chinois dans toutes ses nuances exquises et délicates. L'esprit logique des Européens se fait toujours sentir dans une composition chinoise. Le défaut général de la plupart de ces ouvrages est de manquer de cette élasticité, de ce moelleux délicat, de ce vague élégant qui flatte et charme l'oreille comme une douce musique.

4° On rencontre souvent des jeunes sinologues ardents, intelligents, qui, au début de leurs études, veulent faire de suite des recueils d'expressions pour en meubler leur mémoire. Pleins de cette idée, ils recueillent sans ordre tout ce qui leur tombe sous la main; ils font des extraits, des compilations de vocabulaires imprimés ou manuscrits. Ce travail précoce ne saurait être fait avec discernement. De là une perte de temps irréparable. Le grand *desideratum* des jeunes sinologues est un Dictionnaire bien fait, commode, complet de la langue chinoise. Cet ouvrage n'existe pas encore. Un jeune sinologue se sent le désir de combler ce vide qui ne peut, au fond, l'être qu'après une longue et minutieuse étude de la langue. Signaler cet écueil, sera suffisant pour le faire éviter.

5° Voici une méthode défectueuse qui n'est point rare du tout, malgré sa singularité. On rencontre des jeunes sinologues qui se mettent en tête d'apprendre par cœur des vocabulaires; ils apportent un zèle remarquable à cette étude, mais le chemin qu'ils font n'est pas long. Ils s'arrêtent bientôt découragés et presque dégoûtés de la langue chinoise.

6° D'autres jeunes sinologues visent principalement à l'étude de la langue écrite. Ils se persuadent que les 214 clefs ou radicaux sont les racines primitives, exclusives et complètes de tous les caractères, et que la langue écrite est formée sur ce plan. Ils apprennent par cœur ces 214 clefs, et puis, sans autre secours que l'imparfait Dictionnaire du P. Basile de Glemona ou d'autres vocabulaires non moins incomplets, ils commencent la traduction des livres sacrés de la Chine. Cette entreprise, au-dessus de leurs forces, ne tarde pas à être abandonnée.

III. — MÉTHODE A SUIVRE POUR LA LANGUE ORALE.

1° Aucune langue n'est peut-être aussi simple, aussi facile que la langue *orale* de la Chine. Il est vrai qu'elle ne ressemble en rien à nos langues d'Europe. On ne peut vouloir apprendre le chinois comme on apprend une langue à flexion. Quant aux caractères chinois, dès qu'on en aura saisi l'ordonnance, on sera soi-même étonné de la simplicité merveilleuse et surtout de la richesse de ce système d'écriture.

On ne peut apprendre *seul* la langue *orale* chinoise. Les mots chinois se prononcent tous sur une modulation plus ou moins accentuée de la voix, comme il en existe, au fond, dans toutes les langues du monde. En chinois, cette modulation est beaucoup plus sensible que dans les autres langues. Voilà toute la différence. Pour saisir exactement cette modulation, il est nécessaire de l'entendre. Un maître indigène ou un Européen habile est indispensable pour exercer à la prononciation chinoise. Ce maître doit avoir l'organe très-net et bien articuler tous les sons.

Cette modulation de la voix n'est nullement une espèce de chant, comme on le répète à tort dans une foule d'ouvrages. Il est donc inexact de dire que la langue chinoise soit une langue *chantante*. Dans le chapitre suivant, nous donnerons l'explication des modulations ou des tons de la langue chinoise. Plus on est versé dans la connaissance des règles de prosodie de sa langue maternelle, mieux et plus vite on saisira les nuances des modulations vocales des mots chinois.

2° Quant à ces tons chinois, une bonne méthode à suivre est de s'exercer exclusivement, pendant plusieurs jours, à ne prononcer que des mots chinois qui sont au même ton. Ensuite, on passe à un autre. La comparaison de ces deux tons fera apercevoir sensiblement la nuance qui les distingue. On suivra la même marche pour les trois autres tons, et, enfin, pour les mots aspirés. Cet exercice est très-important. Il convient de ne pas vouloir passer trop vite sur cet exercice de prononciation. Si, dans toute langue parlée, un bon accent a beaucoup d'importance, combien plus dans la langue chinoise, la plus modulée et la plus harmonieuse des langues (1)!

3° Le génie de la langue chinoise est presque l'antipode du génie de nos langues européennes. Pour bien parler chinois, il faut sans doute faire, avec une grande justesse de voix, les modulations et les intonations chinoises; mais ce qui est encore plus important, c'est de *se dépouiller de toute habitude* de construire ses phrases à l'européenne. En quelques semaines, sous la direction d'un maître habile et patient, on saisit promptement les nuances des cinq modulations chinoises; on les reproduit avec assez de justesse, même sans avoir ce qu'on appelle *les oreilles musicales*. Mais l'écueil contre lequel les jeunes sinologues viennent presque tous échouer, est celui de *conserver le génie européen* et de parler *français* en chinois, s'ils sont Français. Il est important d'apprendre à penser comme un Chinois, de ne proférer aucune expression, aucune phrase que l'on ne sache être bien chinoise. Lorsque la tournure de phrase est vraiment chinoise, on sera compris, lors même que la modulation des tons laisserait à désirer. Cette nécessité de se dépouiller du génie européen, de ne pas parler sa langue maternelle en chinois, est d'une importance capitale.

4° Un jeune sinologue évitera de se faire traduire des thèmes, des dialogues en chinois, sous prétexte d'avancer plus rapidement. Cette méthode, commune aux novices, est très-défectueuse. En voici la raison : le maître de langue auquel on s'adresse, traduit toujours ces compositions, ces dialogues mot à mot et d'une manière servile. Cette traduction conserve le génie de la langue maternelle de celui qui a fourni le texte de la composition. Que si cette traduction est écrite en caractères chinois, le style en sera rude, barbare, décousu, et ouvrira la porte à une foule d'équivoques. Le Chinois a ses expressions propres pour chaque chose, pour chaque objet. Voilà ce qu'il est important de retenir.

5° Au bout de cinq ou six semaines d'étude, un jeune sinologue pourra

(1) Voir, à la fin du volume, la note B, sous le titre : Choix de mots sur les cinq tons chinois.

suivre une conversation ordinaire. Les expressions, les tournures de phrases sembleront lui manquer; il éprouvera un cruel embarras pour rendre sa pensée. Cet embarras véritable est pourtant plus factice que réel. Ce jeune sinologue sait assez pour dire bien des choses; mais, sans qu'il s'en doute, son malheur est de penser trop en sa langue maternelle. Cette langue est sur le bord de ses lèvres; il voudrait traduire la pensée qui s'y trouve aussi formulée en sa langue, et il ne le peut. Mais s'il a soin de se dépouiller tous les jours un peu du génie européen, il pourra dire déjà beaucoup de choses et les bien dire, après sept ou huit semaines seulement d'étude. Il est important qu'un jeune sinologue écoute beaucoup un Chinois causant avec un autre, ou qu'il fasse lui-même un dialogue, par exemple, avec un jeune enfant chinois. C'est ainsi qu'on apprend les véritables expressions, les tournures exactes des phrases chinoises.

Convient-il d'avoir toujours à la main, comme le font la plupart des jeunes sinologues, une plume pour écrire tout ce que l'on entend? — *Oui, si l'on veut apprendre mal et lentement la langue parlée.* — *Non*, si l'on veut faire de rapides et sérieux progrès. Plus on se rapproche de la *méthode maternelle*, plus on est dans le vrai. La mémoire est forcée d'agir, et c'est là le point principal.

6° La langue chinoise plus qu'aucune langue de l'Asie est douce et harmonieuse. Cette qualité ne lui vient pas exclusivement de ses modulations vocales; elle vient surtout de l'usage de certaines *particules* dont le rôle est souvent d'être purement phonétique. Ces mots, que nous désignons sous le nom de *particules*, ont, en chinois, un double rôle. Ils servent d'abord à varier les rapports et le sens des mots chinois; ensuite, ils servent à donner de la grâce, du poids, du nombre et de la mesure aux pensées que l'on exprime verbalement ou par écrit. Pour acquérir une diction exacte, facile, agréable, l'usage de ces particules est indispensable. Nous le ferons remarquer en temps et lieu dans le cours de cet ouvrage.

La langue chinoise abonde en idiotismes, au génie tout oriental. Un jeune sinologue ne laissera échapper aucune occasion de remarquer ces idiotismes. Les proverbes, les maximes vulgaires sont presque tous dans cette catégorie. Il importe de retenir tous ceux qu'on entend proférer. Le génie d'un peuple passe, pour ainsi dire, dans ces adages, dans ces maximes et ces proverbes populaires. C'est là qu'on saisit plus aisément le génie d'une langue.

7° Il convient de faire marcher à peu près de front la langue *parlée* et la langue *écrite*. Au début, la méthode paraît lente, mais on ne tarde pas à se féliciter de la suivre. On retient de mémoire, chaque jour, huit, dix, quinze mots chinois bien choisis de la langue *orale*. On a constamment sous les yeux les *caractères* chinois de chacun de ces mots que l'on a gravés dans sa mémoire. On s'exerce soit avec un pinceau chinois, soit avec une plume européenne, à retracer la figure aussi exacte que possible de chaque caractère. On répète cet exercice jusqu'à ce qu'on ne se trompe plus. On reprend, le jour suivant, l'exercice de la veille et des jours précédents, en y ajoutant de nouveaux caractères. Ces caractères ne seront assurément pas gracieux à la vue. Cela importe peu. L'essentiel est de pouvoir les tracer fidèlement. L'exercice et les conseils d'un maître rendront de jour en jour ces traits moins disgracieux et d'une forme plus chinoise. A peine saura-t-on tracer deux ou trois cents caractères simples, que l'on sera conduit à faire une foule de remarques intéressantes sur le retour continuel de ces mêmes caractères *simples* dans les *composés*. Ces remarques ne donneront pas seulement une grande facilité pour retenir et écrire les caractères, mais elles feront saisir, dès le début des études chinoises, l'ordonnance des caractères, la *valeur de position des mots chinois*, laquelle est presque tout en cette langue, etc. Les caractères *composés* sont tous formés de la réunion de deux, trois, quelquefois quatre caractères simples et de quelques traits radicaux purement toniques.

Les caractères simples reviennent continuellement dans la composition des autres, soit comme *éléments idéographiques*, soit comme éléments *phonétiques*, selon leur position dans la construction du caractère. Les exemples suivants feront saisir notre pensée, même aux lecteurs les plus novices en fait de chinois.

Voici des caractères simples, faciles à retenir.

1° 人 Jên. L'homme. *Homo.* (Ce caractère s'écrit 亻 quand il devient *clef.*)
2° 力 Lў. La force. *Robur, vis.*
3° 口 Keǒu. La bouche. *Os.*
4° 大 Tá. Grand, élevé. *Magnus, altus.*
5° 子 Tsè. Le fils. *Filius.*
6° 工 Kōng. Le travail. *Opus.*
7° 女 Niù. La femme. *Mulier.*
8° 日 Jĕ. Le soleil. *Sol.*
9° 月 Yuĕ. La lune. *Luna.*
10° 土 Toŭ. La terre. *Terra.*
11° 木 Moŭ. Le bois. *Lignum.*
12° 山 Chān. La montagne. *Mons.*
13° 田 Tiên. Le champ. *Ager.*
14° 心 Sīn. Le cœur. *Cor.*
15° 手 Cheòu. La main. *Manus.* (Ce caractère s'écrit 扌 quand il devient *clef.*)

Les caractères suivants sont *composés* avec ceux qui précèdent. Nous donnons deux ou trois caractères composés avec chacun des simples. On discernera sans peine le mode de leur composition.

1° Avec le caractère 人 ou 亻 jên, l'homme :

仙 siēn, génie, immortel. La clef est 亻 jên; l'autre partie du caractère est 山 chān, montagne.

仔 Tsè, porter. Outre la clef 亻 jên, on voit le caractère 子 tsè, fils.

2° Avec le caractère 力 lỹ, force :

加 kiā, augmenter. La clef est 力 lỹ; l'autre membre du caractère est 口 keòu, bouche.

功 kōng, mérite, *meritum*. Dans ce caractère composé, la clef est placée à droite. Le second membre est 工 kōng, qui veut dire travail, art, *opus, ars*, qui donne la prononciation au composé.

3° Avec le caractère 口 keŏu, bouche :

叨 taŏ, désirer vivement. La clef est 口 keŏu, bouche; l'autre membre du caractère est 刀 taō, couteau.

吐 toŭ, vomir. La clef est 口 keŏu, bouche; le deuxième membre est 土 toŭ, terre, qui est le groupe phonétique du composé.

4° Avec le caractère 大 tá, grand, élevé :

夫 foū, secourir. La clef est 大 tá. Le trait 一 est seul ajouté.

天 tiēn, le ciel, *cœlum*. La composition a eu lieu de la même manière que dans 夫 foū, sinon que le trait 一 a été ajouté au-dessus, de manière à donner la figure suivante 天.

5° Avec le caractère 子 tsè, fils, *filius* :

孔 kŏng, vide, trou, *vacuum, foramen*. Outre 子 tsè, qui est la clef, on voit dans ce signe le caractère 乙.

字 tsé, caractère d'écriture, *littera*. Outre la clef 子 tsè que l'on voit au-dessous, l'autre partie est 宀 miên, qui est lui-même une clef, celle des toits, des faîtes.

6° Avec le caractère 工 kōng :

左 Tsò, main gauche. On voit ce caractère composé de deux traits radicaux, placés sur la clef.

7° 巫 oū, magicien, devin, *sagus*. La clef est 工 kōng. Les deux autres membres sont le caractère 人 jên répété.

8° 明 mîn, clair, évident, *clarum*. La clef est 日 jĕ, soleil; l'autre partie est 月 yuĕ, lune.

9° 林 Lîn, forêt, *sylva*. Ce caractère est composé du signe 木 moŭ, bois, arbre, répété.

果 kò, fruit, fructus. La clef est placée au-dessous; c'est 木 moŭ, arbre. L'autre partie est 田 tiên, champ.

10° 打 tà, frapper, *percutere*. La clef est 手 cheòu, main, et l'autre partie 丁.

扣 keŏu, frapper sur ou contre, *tundere*. La clef est 手 cheòu, main; l'autre partie 口 keŏu, bouche, groupe phonétique.

8° Dès qu'on a retenu quelques centaines de mots et autant de caractères, il sera très-utile de s'exercer à en faire toutes les applications possibles, soit dans la langue parlée, soit dans la langue écrite. Si l'on veut devenir un véritable sinologue, il faut pouvoir écrire tout ce qu'on sait. Comment un Européen, dont l'esprit est si méthodique, dont le jugement est si solide, pourrait-il se persuader qu'il ne lui est pas possible de retenir deux ou trois mille caractères? Une fois qu'on a compris l'agencement de ces signes, on fait de rapides progrès.

IV. — MÉTHODE POUR LA LANGUE ÉCRITE.

1° Un sinologue éminent se flattait, il y a un demi-siècle, d'avoir dissipé le préjugé général qui fait supposer la *langue chinoise inabordable*. L'exemple de ce savant, ses travaux, ses leçons de professeur, semblaient de nature à faire atteindre cet heureux résultat. « N'est-il pas temps, disait M. Rémusat en « 1820, que le zèle et la persévérance des orientalistes français leur ouvre enfin « un libre accès à ces richesses si variées de la Chine, dont l'ignorance a pu « seule jusqu'ici méconnaître le prix, et qu'une négligence peu philosophique « a laissées si longtemps dans l'oubli? » Mort à la fleur de l'âge, cet orientaliste distingué n'a pas eu le temps de propager, selon ses louables désirs, l'étude des lettres chinoises en France. Quelques rares savants ont entendu sa voix et ont répondu isolément à son appel. Malgré les deux chaires d'enseignement public, le goût des études chinoises n'a fait presque aucun progrès parmi nous. Les préjugés contre cette langue ne sont ni moins universels ni moins enracinés qu'à l'époque de M. Rémusat. A quelle cause faut-il attribuer cette espèce de défaveur qui pèse encore de nos jours sur la langue chinoise? Un sentiment de discrétion enchaîne ici la parole sur nos lèvres.

L'étude de la langue chinoise a été rendue pourtant bien plus facile depuis cette époque. De nombreux ouvrages élémentaires, des traductions exactes d'ouvrages chinois, ont été publiés soit dans notre propre langue, soit dans les langues d'Europe. Des grammaires, des vocabulaires sont venus aplanir les difficultés que rencontraient les jeunes sinologues. Sous la direction d'un maître habile, on pénètre vite dans le sanctuaire de cette langue. Notre vœu le plus ardent est de rendre le chinois populaire. L'Europe se doute à peine des trésors d'antique philosophie, des richesses accumulées dans les herbiers chinois, dans ses livres médicaux, dans ses vastes encyclopédies. Elle serait particulièrement étonnée d'y trouver presque toutes ses inventions modernes, connues à la Chine depuis des siècles.

2° Même sans cours public, un jeune orientaliste peut aborder seul l'étude de la langue chinoise écrite, comme on le fait pour une langue morte. Qu'il soit d'avance pénétré de la pensée que cette langue n'offre aucune difficulté réelle;

qu'il se rende compte de l'idée-mère qui a présidé à la formation du système de l'écriture idéo-phonétique; qu'il possède les règles si peu nombreuses de la syntaxe chinoise; aidé de quelque traduction littérale d'un ouvrage chinois, il fera seul de rapides progrès.

3° Voici deux conseils importants que le savant P. de Prémare adresse, avec instances, à tout jeune sinologue. Le premier est d'apprendre, chaque jour, par cœur, quelques lignes du texte de l'un des quatre livres classiques de la Chine, et de persévérer jusqu'à ce qu'on les ait retenus tous de mémoire. L'entreprise n'est au-dessus des forces d'aucun jeune sinologue. Jeune missionnaire, que ne m'a-t-on donné ce précieux conseil? dit le P. de Prémare. Il existe une traduction française des **Sé choū** (quatre livres) (1). Le texte chinois sera facile à comprendre avec ce secours. On peut commencer par le livre des *Entretiens philosophiques* de **Móng tsè**. Le style est moins concis que dans les autres. On apprendra ensuite les *Entretiens de Confucius avec ses disciples*, ou le livre dit: **Lén yù**; enfin, on abordera les deux autres. Nous insistons vivement pour que l'on suive ce conseil, si l'on veut bien saisir le génie de la langue chinoise.

Le deuxième conseil est de ne jamais étudier sans avoir sous la main le cahier destiné à recevoir des notes. On y inscrira toutes ses remarques, les tournures élégantes que l'on rencontre, les expressions qui frappent l'esprit, les sentences, les maximes, les proverbes, les idiotismes chinois. On y consignera pareillement les difficultés que l'on rencontre au début de cette étude. On s'amassera des matériaux abondants, en suivant ce conseil, et l'on ne tardera pas à se féliciter de l'avoir mis en pratique.

4° La science d'un sinologue ne consiste nullement à retenir un nombre plus ou moins élevé de caractères, pas plus que celle d'un académicien à retenir un plus ou moins grand nombre de mots de nos Dictionnaires français. Cette science consiste à savoir analyser, composer et décomposer les caractères, à connaître à fond les règles invariables de la syntaxe chinoise, la valeur de position des mots et le rôle si important des particules chinoises. Ensuite on peut aborder avec confiance un texte purement chinois. On commence par les petits livres d'histoire. On y apprend les mœurs, les coutumes du pays, mais surtout le génie de la langue, les tournures les plus ordinaires du langage, les expressions chinoises pour les différents styles. Ces livres portent le nom générique de **Siaò chŏ** 小說 ou *petit langage* (2). Les Chinois ont une foule de romans moraux que l'on peut aborder au début de ses études, avec ou sans

(1) Confucius et Mencius, ou les quatre livres de philosophie morale et politique de la Chine, traduits du chinois par G. PAUTHIER, 1 vol. in-12.

(2) Voir, à la fin de la Grammaire, la note A, avec le titre de *Bibliothèque du jeune sinologue*.

traduction à la main. Ces romans sont, aux yeux des Chinois, des ouvrages de littérature courante, destinés à former le style des jeunes Chinois. Ils sont infiniment utiles pour la langue parlée. On y apprend, en peu de temps, une foule d'expressions chinoises pour le haut langage comme pour le langage ordinaire (1).

5° Pour devenir un véritable sinologue, il ne faut pas se borner à l'étude des caractères chinois. Il faut étudier l'histoire, les coutumes, les doctrines morales et religieuses du peuple chinois. Sans cette connaissance, il y a une foule de passages que l'on ne comprendra pas dans les livres chinois, ou du moins que l'on ne saisira que vaguement.

CHAPITRE IV.

DES INFLEXIONS DE LA VOIX OU DES CINQ TONS DANS LA LANGUE CHINOISE ET DES ASPIRATIONS GUTTURALES.

1° Des inflexions vocales dans toutes les langues. — 2° Des inflexions de la voix en particulier dans la langue chinoise. — 3° Nombre et distinction des cinq tons de la langue chinoise. — 4° Moyen de saisir et de rendre exactement ces tons. — 5° Des aspirations gutturales.

I. — DES INFLEXIONS DE LA VOIX DANS LES LANGUES EN GÉNÉRAL.

« Le caractère essentiel du langage consiste, non pas seulement dans l'ar-
« ticulation des mots, mais encore dans les inflexions de la voix, qui déter-
« minent souvent le vrai sens des mots.

---

(1) Après bien des années de séjour en Chine, parce que l'on ne parle plus que chinois, on est exposé à employer des expressions impropres, quand on écrit en français. C'est ainsi que dans le premier volume de notre *Dictionnaire français-latin-chinois*, au mot *Roman*, nous avons compris, à tort, sous ce mot, divers ouvrages historiques qui ne devaient pas y figurer. En parlant du roman des *Deux Cousines*, en chinois *yu kiao ly*, nous avons dit alors que Mgr Arthus de Lionne, évêque de Rosalie, vicaire apostolique du *Su-tchuen*, avait fait une traduction de ce livre, sous la forme d'un vocabulaire. Cette opinion assez en vogue est erronée. Le P. de Prémare lui-même l'avait partagée; mais, ayant ensuite reconnu son erreur, il a de sa propre main raturé l'endroit de sa *Notitia sinica* où il en parlait avec éloge sur la foi d'autrui. Nous avons vu à la Bibliothèque nationale de Paris le manuscrit même du P. de Prémare. Nous attachons de l'importance à cette rectification. Quant au manuscrit ou vocabulaire à quatre caractères qui a donné lieu à l'erreur, une de ses copies, écrite de la propre main du savant de Prémare, est en la possession d'un sinologue de Paris, et confirme de tout point la rétractation de ce missionnaire, et la nôtre en même temps.

« Les mots ne peindraient que très-imparfaitement nos idées, s'ils ne recevaient chaque fois leur expression particulière des diverses modifications « des sons et des inflexions naturelles de la voix, qui sont le vrai langage des « sentiments qui nous animent.

« Les sons deviennent plus intenses, plus soutenus, plus forts et plus ap-« préciables, lorsque le sentiment dont ils sont l'expression est plus énergique, « plus fort; ils s'élèvent d'autant plus vers l'aigu que le sentiment qui les « produit est plus animé et plus vif.

« La nature a établi entre notre oreille et l'expression de notre voix des « rapports tellement déterminés, tellement invariables, qu'il est impossible « que nous nous transmettions nos sentiments les uns aux autres d'une autre « manière. Ces rapports sont les mêmes pour tous les peuples et produisent « sur leurs sens la même impression.

« Ainsi, les accents de la joie, de la douleur, etc., ont un caractère si par-« ticulier, si inaltérable, qu'ils sont toujours semblables à eux-mêmes; aucun « d'eux ne peut devenir méconnaissable pour aucun homme de quelque pays « qu'il soit (1). »

On est généralement persuadé que les inflexions de la voix parlée, dans nos langues modernes, se composent de sons absolument inappréciables et qu'il ne serait pas possible, par exemple, de noter la voix parlée. C'est une grave erreur. Lulli et Grétry, tous deux musiciens célèbres, ont souvent *noté* sur-le-champ les paroles qu'on leur adressait en société. Sans nous en apercevoir, sans même y réfléchir, nous changeons la quantité ou l'accent prosodique des mots chaque fois que l'expression l'exige.

Il est hors de doute, ainsi que le fait judicieusement remarquer le savant P. de Prémare, que si Démosthène et Cicéron ont laissé bien loin derrière eux tous les autres orateurs, c'est moins à cause de la richesse de leur diction qu'à cause du talent singulier qu'ils ont eu de rendre leur style suave, harmonieux et surtout sonore par *l'accent prosodique* ou *modulé*.

Cet accent ou ces tons qui composent un élément si important du langage, et dont le rôle fut si considérable dans les premiers âges du monde, ont perdu, par le laps des temps, une grande partie de leur importance; mais on se tromperait en croyant que ces accents ont disparu ou ne jouent qu'un rôle insignifiant.

Si l'on disait à la plupart des Français, par exemple, que leur langage est *modulé*, que, dans une foule de cas, cette modulation de la voix détermine *seule* le *sens*, *l'acception présente* d'un mot, on leur causerait, en vérité, un grand étonnement. Cependant, quoi de plus vrai?

(1) *Analogie de la musique et du langage*, par VILLOTEAU.

N'est-ce pas l'élévation seule de la voix, qui fait souvent distinguer une phrase interrogative d'une phrase affirmative? Ainsi, *il est parti?* interrogatif. Abiit-ne? — Oui, *il est parti!* affirmatif. — Voilà deux tons de voix bien distincts sur le même mot. Personne ne s'y méprend; personne ne songe qu'il fait alors deux tons ou deux modulations, qui, dans chaque cas, déterminent un sens particulier. Nous avons cinq, et quelquefois six manières de varier le sens d'un même mot français, par *la seule modulation de la voix.* Voilà donc notre langue *chantante!* Rien de plus vrai. Prenons pour exemple le mot *oui.* On changera tout à fait son acception par une simple modulation de la voix et cela jusqu'à *six fois.* Voilà *six tons* bien distincts. Il y a le *oui* affirmatif. — Il y a le *oui* qui veut dire *peut-être, cela se peut.* — Il y a le *oui* de surprise, d'étonnement, qui veut dire : *vraiment!* Il y a le *oui* interrogatif. — Il y a le *oui,* qui veut dire : *soit, j'y consens, je le ferai.* — Il y a le *oui, oui,* répété, qui veut dire : *c'est chose entendue, c'est chose convenue!* — En entendant prononcer ce mot *oui* sur chacun de ces tons, il est certain qu'aucun Français ne se méprendra sur le vrai sens du mot, de même que celui qui aura *modulé* ces six inflexions de voix n'aura même pas eu la pensée qu'il modulait de la sorte.

Toutefois, en règle générale, cette modulation de la voix, qui, dans la langue française, détermine le sens et l'acception propre d'un mot, se fait sur tout l'ensemble de la phrase, tandis que, *dans la langue chinoise,* la modulation se fait et doit se faire sur chaque monosyllabe en particulier.

II. — DES INFLEXIONS DE LA VOIX, EN PARTICULIER DANS LA LANGUE CHINOISE.

Les peuples les plus anciens avaient une grande inclination à *moduler* sensiblement leur langage. Malgré la concision des langages primitifs, ou peut-être même à cause de cette concision, les langues anciennes étaient pleines de figures, d'onomatopées et surtout très-imitatives de leur nature. Leur style simple en apparence mais très-imagé, plein de vie, agissait *physiquement* sur les sens, remuait le cœur et réunissait ainsi les deux qualités essentielles de la musique. Chacun sait que, dès son berceau, la Chine a eu une musique très-avancée. Les sages de cet empire ont tous parlé avec admiration de cette antique musique dont le sens et le secret harmonieux est perdu depuis des siècles (1).

Cette musique ancienne, dont quelques lambeaux décolorés étaient encore

(1) Voir ce que nous disons de la musique chinoise dans le deuxième volume de notre *Dictionnaire français-chinois,* page 143, et le catalogue d'ouvrages chinois sur la musique, page 153.

conservés sept ou huit siècles avant l'ère chrétienne et jetaient dans une sorte de ravissement moral les sages de l'époque, s'est reflétée d'une façon toute particulière sur la langue chinoise. Comment dans le cours des siècles cette harmonieuse et musicale modulation s'est-elle conservée aussi rare? Le grand nombre de *termes homophones* de la langue chinoise a contribué, pour sa large part, à la conservation de ces accents modulés. Dans la langue *orale*, c'est la modulation, qui fait discerner les diverses acceptions de tous les termes homophones de la langue.

De toutes les langues parlées, à cette heure, aucune n'admet peut-être encore d'une manière aussi sensible la *modulation* ou *l'inflexion de la voix* que la langue chinoise. C'est là le caractère distinctif, le cachet spécial et propre de ce langage tout monosyllabique. Les Chinois font naturellement les modulations des mots de leur langue, comme nous faisons celles de notre langue maternelle. Il est certain que ces modulations de la voix donnent au langage chinois une douceur, une harmonie qu'on ne retrouve peut-être que dans cette langue à un degré aussi sensible. Un Chinois, qui n'est pas lettré, ne se doute nullement du rôle important des modulations de la voix dans sa langue. Les jeunes étudiants chinois eux-mêmes apprennent, *par l'oreille*, le *son* et le *ton* de chaque caractère de la langue. C'est là le motif pour lequel, dans toutes les écoles de l'Empire, les élèves chinois préparent à haute voix leurs leçons. Ces modulations de la voix dans la langue chinoise se font si finement qu'un étranger ne doit nullement s'étonner de ne point les saisir à la première audition.

III. — NOMBRE ET DISTINCTION DES TONS DE LA VOIX DANS LA LANGUE CHINOISE.

Les modulations ou les inflexions de la voix, dans la langue chinoise, se réduisent, au fond, à *deux tons généraux*. Le premier ton général porte le nom de pîn chēn 平聲 (*voix égale*), c'est-à-dire : *ton uni, sans élever ni baisser la voix*. Le deuxième ton général porte le nom de tsĕ 仄, c'est-à-dire : *ton modulé par l'élévation ou par l'abaissement de la voix.*

La poésie chinoise n'a égard qu'à ces deux tons généraux.

Mais, dans la pratique, surtout pour la langue *orale*, on distingue, comme il suit, les tons chinois. Le premier ton général se divise en deux :

1° *Le ton ouvert* (tsīn, clair 清), que l'on nomme vulgairement : chàng pîn 上平, c'est-à-dire : *ton plain-élevé. — Il se fait d'une manière unie, comme la note longue et octavale de la musique.*

2° *Le ton muet* (tchŏ, obscur 濁), que l'on nomme vulgairement hiá pîn 下平, c'est-à-dire : *ton plain bas. — Il se fait de la même manière que le précédent, mais sur une note inférieure.*

Le deuxième ton général se divise en trois :

1° *Le ton élevé*, chàng chēn 上聲 (voix montante). — *On élève la voix en finissant, comme, par exemple, lorsque quelqu'un ayant fait un refus offensant par le mot* NON, *on lui répète son* NON, *en haussant la voix et en appuyant sur la finale* N. Ou bien encore, si l'on veut, *comme serait un mot que l'on prononcerait du ré au sol.*

2° *Le ton abaissé*, kiŭ chēn 去聲 (voix abaissée). — *On baisse la voix, comme le fait, par exemple, un enfant sur l'i du mot oui, quand il profère un mot à regret, forcément.* Ou bien encore, *en descendant la voix de la note sol à la note ré.*

3° *Le ton rentrant* ou *bref*, joŭ chēn 入聲 (voix rentrée). — *On retire alors sa voix, on l'avale en quelque sorte, comme fait, par exemple, un homme qui s'interrompt sur une finale, soit par surprise, soit par respect pour celui qui prend la parole*; en un mot, comme on prononce une syllabe brève. Ce cinquième ton exclut les sons nasaux. Aussi, pour faire disparaître la nasale d'un mot, on a coutume de dire, en chinois, qu'il passe au son joŭ 入 ou bref.

Voilà donc *cinq* inflexions de la voix ou *cinq* tons dans le langage chinois. Soit que l'on parle le langage oral, soit que l'on prononce à haute voix un caractère chinois, on doit prononcer chaque mot, chaque caractère sur le ton de voix qui lui est propre. Manquer ce ton, c'est s'exposer au double inconvénient ou de n'être pas du tout compris, ou de dire toute autre chose que ce que l'on a en vue.

LES CINQ TONS CHINOIS.

Le 1er ton se nomme :	cháng pîn	上平。
Le 2e	—	hiá pîn.	下平。
Le 3e	—	chàng chēn	上聲。
Le 4e	—	kiŭ chēn	去聲。
Le 5e	—	joŭ chēn	入聲。

Lorsqu'on écrit les mots chinois avec nos lettres latines, on est convenu de désigner les cinq tons par les signes suivants, que l'on place sur la voyelle des monosyllabes chinois (1) :

Le 1er ton se représente par le trait ‒. Exemple : { mā 媽, mère. / yā 啞, muet. / hō 呵, souffle.

(1) Le P. Jacques Pantoja, missionnaire de la Compagnie de Jésus, arrivé en Chine en 1566, mort à Macao en 1618, est le premier qui a proposé et employé ce système d'accentuation, généralement adopté aujourd'hui.

Le 2ᵉ ton se représente par le signe ∧. Exemple : mâ 麻, chanvre. yâ 牙, dent. hô 河, fleuve.

Le 3ᵉ ton — — \ — mà 馬, cheval. yà 雅, excellent. hò 火, feu.

Le 4ᵉ ton — — / — má 罵, maudire. yá 訝, admirer. hó 賀, cadeau.

Le 5ᵉ ton — — ᴗ — mă 抹, essuyer. yă 鴨, canard. hŏ 合, union.

Quant aux Chinois, ils ne marquent généralement d'aucun signe les caractères de leurs livres pour indiquer les tons. Quand ils le font, c'est surtout dans les livres élémentaires, en faveur des jeunes Chinois. Il y a des caractères qui changent de ton et de prononciation. Il est évident alors que le sens se modifie en conséquence. C'est alors principalement que l'on place un signe au caractère pour indiquer ce changement. Seulement, les Chinois ne divisent pas le premier ton général en deux. Voici la manière dont ils indiquent les *quatre* tons, sé chēn 四聲。 Ils placent un demi-cercle ou petit *c* à l'un des angles du caractère chinois. Le carré suivant représente un caractère chinois.

IV. — MOYEN DE SAISIR ET DE RENDRE EXACTEMENT LES TONS.

L'unique difficulté de la langue orale, pour un Européen, consiste à saisir et à bien faire les nuances de ces cinq modulations ou inflexions de la voix. Toutefois, cette difficulté ne doit nullement effrayer un jeune sinologue. Il est peut-être moins difficile de bien faire les accents chinois que nos accents latins de prosodie. On parle bien latin lorsque l'on fait distinctement sentir, pour toute oreille exercée, la quantité prosodique, et qu'on le fait avec une certaine harmonie de voix. N'est-il pas plus difficile, dit ici le P. de Prémare, de bien prononcer, par exemple, le vers latin suivant :

Bĕātŭs īllĕ quī prŏcŭl nĕgōtĭīs,

que de faire attention au son de mots qui n'en admettent jamais qu'un seul à la fois? Un bon maître et quelques semaines d'exercice suffisent pour lever cette difficulté de la langue orale, qui, en réalité, n'est pas sérieuse. Les premiers jours qu'on étudie le chinois, il n'est pas possible de saisir distinctement les variantes de ces modulations.

A l'aide des conseils suivants, un jeune sinologue saisira promptement et fera correctement les tons chinois en parlant.

1° Au début de ses études, il importe beaucoup de ne pas prononcer indistinctement les mots chinois qui sont sur tous les tons. Alors l'oreille ne saisit rien avec netteté et ne fait aucune différence entre ces tons. Cette confusion inévitable des sons porte naturellement, mais à tort, un jeune sinologue à s'*exagérer* énormément une difficulté plus apparente que réelle. On fait des efforts de voix; l'unique résultat est de se fatiguer en vain. De même qu'un Français ne se *préoccupe* nullement des inflexions réelles de sa langue, ainsi doit faire un jeune sinologue, qui ne devra donc pas s'en aller *disant, répétant, écrivant* qu'avec son chant, la langue chinoise est bizarre et ridicule. Par ses modulations plus accentuées, la langue chinoise est simplement plus harmonieuse. On choisira exclusivement, pendant quelques jours, des mots chinois qui ont l'accent du premier ton; on passera ensuite au deuxième ton, en les comparant l'un à l'autre. La nuance de ces deux tons sera sensible. Le cinquième ton n'étant, au fond, que le premier plus bref, ne causera aucun embarras.

Il ne faut pas perdre de vue que tous les mots de la langue chinoise sont des *monosyllabes*. Lors même que quelques-uns de ces mots ont deux ou trois voyelles de suite, on les prononce *toujours* en chinois comme de vrais *monosyllabes*, dans la rigueur du terme. C'est pour ce motif que nous continuerons de dire, comme l'ont fait presque tous les sinologues, que la langue chinoise est *monosyllabique*.

2° Dans tout l'Empire chinois, les mots de la langue se prononcent sur l'un ou l'autre des cinq tons ci-dessus. Mais, comme la Chine est immense, nos lecteurs n'auront pas de peine à comprendre que, sous une telle variété de latitudes, il y a les variantes de tons sur les mêmes mots, entre les habitants du Nord de la Chine, par exemple, et ceux des provinces méridionales. Voilà d'où proviennent les variantes d'accentuation que l'on trouve dans les ouvrages européens. Les uns ont suivi la tonation de Pékin, d'autres celle du Su-tchuen, d'autres enfin celle de Canton. Chacun accentuera et prononcera selon l'usage de la province dans laquelle il se trouve, sans s'étonner de ces variantes.

3° Voici une observation importante. Pour bien faire les modulations ou les tons chinois, il ne suffit pas d'être tout oreille à la voix du maître, qui exerce à prononcer. Il faut par-dessus tout avoir un œil très-attentif à la bouche du maître, pour discerner le mouvement de sa langue et celui de ses lèvres. Tout le secret d'une bonne prononciation chinoise est là. Les Chinois n'articulent nullement les mots de leur langue comme nous le faisons pour la nôtre. Ce qui donne un caractère particulier à la tonification dans la bouche des Chinois, c'est qu'ils n'ont pas les dents tout à fait disposées comme les Européens. Le rang supérieur, par exemple, sort et avance presque à tous en dehors; le rang inférieur rentre et se retire en dedans. Une telle disposition influe considérablement sur la prononciation.

Les Chinois distinguent les divers sons par la manière dont on les forme en parlant. Pour eux, les sons des dents, de la langue, des lèvres, du palais et du nez sont les plus importants. Ils font aussi, avec beaucoup de raison, une distinction entre les sons qui se forment en appuyant la langue sur les dents d'en haut ou sur les dents d'en bas. Ils compriment légèrement les lèvres ou les resserrent. Un jeune sinologue qui fera promptement et avec intelligence ces observations sur la manière chinoise de faire les mouvements de la langue, prononcera très-bien et sans effort de voix. *Il aura le véritable accent de la langue, ce qui est presque tout.* Le mot chinois eûl tsè 兒子, le fils, par exemple, et quelques autres de ce genre, font, au début, le désespoir d'un novice, uniquement parce qu'il ne suit pas le mouvement de la langue que fait un Chinois; qu'il replie, au contraire, sa langue en demi-cercle contre le palais, il prononcera très-bien ce mot du premier coup. Ainsi en sera-t-il pour les *H* aspirées, qui forment un autre genre de difficultés. Plus la prononciation des tons chinois est douce, moins un jeune sinologue devra faire d'efforts de voix et de gosier pour y parvenir. *Écouter* et *observer* surtout la bouche du maître, voilà la double règle qui renferme toutes les autres.

V. — DES ASPIRATIONS.

Outre les modulations ou tons réguliers dont chaque mot de la langue chinoise est susceptible, il faut y ajouter les *aspirations* ou les *sons durs du gosier*. Ces aspirations ont le même but que celui des tons ordinaires. Elles servent aussi à varier le sens des termes homophones de la langue. Omettre ou faire mal l'aspiration d'un mot qui en est susceptible, c'est absolument comme si l'on manquait le ton ordinaire d'un mot ou qu'on le fît mal. On ne sera pas compris.

Cette aspiration consiste en un son légèrement dur ou provenant un peu du gosier. Elle a beaucoup de ressemblance avec le son de la lettre *H*, commençant les mots chinois, c'est-à-dire qu'elle donne aux mots aspirés un son plus ou moins sifflant.

L'aspiration dans la langue chinoise n'affecte que les mots qui commencent par les cinq consonnes initiales suivantes : K, P, Tch, Ts, T. Nous avons compté plus de trois cents mots qui reçoivent l'aspiration chinoise. Pour indiquer qu'un mot est aspiré, on a, comme pour les tons, adopté un signe de convention. Ce signe est un petit c que l'on place à côté du signe tonique. Ainsi :

MOTS NON ASPIRÉS.			MOTS ASPIRÉS.		
Tchā	楂,	la lie, le dépôt, *fæx.*	Tchā‘	差,	se tromper, *errare.*
Tsē	資,	les biens, *bona.*	**Tsē‘**	雌,	femelle d'oiseaux.
Keòu	狗,	le chien, *canis.*	Keŏu‘	口,	bouche, *os.*
Pō	波,	le flot, *fluctus.*	Pō‘	玻,	verre, *vitrum.*
Tān	單,	simple, *simplex.*	Tān‘	貪.	ambitionner, *ambire.*

Dans les provinces méridionales de la Chine, c'est-à-dire dans tout l'ouest de l'Empire, on fait vivement sentir les aspirations gutturales. Leur omission aurait une véritable importance dans ces contrées-là. Dans toute la partie boréale de l'Empire, l'aspiration est médiocre. Dans les contrées du midi, elle est presque imperceptible, de même que les sons ordinaires s'y font avec une plus grande douceur. Cette remarque s'applique, en général, à la langue parlée des peuples tropicaux. La douceur énervante du climat, qui a coutume de rendre les mœurs très-molles, produit le même effet sur le langage. Les aspirations gutturales, les consonnes rudes, se trouvent rarement dans ces dialectes. M. de Bonald fait remarquer avec raison que les langues des peuples du Nord sont hérissées de consonnes et d'aspirations plus ou moins fortes du gosier; les voyelles dominent, au contraire, dans les langues des peuples du Midi. C'est aussi la raison pour laquelle dans toutes les langues les jurements sont fortement articulés et composés des consonnes les plus rudes. Cette remarque s'applique avec la même justesse à la langue chinoise.

CHAPITRE V.

DES MOTS RADICAUX OU PRIMORDIAUX DE LA LANGUE CHINOISE (1).

1° Caractère spécial des mots chinois. — 2° Du nombre des mots primitifs de la langue. — 3° Erreur des linguistes européens. — 4° Division des sons initiaux de la langue chinoise en neuf séries. — 5° Tableau général des mots radicaux de la langue chinoise avec leur prononciation.

I. — CARACTÈRE SPÉCIAL DES MOTS CHINOIS.

Le monosyllabisme tonique de la langue chinoise *orale*, le génie particulier de cette langue, son écriture surtout, ont donné lieu en Europe à des jugements erronés, à des appréciations inexactes. C'est là sans doute une des principales causes de l'indifférence générale pour l'étude de cette langue.

Tous les mots de la langue chinoise, sans exception, sont des mots primitifs. Ils sont demeurés les mêmes, sans changer de forme ni sans se multiplier. Invariables de leur nature, une seule altération a pu se produire dans le langage parlé, savoir : celle des *modulations* ou des *inflexions* de la voix. Cette altération, qui a eu lieu dans le cours des siècles, n'a pourtant pas été profonde, et ne s'est produite que fort lentement. Aujourd'hui encore on joue sur les théâtres chinois des pièces qui ont plus de mille ans de date et qui sont très-bien comprises par les spectateurs.

II. — DU NOMBRE DES MOTS PRIMITIFS.

Le nombre des mots *radicaux* ou *primitifs* de la langue chinoise est peu considérable. Le génie de cette langue n'admettant que des monosyllabes, il n'eût pas été possible d'en fournir assez pour suffire à toutes les idées. Attacher plusieurs sens à chacun de ces mots n'était qu'obvier en partie à l'inconvénient d'un petit nombre de mots, sans parler du vaste champ qu'on ouvrait

(1) Les expressions de mots *radicaux*, *primordiaux*, et même *primitifs*, sont très-impropres. Nous n'en connaissons pas d'autres en français pour exprimer plus clairement notre pensée. Les mots chinois étant invariables ne produisent aucun dérivé. Ils ne sont donc pas des *racines*. Les mots *primordiaux*, *primitifs*, laissent supposer des séries de mots plus modernes, ce qui est également inexact. Cette explication donnée, nos lecteurs comprendront quel sens il faut attacher à ces expressions employées à défaut de plus claires.

aux équivoques. Qu'ont imaginé alors les Chinois? — Ils ont multiplié et reproduit les mêmes mots avec des différences de tons et de prononciation.

Les grammairiens européens et chinois ne sont pas d'accord sur la manière de compter les mots *primitifs* de la langue chinoise. La raison en est bien simple. Les oreilles ne saisissent pas toutes de la même manière les articulations de la langue. Il y a des oreilles qui saisissent deux sons assez distincts dans une articulation de voix où d'autres ne saisissent qu'un seul son. Telle est la cause de cette différence dans la manière de compter les mots chinois (1). Ainsi, les uns élèvent le nombre des mots *primitifs* à 550, quelques autres à 487. M. Rémusat en compte 450.

Nous prenons pour base du tableau ci-après le *Dictionnaire tonique chinois*, qui porte le titre de où fāng yuên ÿn 五方元音。Ce Dictionnaire jouit, dans le monde lettré de la Chine, d'une réputation universelle. D'après ce guide sûr, nous comptons, nous, 304 mots *radicaux, primordiaux* ou sons dans la langue chinoise. Au reste, on peut varier d'opinion sur cet article sans qu'il en résulte de graves inconvénients.

Chaque mot chinois peut être diversifié, quant au sens, par les tons ou les inflexions de la voix. La majorité de ces mots est susceptible de recevoir les cinq tons ou les cinq inflexions de la voix, outre l'aspiration. Il en est qui ne sont modifiés que par trois tons; d'autres par deux, et quelques-uns même ne sont susceptibles que d'un seul ton.

Avec cette variété réelle de tons et d'aspirations, le nombre des mots de la langue chinoise se monte au chiffre de 1289, ni plus ni moins. Ce nombre si restreint de mots a fait dire souvent que la langue orale de la Chine était fort pauvre. Si l'on entend par ces mots l'absence d'un lexique abondant de racines primitives, on a raison. Mais est-ce en cela seulement que consiste la beauté, la clarté, la richesse d'une langue? Avec leurs 304 mots, les Chinois parlent aussi vite que nous, disent même plus de choses en moins de mots que nous.

La civilisation chinoise est, de l'aveu de tous, très-avancée. Cela ne prouve donc pas que le langage chinois soit aussi pauvre que certains savants veulent bien le dire. Les mots chinois, par un artifice aussi simple, aussi naturel qu'il est ingénieux, deviennent souvent, tour à tour, dans une phrase, *substantifs, verbes, adverbes*, etc., sans que la clarté en soit altérée ni que le langage en soit monotone pour autant. Les métaphores, les allusions et toutes les autres figures des langues les plus riches abondent dans la langue chinoise, et cha-

(1) « Les grammairiens ont échoué dans leur classification des sons de la parole. Leur distinction « des sons de la langue parlée d'après les organes qui sont censés les produire, est vicieuse, parce « qu'elle en réunit qui diffèrent totalement les uns des autres, suivant les principes de la physiologie, et parce que plusieurs parties de la bouche concourent à la production de la plupart d'entre « eux. » *Manuel de physiologie*, par J. MUELLER, tome II, page 245.

cune de ces figures, donnant un sens nouveau aux caractères, lui prête chaque fois une grâce nouvelle. Les différentes manières de combiner les mots chinois les uns avec les autres leur donnent tantôt un nouveau sens, tantôt une acception plus ou moins restreinte, et cela selon la volonté de l'écrivain.

Les Chinois ont plusieurs articulations qui nous manquent, de même que nous en avons qu'ils n'ont pas. Ainsi, les sons des lettres latines *B*, *D*, *R*, *X*, *Z*, ne se trouvent pas dans leur langue. Un Chinois les prononcera par les sons des lettres suivantes : *P*, *T*, *L*, *S*, *S*. Il ne pourrait donc prononcer avec facilité les mots latins : *Baptizo*, *Donec*, *Roma*, *Xaverius*, *Zoophytus* (1). Aussi un sinologue moderne a-t-il eu raison de faire remarquer qu'aucune langue n'est aussi rebelle à la représentation alphabétique que la langue chinoise.

III. — ERREUR DES LINGUISTES EUROPÉENS.

N'ayant qu'une idée confuse de la langue chinoise, un bon nombre de philologues européens ont commis une erreur grave en parlant des mots *primitifs*, *radicaux* de la langue chinoise. Cette erreur est devenue presque générale. *Avec 450 racines environ, les Chinois*, disent-ils, ont su se créer un Vocabulaire de 50, de 80 mille mots.

Ces savants ont fait une confusion fâcheuse entre les mots *radicaux*, *primitifs*, c'est-à-dire entre les sons de la langue parlée et les caractères de l'écriture. Il n'est pas exact de donner aux caractères de l'écriture le nom de mots comme on le fait communément, puisque ces caractères ne sont en réalité ni des mots ni des lettres exclusivement phonétiques comme les nôtres. L'écriture chinoise est une immense dérogation à tout autre système exclusivement phonétique. Elle est une peinture, souvent une image de l'idée elle-même. Cette peinture a été variée, d'après un système ingénieux, d'une manière considérable. Les sinologues seuls peuvent comprendre l'abondance, la richesse de ce système. Aucune erreur, aucune confusion n'est possible à la vue d'un caractère chinois. Sa vue seule réveille l'idée de la chose exprimée. Aussi, en Chine, savoir lire est presque tout, tandis qu'en français, par exemple, ce n'est presque rien. Un sinologue peut souvent comprendre l'acception d'un mot français qu'il ignore, par la seule vue d'un caractère chinois qui exprime l'objet ou l'idée du mot français qu'il ne comprend pas. Ce cas arrive facilement quand il s'agit de termes spéciaux, de mots français dérivés des langues étrangères. Je trouve, par exemple, le mot *canthus*, terme de médecine dont

(1) Frappés, à tort ou à raison, de cet inconvénient, les anciens missionnaires de la Chine, le P. Couplet en tête, sollicitèrent à Rome, pour tout l'Empire chinois, le privilége d'un *rit chinois catholique*. La bulle de concession fut octroyée dans ce sens par le pape Paul V; mais, par suite de circonstances que nous ignorons, la bulle ne fut pas expédiée. L'affaire en demeura là.

j'ignore le sens. Le caractère chinois, par sa seule vue, m'apprend qu'il s'agit de l'*angle*, du *coin de l'œil*, comme si je voyais la chose.

Toutefois, il ne faut pas oublier que, dans le laps du temps, les Chinois ont élargi le système de leur écriture d'abord exclusivement imagée, figurative, en y introduisant largement l'élément phonétique. Cependant, même dans ce cas-là, les Chinois s'en sont tenus rigoureusement au nombre de mots ou de sons primitifs de la langue. C'est ainsi qu'il est arrivé que *vingt*, *trente* caractères chinois et plus, tous différents par le sens, ont dû être prononcés par le son ou l'articulation d'un seul et même mot. Par exemple, le mot lỳ, qui s'écrit de cette manière 里, veut dire *lieue chinoise, stadium*. Si l'on ajoute à ce caractère celui qui veut dire *homme*, on aura le signe suivant : 俚, lequel veut dire *homme vil, un méchant*, tout en gardant le son de lỳ. Au lieu du caractère *homme*, si l'on ajoute celui de *roi* 王, on aura cette figure : 理 lỳ, qui veut dire : *gouverner, régir*. Voilà trois caractères différents prononcés par le même son de voix. Le mot mà, qui s'écrit de cette manière 馬, veut dire cheval; si on place en avant la clef qui veut dire femme, on aura 媽 mā, mère, *mater*; si, au lieu de la clef *femme*, on place la clef *pierre, lapis*, chĕ, on aura 碼, qui veut dire *pierre précieuse*; si, au lieu de cette dernière clef, on place celle des *vers*, on aura 螞 mà, qui veut dire sangsue; avec la clef des esprits, on aura le signe 禡 mà, sacrifice, *sacrificium*. La confusion n'est jamais possible à la vue du caractère. Dans la langue parlée, pour éviter la confusion, l'équivoque des termes homophones, on se sert presque habituellement de mots doubles ou composés.

Tous les mots de la langue chinoise commencent par une consonne et finissent par une voyelle ou une diphthongue. Le mot eûl est le seul qui fasse exception. Les mots chinois étant très-courts sont aussi faciles à retenir et à prononcer.

Les auteurs chinois du Dictionnaire de Kāng hȳ insistent avec raison dans la Préface de cet ouvrage célèbre pour que l'on donne, dans tout l'Empire, une prononciation *exacte* et *uniforme*, afin de rendre le langage partout également clair et net. Ils divisent en neuf séries les sons initiaux des mots de la langue, en indiquant quels sont les organes de la bouche qui servent surtout à bien faire ces sons. Les sons initiaux, tous censés articulés, sont au nombre de trente-six, selon les Chinois. Pour nous, une dizaine rentrent les uns dans les autres; nos oreilles européennes n'y trouvent pas matière à une distinction assez sensible pour la signaler.

IV. — DIVISION DES SONS INITIAUX DE LA LANGUE CHINOISE EN NEUF SÉRIES.

		FORTES.	ASPIRÉES.	TÉNUES.	Nasales correspondantes.
1° Sons prononcés en appuyant la langue contre les dents inférieures, ou consonnes dento-gutturales, en chinois **yâ ȳn** 牙音。	DENTO-GUTTURALES.	K- Kién 見。	K- Ký 溪。	K- Kiún 郡。	Ng- Y ngŷ 疑。
2° Sons prononcés du bout de la langue contre les dents, ou consonnes dentales, en chinois **chĕ teōu ȳn.** 舌頭音。	DENTALES . . .	T- Touān 端。	T- Teōu 透。	T- Tín 定。	N- Nŷ 泥。
3° Sons prononcés en appuyant la partie supérieure de la langue contre le palais, ou consonnes palatales, en chinois 舌上音。	PALATALES. . .	Tch- Tchē 知。	Tch- Tchĕ 徹。	Tch- Tchén 澄。	Ng-n Niâng 娘。
4° Sons prononcés par les lèvres fortement serrées, ou consonnes labiales fortes 重唇音.	LABIALES FORTES.	P- Pāng 幫。	P-Pāng 滂。	P- Pín 並。	M- Mîn 明。
5° Sons prononcés par les lèvres légèrement fermées, ou consonnes labiales légères, **kīn chuên ȳn** 輕唇音。	LABIALES LÉGÈRES.	F-Feȳ 非。	F- Foū 敷。	F- Fóng 奉。	O- Oûy 微。
6° Sons prononcés de la langue contre les dents supérieures, ou consonnes sifflantes, **yâ tchĕ teōu** 牙齒頭。	SIFFLANTES. . .	Ts- Tsīn 精。	Ts- Tsīn 清。	Ts- Tsōng 從。	S- Sīn 心。
7° Sons prononcés de la langue placée contre les dents de côté, ou consonnes chuintantes, **chân tchén teōu** 禪正頭。	CHUINTANTES. .	Tch- Tcháo 照。	Tch- Tchouān 穿.	Tch Tchouáng 狀.	Ch- Chèn 審。
8° Sons prononcés du gosier, ou consonnes gutturales, **heôu ȳn** 喉音。	GUTTURALES . .	Y- Ỳn 影。	H- Hiaò 曉。	Y- Yú 諭。	Hy- Hiă 匣。
9° Sons prononcés partie avec la langue, partie avec les dents, ou semi-voyelles, **pán chĕ pán tchĕ ȳn** 半舌半齒音。	SEMI-VOYELLES .	L- Laŷ 來。	J- Jĕ 日。		
VOYELLES FINALES.	Simples : A. A- Y- y- o- o- e e. Composées : Ay- Ay- ei- eu- ou.		NASALES FINALES.	Ang- ong- yn- en. An- un- yn.	

Les Européens ne saisissent point de la même manière les sons des mots chinois. La transcription des mots chinois avec nos lettres latines est, pour ce motif, aussi différente qu'il y a de nations européennes. C'est là un inconvénient immense. Un Français lisant du chinois, écrit avec les lettres latines, ne comprend presque rien à la manière dont les Anglais l'écrivent, *et vice versâ*, à moins que les caractères chinois n'accompagnent la transcription. Ainsi le caractère châng 上, qui veut dire *sur*, *au-dessus*, *super*, *suprà*, sera écrit shâng par un Anglais, sàng par un Allemand, châng par un Français. L'uniformité, qui serait si fort à désirer, dans l'intérêt général de la science, est, nous le sentons, un vœu qui ne peut se réaliser. Mais une entente serait possible entre les sinologues d'une même nation; un système uniforme pourrait être facilement adopté. Dans notre *Dictionnaire français-latin-chinois* nous avons suivi l'orthographe des anciens missionnaires de la Chine et de la majorité des hommes apostoliques de nos jours. Nous avons eu sous les yeux le remarquable Dictionnaire manuscrit du P. d'Incarville, qui est heureusement aujourd'hui entre les mains de M. G. Pauthier. Le célèbre missionnaire, dont l'autorité est grande en cette matière, écrivait les mots chinois à peu de chose près comme nous l'avons fait. Quant aux sinologues de l'Occident, qui ont un mode à eux, ils nous permettront de leur dire, avec tous les égards que nous avons pour eux : *Major pars trahit ad se minorem.*

V. — TABLEAU GÉNÉRAL DE TOUS LES MOTS OU SONS DE LA LANGUE.

Ce tableau ne doit nullement effrayer un jeune sinologue. Il lui suffira d'examiner les mots français mis en regard des mots chinois pour connaître la prononciation exacte de ces derniers. Les colonnes suivantes indiquent le nombre de tons dont chaque mot est susceptible, et quels sont ces tons, aspirés ou non aspirés. Le signe ○ indique que le ton manque, c'est-à-dire qu'il n'y a pas de caractère qui se prononce sur ce ton. Il n'est nullement nécessaire d'apprendre ce tableau par cœur; on y aura recours dans le besoin.

MOTS RADICAUX.	PRONONCEZ comme dans :	1er TON.		2e TON.		3e TON.		4e TON.		5e TON.	
		Non aspiré.	Aspiré.	Non aspiré.	Aspiré.	Non aspiré.	Aspiré.	Non aspiré.	Aspiré.	Non aspiré.	Aspiré.
		—		∧		ˋ		ˊ		◡	
CHA.	Chameau . . .	沙	○	○	○	洒	○	[illegible]	○	灑	○
CHAY.	Chainette . . .	○	○	○	○	晒	○	訕	○	○	○
CHAN.	Chanoine . . .	山	○	○	○	汕	○	訕	○	○	○
CHANG.	Champêtre. . .	商	○	裳	○	賞	○	上	○	○	○
CHAO.	. . . .	燒	○	韶	○	少	○	紹	○	○	○
CHE.	Cheval.	詩	○	時	○	矢	○	是	○	石	○
CHÈ.	Chèvre.	奢	○	蛇	○	捨	○	赦	○	舌	○
CHEN.	Chêne.	升	○	神	○	審	○	甚	○	○	○
CHEOU.	. . . .	収	○	○	○	首	○	受	○	○	○
CHO.	Chocolat. . . .	○	○	○	○	○	○	○	○	說	○
CHOA.	. . . .	○	○	○	○	耍	○	○	○	刷	○
CHOAY.	Choisir	衰	○	○	○	○	○	帥	○	○	○
CHOAN.	Chouannerie. .	拴	○	○	○	舛	○	涮	○	○	○
CHOANG.	Chouan	霜	○	○	○	爽	○	祟	○	○	○
CHOU.	. . . .	書	○	洙	○	暑	○	恕	○	孰	○
CHOUY.	. . . .	衰	○	誰	○	水	○	瑞	○	○	○
CHUEN.	. . . .	○	○	脣	○	楯	○	順	○	○	○
EUL.	. . . .	○	○	而	○	耳	○	貳	○	駬	○
FA.	. . . .	○	○	○	○	○	○	○	○	罰	○
FAN.	Fanal.	番	○	凡	○	反	○	范	○	○	○
FANG.	Fantaisie . . .	方	○	房	○	訪	○	放	○	○	○
FEY.	. . . .	非	○	肥	○	誹	○	費	○	○	○
FEN.	Fenêtre	分	○	墳	○	紛	○	忿	○	○	○
FEOU.	. . . .	不	○	浮	○	否	○	阜	○	○	○
FONG.	Fontaine. . . .	風	○	馮	○	捧	○	鳳	○	○	○
FOU.	. . . .	夫	○	扶	○	府	○	付	○	伏	○
GAY.	. . . .	哀	○	獃	○	唉	○	愛	○	○	○
GAN.	Ganache. . . .	安	○	○	○	唵	○	岸	○	○	○
GANG.	Gant	狭	○	昂	○	抰	○	盎	○	○	○
GAO.	. . . .	咬	○	熬	○	懊	○	傲	○	○	○
GÈ.	Gaîté	○	○	○	○	○	○	○	○	厄	○
GEN.	Guenille. . . .	恩	○	○	○	○	○	○	○	○	○

MOTS RADICAUX.	PRONONCEZ comme dans :	1er TON.		2e TON.		3e TON.		4e TON.		5e TON.	
		Non aspiré.	Aspiré.	Non aspiré.	Aspiré.	Non aspiré.	Aspiré.	Non aspiré.	Aspiré.	Non aspiré.	Aspiré.
		¯		^		`		´		˘	
GEOU.	. . . .	謳	○	○	○	嘔	○	漚	○	○	○
GO.	. . . .	阿	○	哦	○	我	○	餓	○	惡	○
HAY (1).	. . . .	咍	○	孩	○	海	○	害	○	○	○
HAN.	. . . .	酣	○	寒	○	喊	○	旱	○	○	○
HANG.	. . . .	[illegible]	○	亢	○	骯	○	沆	○	○	○
HAO.	. . . .	蒿	○	毫	○	好	○	昊	○	○	○
HĔ.	. . . .	○	○	○	○	○	○	○	○	黑	○
HEN.	. . . .	哏	○	痕	○	狠	○	恨	○	○	○
HEOU.	. . . .	齁	○	侯	○	孔	○	厚	○	○	○
HY.	. . . .	希	○	徯	○	喜	○	戲	○	迄	○
HIA.	. . . .	鰕	○	蝦	○	○	○	夏	○	匣	○
HIAY.	. . . .	○	○	鞋	○	駭	○	械	○	○	○
HIANG.	. . . .	香	○	降	○	享	○	向	○	○	○
HIAO.	. . . .	呺	○	爻	○	曉	○	效	○	○	○
HIE.	. . . .	○	○	○	○	○	○	○	○	協	○
HIEN.	. . . .	軒	○	閑	○	險	○	限	○	○	○
HIEOU.	. . . .	休	○	○	○	朽	○	嗅	○	○	○
HIN.	. . . .	忻	○	刑	○	擤	○	幸	○	○	○
HIO.	. . . .	○	○	○	○	○	○	○	○	學	○
HIONG.	. . . .	凶	○	熊	○	迥	○	[illegible]	○	○	○
HIOU.	. . . .	○	○	○	○	○	○	○	○	畜	○
HIU.	. . . .	虛	○	○	○	許	○	呴	○	洫	○
HIUE.	. . . .	靴	○	○	○	○	○	○	○	血	○
HIUEN.	. . . .	萱	○	玄	○	晅	○	楦	○	○	○
HIUN.	. . . .	熏	○	○	○	○	○	訓	○	○	○
HO.	. . . .	呵	○	何	○	火	○	賀	○	合	○
HOA.	. . . .	花	○	華	○	踝	○	化	○	滑	○
HOAY.	. . . .	○	○	懷	○	○	○	壞	○	或	○
HOUAN.	. . . .	澴	○	還	○	俒	○	患	○	○	○
HOUANG.	. . . .	荒	○	黃	○	恍	○	況	○	○	○

(1) *H* devant *a, e, o*, est aspiré en chinois; *H* devant *i* se prononce comme *s* sifflant et légèrement mouillé.

MOTS RADICAUX.	PRONONCEZ comme dans :	1er TON. Non aspiré.	Aspiré.	2e TON. Non aspiré.	Aspiré.	3e TON. Non aspiré.	Aspiré.	4e TON. Non aspiré.	Aspiré.	5e TON. Non aspiré.	Aspiré.
		—		^		\		/		˘	
HOUEN.	. . . .	昏	○	橫	○	混	○	渾	○	○	○
HOU.	. . . .	呼	○	胡	○	虎	○	戶	○	忽	○
HOUY.	. . . .	灰	○	回	○	悔	○	會	○	○	○
HONG.	. . . .	烘	○	紅	○	嗊	○	橫	○	○	○
Y.	. . . .	衣	○	夷	○	以	○	易	○	益	○
YA.	. . . .	丫	○	牙	○	雅	○	婭	○	鴨	○
YAY.	. . . .	挨	○	涯	○	矮	○	呃	○	○	○
YANG.	. . . .	央	○	陽	○	養	○	㑆	○	○	○
YAO.	. . . .	幺	○	堯	○	殀	○	要	○	○	○
YE.	. . . .	○	○	耶	○	野	○	夜	○	葉	○
YEN.	. . . .	煙	○	延	○	眼	○	晏	○	○	○
YEOU.	. . . .	憂	○	尤	○	有	○	右	○	○	○
YN.	Inaction. . . .	因	○	寅	○	引	○	印	○	○	○
YO.	. . . .	○	○	○	○	○	○	○	○	藥	○
YOU.	. . . .	○	○	○	○	○	○	○	○	欲	○
YONG.	. . . .	雍	○	容	○	涌	○	用	○	○	○
YU.	. . . .	於	○	魚	○	雨	○	芋	○	玉	○
YUE.	. . . .	○	○	○	○	○	○	○	○	月	○
YUEN.	. . . .	寃	○	元	○	遠	○	願	○	○	○
YUN.	. . . .	氳	○	云	○	永	○	韻	○	○	○
JAN.	Janissaire . . .	○	○	然	○	冉	○	墠	○	○	○
JANG.	Jambon	○	○	攘	○	壤	○	讓	○	○	○
JAO.	. . . .	嬈	○	饒	○	遶	○	○	○	○	○
JE.	Jeter	○	○	○	○	○	○	○	○	日	○
JE.	Geai.	○	○	○	○	惹	○	偌	○	熱	○
JEN.	. . . .	○	○	人	○	忍	○	訒	○	○	○
JEOU.	. . . .	○	○	柔	○	糅	○	○	○	○	○
JO.	. . . .	○	○	○	○	○	○	○	○	若	○
JOU.	. . . .	○	○	如	○	乳	○	擩	○	肉	○
JONG.	Joncher	○	○	戎	○	冗	○	○	○	○	○
JOUY.	. . . .	甤	○	○	○	蕊	○	蚋	○	○	○
JOUAN.	. . . .	撋	○	○	○	耎	○	[illegible]	○	○	○

MOTS RADICAUX.	PRONONCEZ comme dans :	1er TON. Non aspiré.	1er TON. Aspiré.	2e TON. Non aspiré.	2e TON. Aspiré.	3e TON. Non aspiré.	3e TON. Aspiré.	4e TON. Non aspiré.	4e TON. Aspiré.	5e TON. Non aspiré.	5e TON. Aspiré.
		¯		^		`		´		˘	
JUEN.	. . . .	○	○	犉	○	蝡	○	閏	○	○	○
KAY.	. . . .	該	開	○	○	改	凱	蓋	慨	○	○
KAN.	Canon.	甘	看	○	○	敢	砍	幹	看	○	○
KANG.	Canton	剛	康	○	○	○	慷	炕	炕	○	○
KAO.	Kaolin.	高	尻	○	○	槁	考	告	焅	○	○
KE.	Kermès	○	○	○	○	○	○	○	○	格	○
KEN.	Kœnigsberg . .	根	○	○	○	○	懇	更	硍	○	○
KEOU.	. . . .	勾	摳	○	○	苟	口	媾	訽	○	○
KY.	. . . .	幾	溪	○	其	已	豈	記	氣	吉	喫
KIA.	. . . .	加	呿	○	○	假	跒	價	髂	甲	恰
KIAY.	. . . .	皆	揩	○	○	解	楷	介	○	○	○
KIANG.	. . . .	姜	腔	○	强	講	彊	降	弶	○	○
KIAO.	. . . .	交	敲	○	喬	皎	巧	徼	竅	○	○
KIE.	. . . .	○	[illegible]	○	[illegible]	○	○	○	○	潔	挈
KIEN.	. . . .	堅	牽	○	乾	柬	遣	見	欠	○	○
KIEOU.	. . . .	鳩	丘	○	求	九	糗	救	齅	○	○
KIN.	. . . .	斤	欽	○	禽	緊	○	近	慶	○	○
KIO.	. . . .	○	○	○	○	○	○	○	○	脚	却
KIONG.	. . . .	○	傾	○	瓊	○	頃	○	伷	○	○
KIOU.	. . . .	○	○	○	○	○	○	○	○	劣	○
KIU.	. . . .	居	驅	○	朐	矩	秬	句	去	橘	曲
KIUE.	. . . .	○	○	○	○	○	○	○	○	厥	闕
KIUEN.	. . . .	涓	圈	○	拳	○	犬	眷	券	○	○
KIUN.	. . . .	均	○	○	羣	窘	○	郡	○	○	○
KO.	. . . .	哥	科	○	○	果	顆	個	課	閣	渴
KONG.	. . . .	工	空	○	○	拱	孔	貢	空	○	○
KOU.	. . . .	姑	枯	○	○	古	苦	故	庫	骨	哭
KOUA.	. . . .	瓜	誇	○	○	寡	髈	卦	胯	刮	○
KOUAY.	. . . .	乖	擓	○	○	拐	塊	怪	快	○	○
KOUAN.	. . . .	官	寬	○	○	管	款	冠	○	○	○
KOUANG.	. . . .	光	匡	○	狂	廣	○	誑	誆	○	○
KOUE.	. . . .	○	○	○	○	○	○	○	○	國	○

MOTS RADICAUX.	PRONONCEZ comme dans :	1er TON.		2e TON.		3e TON.		4e TON.		5e TON.	
		Non aspiré.	Aspiré.	Non aspiré.	Aspiré.	Non aspiré.	Aspiré.	Non aspiré.	Aspiré.	Non aspiré.	Aspiré.
		—		∧		╲		╱		◡	
KOUEN.	. . . .	昆	坤	○	○	鯀	悃	棍	困	○	○
KOUY.	. . . .	規	虧	○	○	鬼	傀	貴	喟	○	○
LA.	. . . .	○	○	○	○	藞	○	○	○	辣	○
LAY.	Lait.	○	○	來	○	睞	○	賴	○	○	○
LAN.	Lanifère. . . .	○	○	蘭	○	覽	○	濫	○	○	○
LANG.	Lampe.	○	○	狼	○	烺	○	浪	○	○	○
LAO.	. . . .	○	○	牢	○	老	○	勞	○	○	○
LE.	Laitue.	○	○	○	○	○	○	○	○	勒	○
LEANG.	. . . .	○	○	良	○	兩	○	量	○	○	○
LEAO.	. . . .	○	○	遼	○	了	○	料	○	○	○
LEN.	Lénitif.	○	○	棱	○	冷	○	論	○	○	○
LEOU.	. . . .	○	○	婁	○	摟	○	漏	○	○	○
LY.	. . . .	○	○	璃	○	里	○	利	○	力	○
LIE.	Liège	○	○	○	○	○	○	○	○	列	○
LIEN.	. . . .	○	○	蓮	○	斂	○	鍊	○	○	○
LIEOU.	. . . .	○	○	流	○	柳	○	溜	○	○	○
LIM.	Limite.	○	○	靈	○	領	○	另	○	○	○
LIN.	Linéament. . .	○	○	鄰	○	廩	○	吝	○	○	○
LIO.	. . . .	○	○	○	○	○	○	○	○	略	○
LIU.	. . . .	○	○	閭	○	呂	○	慮	○	律	○
LIUEN.	. . . .	○	○	攣	○	砢	○	戀	○	○	○
LO.	. . . .	○	○	羅	○	裸	○	嫪	○	落	○
LONG.	Lombard. . . .	○	○	龍	○	籠	○	弄	○	○	○
LOU.	. . . .	○	○	盧	○	魯	○	路	○	六	○
LOUAN.	. . . .	○	○	鑾	○	卵	○	亂	○	○	○
LOUY.	Louis	○	○	雷	○	累	○	淚	○	○	○
MA.	. . . .	媽	○	麻	○	馬	○	罵	○	抹	○
MAY.	. . . .	○	○	埋	○	買	○	賣	○	麥	○
MAN.	Mânes.	○	○	蠻	○	滿	○	嫚	○	○	○
MANG.	Manger	○	○	芒	○	莽	○	漭	○	○	○
MAO.	. . . .	○	○	毛	○	卯	○	帽	○	○	○
ME.	Mais.	○	○	○	○	○	○	○	○	麥	○

MOTS RADICAUX.	PRONONCEZ comme dans :	1er TON.		2e TON.		3e TON.		4e TON.		5e TON.	
		Non aspiré.	Aspiré.	Non aspiré.	Aspiré.	Non aspiré.	Aspiré.	Non aspiré.	Aspiré.	Non aspiré.	Aspiré.
		━		∧		╲		╱		◡	
MEY.	Meilleur. . . .	○	○	梅	○	美	○	妹	○	○	○
MEN.	. . . .	○	○	門	○	懣	○	悶	○	○	○
MEOU.	. . . .	○	○	牟	○	畝	○	茂	○	○	○
MY.	. . . .	○	○	糜	○	米	○	謎	○	蜜	○
MIAO.	. . . .	○	○	苗	○	眇	○	妙	○	○	○
MIE.	. . . .	咩	○	○	○	乜	○	○	○	滅	○
MIEN.	Mienne	○	○	綿	○	免	○	面	○	○	○
MIEOU.	. . . .	繆	○	眸	○	○	○	謬	○	○	○
MIN.	Mine.	○	○	民	○	敏	○	詺	○	○	○
MO.	. . . .	○	○	磨	○	麼	○	磨	○	莫	○
MONG.	Montagne . . .	○	○	蒙	○	蠓	○	夢	○	○	○
MOU.	. . . .	○	○	模	○	母	○	暮	○	目	○
NA.	. . . .	○	○	拿	○	那	○	那	○	納	○
NAY.	Naïf.		○	○	○	奶	○	耐	○	○	○
NAN.	. . . .	○	○	南	○	赧	○	難	○	○	○
NANG.	Nantir.	囔	○	囊	○	攮	○	儾	○	○	○
NAO.	. . . .	○	○	撓	○	惱	○	閙	○	○	○
NEN.	. . . .	○	○	能	○	○	○	○	○	○	○
NEOU.	. . . .	獳	○	○	○	㝅	○	耨	○	○	○
NY.	. . . .	○	○	尼	○	你	○	泥	○	溺	○
NIANG.	. . . .	○	○	孃	○	仰	○	釀	○	○	○
NIAO.	. . . .	○	○	○	○	鳥	○	尿	○	○	○
NIE.	Nièce	○	○	○	○	○	○	○	○	聶	○
NIEN.	. . . .	○	○	年	○	碾	○	念	○	○	○
NIEOU.	. . . .	○	○	牛	○	○	○	粈	○	○	○
NIO.	. . . .	○	○	○	○	○	○	○	○	虐	○
NIU.	. . . .	袽	○	絮	○	女	○	女	○	○	○
NIN.	. . . .	○	○	甯	○	濘	○	佞	○	○	○
NO.	. . . .	○	○	儺	○	娜	○	懦	○	諾	○
NOU.	. . . .	○	○	奴	○	弩	○	怒	○	訥	○
NOUY.	. . . .	[illegible]	○	○	○	餧	○	內	○	○	○
OU.	. . . .	汙	○	吾	○	五	○	悟	○	物	○

MOTS RADICAUX.	PRONONCEZ comme dans :	1er TON.		2e TON.		3e TON.		4e TON.		5e TON.	
		Non aspiré.	Aspiré.	Non aspiré.	Aspiré.	Non aspiré.	Aspiré.	Non aspiré.	Aspiré.	Non aspiré.	Aspiré.
		—		^		ˋ		ˊ		˘	
OUA.	. . . .	哇	○	哯	○	瓦	○	瓮	○	空	○
OUAY.	. . . .	歪	○	○	○	崴	○	外	○	○	○
OUAN.	. . . .	彎	○	頑	○	挽	○	萬	○	○	○
OUANG.	. . . .	汪	○	亡	○	枉	○	妄	○	○	○
OUEN.	. . . .	温	○	文	○	刎	○	問	○	○	○
OUY.	. . . .	威	○	幃	○	委	○	位	○	○	○
OUO.	. . . .	囮	○	倭	○	婐	○	臥	○	蠖	○
OUNG.	. . . .	翁	○	○	○	滃	○	甕	○	○	○
PA.	. . . .	巴	芭	琶	妑	把	跁	罷	帕	八	朳
PAY.	. . . .	○	○	○	排	擺	啡	敗	派	○	○
PAN.	Panache. . . .	班	潘	○	磻	板	○	扮	判	○	○
PANG.	Pantin.	邦	滂	○	傍	綁	髈	傍	胖	○	○
PAO.	. . . .	包	泡	○	袍	保	○	報	砲	○	○
PE.	. . . .	○	○	○	○	○	○	○	○	白	璞
PEN.	Pénible	崩	歕	○	彭	本	○	倴	噴	○	○
PEY.	. . . .	悲	呸	○	培	俾	琲	貝	沛	○	○
PEOU.	. . . .	眂	○	○	○	掊	○	○	○	○	○
PY.	. . . .	○	披	篦	皮	彼	仳	避	屁	筆	辟
PIAO.	. . . .	標	漂	○	螵	表	摽	驃	票	○	○
PIE.	. . . .	○	○	○	○	○	○	○	○	別	撇
PIEN.	. . . .	邊	扁	○	諞	扁	諞	便	片	○	○
PIEOU.	. . . .		抔	○	○	○	剖	○	○	○	○
PIN.	Pinacle	賓	○	○	貧	丙	品	病	娉	○	○
PO.	. . . .	波	玻	○	皤	跛	頗	播	破	○	扑
POU.	. . . .	逋	鋪	○	匍	譜	普	布	鋪	不	○
PONG.	. . . .	琫	硼	○	搼	○	傰	○	磅	○	○
SA.	. . . .	○	○	○	○	○	○	○	○	撒	○
SAY.	. . . .	腮	○	○	○	○	○	賽	○	○	○
SAN.	Sanitaire. . . .	三	○	○	○	傘	○	散	○	○	○
SANG.	Sang	桑	○	○	○	磉	○	喪	○	○	○
SAO.	. . . .	騷	○	○	○	嫂	○	噪	○	○	○
SE.	. . . .	思	○	祠	○	死	○	似	○	○	○

MOTS RADICAUX.	PRONONCEZ comme dans :	1er TON. Non aspiré.	1er TON. Aspiré.	2e TON. Non aspiré.	2e TON. Aspiré.	3e TON. Non aspiré.	3e TON. Aspiré.	4e TON. Non aspiré.	4e TON. Aspiré.	5e TON. Non aspiré.	5e TON. Aspiré.
		—		ʌ		\		/		◡	
SE.	Sève.	○	○	○	○	○	○	○	○	色	○
SEN.	. . . .	生	○	○	○	省	○	胜	○	○	○
SEOU.	. . . .	鎪	○	○	○	叟	○	瘦	○	○	○
SY.	. . . .	西	○	○	○	洗	○	細	○	息	○
SIANG.	. . . .	相	○	詳	○	想	○	象	○	○	○
SIAO.	. . . .	簫	○	○	○	小	○	肖	○	○	○
SIE.	. . . .	些	○	邪	○	寫	○	謝	○	洩	○
SIEN.	Sienne.	先	○	涎	○	鮮	○	線	○	○	○
SIEOU.	. . . .	羞	○	囚	○	滫	○	秀	○	○	○
SIN.	Sinus	新	○	○	○	醒	○	信	○	○	○
SIOU.	. . . .	○	○	○	○	○	○	○	○	削	○
SIU.	. . . .	鬚	○	徐	○	諝	○	序	○	恤	○
SIUE.	. . . .	○	○	○	○	○	○	○	○	雪	○
SIUEN.	. . . .	宣	○	旋	○	選	○	巽	○	○	○
SIUN.	. . . .	○	○	巡	○	笋	○	峻	○	○	○
SO.	. . . .	唆	○	○	○	鎖	○	嗾	○	索	○
SOU.	. . . .	蘇	○	○	○	數	○	訴	○	粟	○
SOUAN.	. . . .	酸	○	○	○	匴	○	筭	○	○	○
SONG.	. . . .	松	○	○	○	竦	○	送	○	○	○
SOUY.	. . . .	雖	○	隋	○	髓	○	歲	○	○	○
TA.	. . . .	○	○	○	○	打	○	大	○	答	搨
TAY.	. . . .	懛	台	○	臺	歹	[illegible]	代	太	○	○
TAN.	Tanner	單	探	○	潭	膽	啖	旦	掞	○	○
TANG.	Tantôt.	當	湯	○	糖	讜	倘	擋	揚	○	○
TAO.	. . . .	刀	叨	○	桃	禱	討	道	套	○	○
TCHA.	. . . .	楂	叉	○	茶	鮓	厏	乍	姹	札	察
TCHAY.	. . . .	齋	釵	○	柴	○	跐	債	嘬	○	○
TCHAN.	. . . .	詀	讒	○	纏	斬	產	站	懺	○	○
TCHANG.	. . . .	章	昌	○	長	掌	敞	丈	唱	○	○
TCAO.	. . . .	招	超	○	朝	爪	訬	召	○	○	○
TCHE.	. . . .	知	絺	○	池	紙	齒	至	熾	姪	尺
TCHE.	. . . .	遮	車	○	○	者	扯	蔗	庫	拆	徹

MOTS RADICAUX.	PRONONCEZ comme dans :	1er TON.		2e TON.		3e TON.		4e TON.		5e TON.	
		Non aspiré.	Aspiré.	Non aspiré.	Aspiré.	Non aspiré.	Aspiré.	Non aspiré.	Aspiré.	Non aspiré.	Aspiré.
		—		^		`		´		˘	
TCHEY.		〇	車	〇	〇	〇	〇	〇	〇	〇	〇
TCHEN.	. . . .	眞	嗔	〇	陳	枕	輾	証	秤	〇	〇
TCHEOU.	. . . .	周	抽	〇	稠	肘	丑	晝	臭	〇	〇
TCHO.	. . . .	〇	〇	〇	〇	〇	〇	〇	〇	桌	擉
TCHOU.	. . . .	朱	姝	〇	除	主	楮	柱	處	竹	出
TCHOUA.	. . . .	檛	〇	〇	〇	大	〇	〇	〇	茁	〇
TCHOUAY.	. . . .	樫	搋	〇	摧	拐	揣	嘬	喘	〇	〇
TCHOUAN.	. . . .	專	川	〇	傳	轉	喘	壯	楮	〇	〇
TCHOUANG.	. . . .	莊	窓	〇	床	惴	磢	狀	創	〇	〇
TCHOUE.	. . . .	〇	〇	〇	〇	〇	〇	〇	〇	拙	〇
TCHOUY.	. . . .	追	吹	〇	垂	捶	揣	豫	吹	〇	〇
TCHOUN.	. . . .	肫	春	〇	〇	准	蠢	稕	〇	〇	〇
TCHONG.	. . . .	中	充	〇	重	腫	寵	仲	銃	〇	〇
TE.	Tête.	〇	〇	〇	〇	〇	〇	〇	〇	德	
TEN.	Tenu	登	吞	〇	飩	等	吨	沌	褪	〇	〇
TEOU.	. . . .	兜	偷	〇	頭	斗	斜	豆	詐	〇	〇
TY.	. . . .	堤	梯	〇	提	底	體	地	替	的	剔
TIAO.	. . . .	彫	挑	〇	條	屌	掉	弔	跳	〇	〇
TIE.	. . . .	爹	〇	〇	〇	〇	〇	〇	〇	跌	帖
TIEN.	Tienne.	顚	天	〇	田	點	沴	店	㗊	〇	〇
TIEOU.	. . . .	丟	〇	〇	〇	〇	〇	〇	〇	〇	〇
TIN.	. . . .	丁	汀	〇	亭	頂	町	定	聽	〇	〇
TO.	. . . .	多	拖	〇	佗	躲	沲	舵	帨	奪	託
TOU.	. . . .	都	〇	〇	跿	賭	土	度	兎	篤	禿
TOUY.	. . . .	堆	推	〇	墤	〇	腿	隊	退	〇	〇
TOUAN.	. . . .	端	湍	〇	摶	短	曈	段	椽	〇	〇
TONG.	Ton.	冬	通	〇	同	董	捅	洞	痛	〇	〇
TSA.	. . . .	〇	〇	〇	〇	〇	〇	〇	〇	雜	擦
TSAY.	. . . .	栽	猜	〇	才	宰	采	在	菜	〇	〇
TSAN.	. . . .	膳	餐	〇	殘	儹	慘	贊	粲	〇	〇
TSANG.	. . . .	臧	倉	〇	藏	駔	倉	葬	窌	〇	〇
TSAO.	. . . .	遭	操	〇	曹	早	草	灶	造	〇	〇

MOTS RADICAUX.	PRONONCEZ comme dans :	1er TON. Non aspiré.	1er TON. Aspiré.	2e TON. Non aspiré.	2e TON. Aspiré.	3e TON. Non aspiré.	3e TON. Aspiré.	4e TON. Non aspiré.	4e TON. Aspiré.	5e TON. Non aspiré.	5e TON. Aspiré.
		ˉ		^		ˋ		ˊ		˘	
TSE.	. . . .	貲	雌	○	慈	子	此	字	次	○	○
TSE.	. . . .	○	○	○	○	○	○	○	○	則	宅
TSEN.	. . . .	尊	村	○	存	怎	忖	俊	寸	○	○
TSEOU.	. . . .	鄒	○	○	○	走	○	奏	湊	○	○
TSY.	. . . .	隮	妻	○	齊	擠	泚	祭	砌	疾	戚
TSIANG.	. . . .	將	蹌	○	牆	槳	搶	匠	蹡	○	○
TSIAO.	. . . .	焦	鍬	○	樵	勦	悄	噍	俏	○	○
TSIE.	. . . .	嗟	○	銼	○	姐	且	借	趄	節	切
TSIEN.	. . . .	尖	千	○	錢	剪	淺	濺	茜	○	○
TSIEOU.	. . . .	揪	秋	○	○	酒	○	就	○	○	○
TSIO.	. . . .	○	○	○	○	○	○	○	○	爵	鵲
TSIN.	. . . .	津	親	○	秦	井	寢	靜	親	○	○
TSIU.	. . . .	疽	岨	○	○	咀	取	聚	娶	○	焌
TSIUE.	. . . .	○	○	○	○	○	○	○	○	絕	○
TSO.	. . . .	侳	搓	○	嵯	左	瑳	坐	剉	阼	錯
TSOUAN.	. . . .	鑽	○	○	○	纘	○	攢	○	○	○
TSOU.	. . . .	租	皴	○	○	祖	粗	做	醋	足	促
TSOUY.	. . . .	嗺	催	○	○	嘴	璀	醉	翠	○	○
TSONG.	. . . .	宗	葱	○	從	總	總	粽	傱	○	○
TSUEN.	. . . .	摧	詮	○	全	雋	僎	○	竄	○	○

FIN DES PROLÉGOMÈNES.

GRAMMAIRE CHINOISE

PREMIÈRE PARTIE

LANGUE ORALE.

CHAPITRE PREMIER.

NOTIONS PRÉLIMINAIRES SUR LA LANGUE ORALE, VULGAIREMENT DITE : *LANGUE MANDARINE.*

1° Caractère propre de ce langage. — 2° Ses nuances. — 3° Son mécanisme simple et facile. — 4° Manière de le saisir promptement. — 5° Des dialectes ou patois de la Chine.

I. — CARACTÈRE PROPRE DE LA LANGUE ORALE.

Dans toute la Chine, à l'exception du littoral de ce vaste Empire, on parle la même langue. Cette langue commune porte en chinois le nom de **Kouān hoá** 官話, expression qui veut dire *langue commune, langue générale.* Autrefois, en Europe, on a cru que ces deux mots chinois signifiaient *langue mandarine* ou *langue des mandarins* (1). On supposait à tort que les fonctionnaires publics de la Chine avaient un langage à part. L'usage a prévalu de donner à la langue commune de la Chine le nom de *langue mandarine.* Nous nous conformerons à cet usage, en désignant la langue orale de la Chine tantôt par ces

(1) Ce mot mandarin n'est point chinois. Il est d'origine portugaise, du mot *mandar*, commander, gouverner. Ce sont les Européens qui ont donné cette appellation aux fonctionnaires de la Chine, soit civils, soit militaires.

mots : *langue mandarine*, tantôt par l'expression chinoise **Kouān hoá**. La cour de Pékin, les dignitaires de l'Empire, les fonctionnaires civils et militaires, les lettrés, l'aristocratie ou noblesse chinoise, n'ont pas un autre langage que celui du reste de la nation. En Chine, comme dans tous les pays civilisés, la haute classe de la société parle un langage plus élégant, fait usage de tournures plus nobles, d'expressions mieux choisies que ne le fait la classe vulgaire ou plébéienne de la Chine. L'accent est également plus noble et plus harmonieux. Mais l'homme du peuple comprend ce langage relevé aussi clairement que celui dont il se sert.

Certains sinologues de France, qui ne sont point versés dans la connaissance pratique de la langue *mandarine* ou *parlée* de la Chine, se plaisent à la regarder comme une espèce de *patois*. A leurs yeux, savoir parler la *langue mandarine* n'est rien ou presque rien. C'est là un préjugé très-fâcheux qu'il faut combattre. La langue *mandarine* ou le **kouān hoá** n'est nullement l'ancienne langue dégénérée de la Chine, comme ils le pensent. La langue orale de nos jours a été toujours la même en Chine, à peu de chose près. Cette langue a de la force, de la dignité et une grâce incontestable. « Son grand « mérite, selon la parole d'un ancien et savant missionnaire, est d'être comme « l'eau, qui prend toutes les formes et toutes les couleurs. La langue *manda-« rine* se plie, en effet, à tous les caractères ; elle s'étend à tous les sujets, se « prête à toutes les situations, et ne se refuse à aucun sentiment. » Le **kouān hoá** est aussi propre à la familiarité qu'à l'aisance des discours publics, des instructions et des sujets de morale. Il admet des synonymes, des mots composés, des particules numérales et d'autres mots euphoniques qui servent merveilleusement à l'harmonie, à la cadence du langage. Enfin, on nous pardonnera de dire qu'il l'emporte, sans contredit, sur toutes les langues de l'Europe, par l'avantage de dire plus de choses en moins de temps.

Toutefois, si l'on veut écrire le **kouān hoá**, on éprouve une sorte d'embarras. Les caractères de la langue écrite, si riches en idées et en images, semblent souffrir de se plier à l'air familier, négligé du langage parlé, à son aisance, à son abondance d'expression, laquelle réveille ou supplée l'attention de ceux auxquels on parle. Il arrive même assez souvent que l'on est embarrassé pour trouver le caractère correspondant à l'expression du langage ordinaire.

II. — NUANCES DU LANGAGE PARLÉ.

Dans la langue *orale* de la Chine, on distingue trois nuances assez tranchées Il y a le langage de la classe savante et élevée. Ce langage est plus harmonieux, plus riche en figures, en métaphores. Ceux qui le parlent se plaisent à citer les auteurs de l'antiquité ou à faire allusion aux belles maximes qu'il renferme. Il y a le langage de la classe ordinaire et aisée de la Chine. Ce langage est plus coulant, plus large, moins orné de figures que le précédent. Le peuple, la classe ouvrière des villes et des campagnes, a son langage à part. Celui-ci est moins doux à l'oreille; il est rempli d'expressions simples et même triviales. Un missionnaire ne pourrait convenablement adopter ce dernier style, bien qu'il doive être en état de comprendre ces expressions triviales et de pouvoir s'en servir au besoin. Malgré ces trois nuances bien distinctes dans le langage *parlé*, la langue orale est la même dans toute la Chine. On se comprend dans tout l'Empire.

Vu l'immense étendue de l'Empire chinois, la prononciation des mots, l'accent tonique de la voix ne sont pas et ne peuvent pas être parfaitement uniformes dans toutes les provinces. Ainsi, dans les contrées du nord de l'Empire, le langage est plus *ferme*; dans les provinces occidentales il est plus *accentué*; dans celles du midi, il est plus *doux*, mais aussi plus *mou*. Chaque province a pareillement ses variantes d'expressions, ses mots favoris; certains termes communs reçoivent ici ou là une acception plus ou moins large. Ces expressions locales se nomment en chinois toŭ tān 土談。

III. — MÉCANISME SIMPLE ET FACILE DE LA LANGUE ORALE.

Le mécanisme de la langue chinoise *orale* est très-simple, comme, du reste, celui de toutes les langues anciennes. L'ordre des mots suit invariablement la pensée. Les inversions de mots, dans la langue orale, ont lieu dans un seul cas. Le rapport indiqué en français par les mots *de, du,* ou en latin, par le génitif, se place régulièrement avant le sujet. Ainsi, le livre de Pierre, le couteau de Jean, se disent en chinois comme dans la tournure latine : *Petri liber, Joannis culter*. Il n'y a ni déclinaisons ni conjugaisons dans la langue chinoise. Les mots n'ont pas non plus de genres propres. Voilà trois énormes difficultés de moins dans la langue chinoise. On parle bien chinois, si l'on se sert des expressions consacrées pour chaque chose, si l'on fait distinctement les modulations de la voix sur chaque mot, et si l'on emploie une tournure de phrase vraiment chinoise. Tous ces petits mots, connus dans nos langues à flexion, sous le nom d'article et autres, et qui sont une source de difficultés dans l'étude d'une langue, n'existent point non plus dans la langue chinoise. On ne peut imaginer un mécanisme plus simple et plus ingénieux en même temps que celui de cette langue.

IV. — MANIÈRE DE SAISIR PROMPTEMENT LE MÉCANISME DE LA LANGUE.

La connaissance raisonnée de la langue chinoise, soit *orale*, soit *écrite*, consiste principalement à bien saisir le rôle de la position des mots dans le discours. C'est ce que nous appellerons désormais la *règle de position des mots*. Ce point est capital dans l'étude de la langue chinoise. On ne parle jamais d'une manière correcte, élégante; mais surtout on ne traduit jamais avec facilité et exactitude la langue écrite, sans la connaissance de cette règle de position des mots. On peut dire, en effet, que c'est ici la *clef de la langue chinoise*. N'ayant ni déclinaisons ni conjugaisons, les Chinois ont trouvé un système aussi simple qu'il est ingénieux pour exprimer toutes les variétés de sens, les divers rapports des mots entre eux, les nuances des temps, des modes que fournissent, dans les langues à flexions, les désinences des noms communs et des verbes. Voici en quoi consiste le système chinois : au moyen de quelques mots, que nous désignerons sous le nom d'*affixes* ou de *particules*, les Chinois obtiennent tout ce que donnent les désinences. Ces affixes sont peu nombreux et se placent d'une manière uniforme. Mais ce qui suit est encore plus merveilleux. Dans leur langue, par une disposition fort simple, celle du placement, de la disposition des mots dans le corps du discours, un seul et même mot, un substantif, par exemple, peut, en demeurant toujours invariable, devenir successivement *adjectif*, *verbe actif*, *verbe passif*, *verbe neutre et même adverbe*. Ce système, très-simple au fond, et d'une pratique très-facile, a eu pour effet direct de multiplier singulièrement le nombre des mots de la langue et de la rendre très-riche en expressions, malgré sa pauvreté apparente. L'usage de ce mécanisme ne produit aucune obscurité ou équivoque dans la langue. Au reste, on ne peut étudier la langue chinoise, surtout la langue écrite, sans remarquer aussitôt le rôle des mots selon leur position, ou, si l'on veut, la règle de position (1). La seule chose qui pourrait échapper d'abord à un jeune sinologue, c'est l'importance capitale de cette règle. — Quant aux règles de la syntaxe chinoise, elles sont peu nombreuses et toujours invariables, comme nous le verrons à la IIe partie, au chap. VI, qui a pour titre : Règles de la syntaxe chinoise.

(1) Les Européens qui ont écrit les premiers sur la langue chinoise ont parlé de la règle de position tout aussi naturellement qu'un grammairien latin parlerait de la règle *Amo Deum*. Bayer, dans son *Museum sinicum*, les *Mémoires sur les Chinois*, *passim*, le P. de Prémare, le Dr Marshman, M. de Rémusat, etc., ont tous parlé d'une manière plus ou moins explicite de cette règle de position des mots. Les sinologues modernes qui s'en attribuent ou s'en laissent attribuer la première découverte montrent en cela peu de délicatesse scientifique.

V. — DES DIVERS DIALECTES OU PATOIS DE LA CHINE (1).

Sur tout le littoral de la Chine, on parle un langage particulier. Ce langage n'est autre chose qu'une *corruption* de la langue mandarine. Ces idiomes ou ces patois portent en chinois le nom de **hiāng tǎn** 鄉談, qui veut dire *langage campagnard* ou *des gens de la campagne*. On compte sept ou huit espèces de ces jargons ou patois. Mais trois d'entre eux sont plus connus : ce sont ceux de *Canton*, du **Foŭ kién** et du **Kiāng nân**. Chacun de ces dialectes est assez différent d'un autre pour qu'on ne soit pas compris ailleurs que dans son pays. Ce n'est pas ici le lieu d'indiquer les causes qui ont pu donner naissance à ces patois particuliers. Toutefois, même sur le littoral de l'Empire, où l'on parle ces dialectes, la langue chinoise écrite est identiquement la même que dans tout le reste de l'Empire. On peut s'entendre très-bien en écrivant, si on ne peut le faire en parlant. Lorsque l'on possède la langue mandarine, on apprend très-vite un de ces dialectes particuliers. De l'aveu de tous les sinologues, si l'on est obligé d'apprendre un de ces patois, il vaudrait mieux commencer ses études chinoises par la langue mandarine. Au reste, dans les contrées du littoral, la haute classe de la société chinoise, les fonctionnaires publics, parlent tous la langue mandarine.

Dans le cours de cette Grammaire, nous traduirons par leurs équivalents chinois les *termes grammaticaux*. C'est en faveur de ceux qui veulent enseigner aux Chinois nos langues et nos sciences de l'Europe. Un jeune sinologue peut ne pas se préoccuper de la traduction de ces mots spéciaux, tant qu'il n'aura pas besoin de les employer.

Notre Grammaire est à l'usage des Européens qui veulent apprendre le chinois. Tel est le motif qui explique l'ordre et la méthode que nous avons adoptés dans tout le cours de cet ouvrage.

---

(1) Voir, à la fin de la Grammaire, la note A avec le titre de *Bibliothèque d'un jeune sinologue*. Nous donnons les principales publications faites en ces dialectes ou patois de la Chine.

CHAPITRE II.

DU SUBSTANTIF OU DU NOM COMMUN,

En chinois : **Tsé lŷ tchē mîn** 自立之名, ou **Tŷ mîn** 體名。

1° Comment les Chinois divisent les mots de leur langue. — 2° Les neuf classes de substantifs chinois. — 3° Du genre dans les substantifs. — 4° Du nombre dans les substantifs. — 5° Des augmentatifs et des diminutifs en chinois. — 6° Des substantifs devenant par position *adjectifs*, *verbes actifs*, *verbes passifs*, *verbes neutres*, *verbes causatifs*, *adverbes*. — 7° Des substantifs *doubles* ou *composés*, dont les uns peuvent à volonté être transposés sans changer de sens, et les autres ne le peuvent pas.

I. — COMMENT LES CHINOIS DIVISENT LES MOTS DE LEUR LANGUE.

Les Chinois divisent tous les mots de leur langue en deux grandes classes. La première classe comprend ce qu'ils appellent les *mots pleins*, **chĕ tsé** 實字, c'est-à-dire les mots qui par eux-mêmes ont une signification propre. Cette classe se subdivise en deux sections : l'une renferme les *mots vivants*, **sēn tsé** 生字, ou bien, **hô tsé** 活字, c'est-à-dire, ceux qui expriment les actions, les passions, tels que les verbes; l'autre renferme les *mots morts*, **sè tsé** 死字, c'est-à-dire ceux qui expriment les noms et la qualité des choses, tels que les substantifs et les adjectifs. La deuxième classe comprend ce qu'ils appellent les *mots vides*, **hiū tsé** 虛字, ou bien encore les *termes auxiliaires* de la parole, **tsoú yù** 助語。 La plupart de ces *mots vides*, de ces *termes auxiliaires*, sont simplement des particules qui ne sont point absolument essentielles au discours. Leur office est de marquer d'abord les rapports des mots entre eux, de modifier plus ou moins le sens des *mots pleins*, et surtout de donner de la grâce, de l'harmonie et du poids à la phrase du discours. Pour les Chinois, ces distinctions ont de l'importance, car le mérite littéraire d'une composition chinoise consiste surtout dans l'emploi plus ou moins habile de ces espèces de mots *pléniers* ou *secondaires*. Pour un jeune sinologue européen, cette distinction n'a pas la même importance.

Un certain nombre de mots chinois demeurent toujours substantifs. Les autres peuvent, *selon leur position dans une phrase*, devenir *adjectifs*, *verbes*, *adverbes*, etc. Nous en donnerons des exemples à la fin de ce chapitre.

Pour plus de clarté, en faveur des jeunes sinologues, nous diviserons les substantifs ou noms communs chinois en neuf classes.

II. — LES NEUF CLASSES DE SUBSTANTIFS CHINOIS.

Ire CLASSE DE SUBSTANTIFS.

Cette classe de substantifs est la plus nombreuse. Elle comprend tous les *substantifs simples*, c'est-à-dire tous ceux auxquels on n'adjoint aucun terme auxiliaire ou explétif. Nos lecteurs n'oublieront pas qu'il n'y a point d'*article*, en chinois, comme, du reste, dans toutes les langues très-anciennes (1).

EXEMPLES :

人 **Jên**, l'homme, *homo*.	土 **Toŭ**, la terre, *terra*.
父 **Foú**, le père, *pater*.	心 **Sīn**, le cœur, *cor*.
母 **Moù**, la mère, *mater*.	水 **Choùy**, l'eau, *aqua*.
子 **Tsè**, le fils, *filius*.	火 **Hò**, le feu, *ignis*.
天 **Tiēn**, le ciel, *cœlum*.	手 **Cheòu**, la main, *manus*.
王 **Ouâng**, le roi, *rex*.	月 **Yuĕ**, la lune, *luna*.
玉 **Yú**, la marguerite, *lapis pretios*.	

IIe CLASSE.

Cette classe comprend tous les substantifs auxquels on ajoute communément le terme explétif **Tsè** 子。 Ce terme explétif sert ici à indiquer l'une ou l'autre des trois choses suivantes : 1° que le substantif est pris dans un sens général, indéterminé; 2° que ce mot chinois est un véritable substantif; 3° que les mots de cette classe ne deviennent presque jamais adjectifs. Le terme explétif **Tsè** 子 s'ajoute de la même manière après les substantifs *doubles* ou *composés*, et y remplit le même office.

EXEMPLES :

刀子 **Taō tsè**, le couteau, *cultrum*.	名子 **Mîn tsè**, le nom, *nomen*.
日子 **Jĕ tsè**, le jour, *dies*.	夫子 **Foū tsè**, le maître, *magister*.
女子 **Niù tsè**, la femme, *mulier*.	君子 **Kiūn tsè**, le sage, *sapiens*.
肚子 **Toú tsè**, le ventre, *venter*.	法子 **Fă tsè**, la méthode, *methodus*.
口子 **Keòu tsè**, la bouche, *os*.	果子 **Kò tsè**, le fruit, *fructus*.

IIIe CLASSE.

Cette classe renferme les substantifs qui sont presque tous suivis du mot auxiliaire **Teôu** 頭。 Ce terme auxiliaire se place, en général, après les noms

(1) Nous engageons, avec instances, les jeunes sinologues à graver dans leur mémoire les caractères chinois de ces exemples, avec leur prononciation accentuée, et à s'exercer à les écrire. Ces caractères sont simples et faciles à retenir.

qui désignent un objet de forme *ronde, circulaire, solide, unie*, etc., et après les objets matériels. Souvent aussi ce terme auxiliaire détermine le véritable sens du mot radical.

EXEMPLES :

木頭 **Moŭ teŏu**, le bois, *lignum*.
石頭 **Chĕ teŏu**, la pierre, *lapis*.
舌頭 **Chĕ teŏu**, la langue, *lingua*.
日頭 **Jĕ teŏu**, le soleil, *sol*.
蒜頭 **Souán teŏu**, l'ail, *allium*.
行頭 **Hín teŏu**, le chef d'orchestre.
丫頭 **Yā teŏu**, la servante, *ancilla*.
奶頭 **Laỳ teŏu**, la mamelle.
夫頭 **Foū teŏu**, le chef, *dux*.
枕頭 **Tchĕn teŏu**, l'oreiller, *cervic*.
碼頭 **Mà teŏu**, le port, *portus*.

IVe CLASSE.

Nous groupons, dans une même classe, six espèces de substantifs, auxquels, par une pensée identique, on ajoute un terme auxiliaire spécial, qui indique soit un emploi, soit une profession mécanique ou intellectuelle, soit l'individu ou même toute une classe d'individus. Dans cette quatrième classe, un mot exprime l'*action*, l'autre désigne l'*agent* de cette action.

EXEMPLES :

木匠 **Moŭ tsiáng**, le charpentier, *faber*.
石匠 **Chĕ tsiáng**, le tailleur de pierre, *lapicida*.
工匠 **Kōng tsiáng**, l'ouvrier, *opifex*.
銀匠 **Ŷn tsiáng**, l'orfévre, *argentarius*.
銅匠 **Tŏng tsiáng**, le chaudronnier, *ærarius*.
鞋匠 **Hây tsiáng**, le cordonnier, *sutor*.
皮匠 **Pŷ tsiáng**, le corroyeur, *coriarius*.
錫匠 **Sŷ tsiáng**, le plombier, *plumbarius*.
泥水匠 **Nŷ choùy tsiáng**, le maçon, *cæmentarius*.
土匠 **Toŭ tsiáng**, le potier, *figulus*.
瓦匠 **Ouà tsiáng**, le tuilier, *tegularius*.
鐵匠 **Tiĕ tsiáng**, le forgeron, *ferrarius*.
畫匠 **Hoá tsiáng**, le peintre, *pictor*.
雕匠 **Tiāo tsiáng**, le graveur, *sculptor*.

主人 **Tchoù jên**, le maître, *herus*.
男人 **Lân jên**, l'homme, *vir*.
女人 **Niù jên**, la femme, *mulier*.
夫人 **Foū jên**, l'épouse, *uxor*.
匠人 **Tsiáng jên**, l'ouvrier, *artifex*.
詩人 **Chē jên**, le poëte, *poeta*.
媒人 **Meŷ jên**, l'entremetteur, *proxeneta*.
仇人 **Tcheŏu jên**, l'ennemi, *inimicus*.
恩人 **Gēn jên**, le bienfaiteur, *benefactor*.
証人 **Tchén jên**, le témoin, *testis*.
差人 **Tchāy jên**, le satellite, *satelles*.
罪人 **Tsoúy jên**, le pécheur, *peccator*.

乞人 Kў jên, le mendiant, *mendicus.*
文人 Ouên jên, l'homme lettré.

工夫 Kōng foū, le travail, *opus.*
民夫 Mîn foū, le porteur, *bajulus.*
丈夫 Tchâng foū, le mari, *maritus.*
農夫 Lông foū, le laboureur, *agricola.*
挑夫 Tiāo foū, le porte-faix, *gerulus.*
轎夫 Kiáo foū, le porteur de palanquin, *lecticarius.*
渡夫 Toú foū, le batelier, *navicular.*
人夫 Jên foū, le serviteur, *famulus.*

水手 Choùy cheòu, le marin, *nauta.*
船手 Tchouân cheòu, le rameur.
炮手 Paó cheoù, le canonnier.
書手 Choū cheoù, le copiste, *librarius.*

儒家 Joû kiā, la secte de Confucius.
道家 Taó kiā, la secte de Laò tsè.
農家 Lông kiā, la corporation des laboureurs.
醫家 Ȳ kiā, la corporation des médecins.

醫生 Ȳ sēn, le médecin, *medicus.*
先生 Siēn sēn, le maître, *magister.*

Ve CLASSE.

Le nombre des mots primitifs de la langue chinoise étant très-restreint, on les a multipliés par les inflexions de la voix et par les aspirations. Il en résulte un bon nombre de termes *homophones* dans la langue orale. Chaque terme, chaque idée ayant son caractère spécial, aucune équivoque n'est possible dans la langue écrite. Pour éviter, au contraire, dans le langage parlé, l'amphibologie qui proviendrait soit de ces termes homophones, soit des mots qui pourraient être pris comme verbes, on fait un usage assez fréquent de *mots doubles* ou de *mots composés*. L'équivoque, qui serait possible à l'égard de l'un de ces mots tout seuls, ne l'est plus quand ils sont réunis.

De ces mots doubles ou composés, il en est dont les deux termes sont tout à fait synonymes ou à peu près. Dans d'autres, le premier mot renferme l'idée principale, et le deuxième, une idée accessoire. Unis ensemble, ces deux mots rendent la pensée d'une manière plus vive, plus claire et plus nette. Il y a une série de mots doubles dont les deux termes forment toujours entre eux une antithèse. En français cette classe de mots est unie par une des particules conjonctives *et, ou.* Ces particules ne se rendent jamais en chinois.

Les mots doubles ou composés peuvent, ainsi que les mots simples, selon leur position, devenir *adjectifs*, *verbes*, etc. (1).

---

(1) On trouve, dans les livres anciens, des mots composés qui étaient primitivement, les uns, des termes poétiques, les autres, des expressions allégoriques. L'usage les a consacrés. Ainsi on dit :

Tiēn niù 天女, la fille du ciel, pour l'hirondelle.
Foù yuên 府園, le jardin de la ville, pour le préfet.

EXEMPLES :

1°

意思 Ý sē, la pensée, le dessein, *mens, consilium.*
朋友 Pŏng yeòu, l'ami, *amicus.*
利益 Lý ў, l'utilité, *utilitas.*
牙齒 yâ tchè, la dent, *dens.*
衣裳 Ў chăng, le vêtement, *vestis.*
衣服 Ў foŭ, le vêtement, *vestis.*
恩祐 Gēn yeóu, la faveur, *favor.*
瘟疫 Ouēn yŭ, la peste, *pestis.*

2°

耳躲 Eùl tò, l'oreille, *auris.*
眼睛 Yèn tsīn, l'œil, *oculus.*
本分 Pèn fén, le devoir, *munus.*
記性 Ký sín, la mémoire, *memoria.*
孝敬 Hiáo kín, la piété, *pietas.*

3°

父母 Foú moù, le père et la mère.
男女 Lân niù, l'homme et la femme.
天地 Tiēn tý, le ciel et la terre.
兄弟 Hiōng tý, le frère aîné et le frère cadet.
東西 Tōng sў, l'Orient et l'Occident.
好歹 Haò taỳ, le bien et le mal.
買賣 Maỳ maý, le marchand en détail.
是非 Ché feў, le bien et le mal.
長短 Tchăng touàn, le bien et le mal.
上下 Cháng hiá, le haut et le bas.
左右 Tsò yeóu, la droite et la gauche (1).

VI° CLASSE.

Cette classe de substantifs, assez nombreux et assez élégants, offre une grande analogie avec un certain nombre de mots anglais composés, v. g. *rock fish*, poisson de rocher; *bloody-bay*, baie du sang; *bank-bill*, billet de banque; *sea port*, port de mer, etc. Si l'on transposait un mot, le sens serait tout changé, et quelquefois même les mots n'auraient plus de sens.

EXEMPLES :

書房 Choū făng, la bibliothèque. *Littér.* : la maison des livres.
天神 Tiēn chēn, l'ange. *Litt.* : l'esprit du Ciel.
早飯 Tsào fán, le déjeuner. *Litt.* : le riz du matin.
午飯 Où fán, le dîner. *Litt.* : le riz du midi.
晚飯 Ouàn fán, le souper. *Litt.* : le riz du soir.
天主 Tiēn tchoù, Dieu. *Litt.* : le Seigneur du Ciel.
家主 Kiā tchoù, le maître.
口才 Keōu tsāy, l'éloquence. *Litt.* : l'habileté de la bouche.
天堂 Tiēn tăng, le Ciel ou le paradis.

(1) On désigne généralement sous ce nom, en Chine, les domestiques.

信德 Sín tĕ, la foi. *Litt.* : la vertu de la foi.

望德 Ouáng tĕ, l'espérance. *Littéralement* : la vertu de l'espérance.

愛德 Gaý tĕ, la charité. *Litt.* : la vertu de la charité.

靈牧 Lîm moŭ, le prêtre. *Litt.* : le pasteur de l'âme.

煉獄 Lién yoŭ, le purgatoire. *Litt.* : le lieu de la purification.

時菓 Chê kò, une primeur. *Litt.* : le fruit du temps.

外教 Ouáy kiaó, le paganisme. *Litt.* : la religion du dehors.

裂教 Liĕ kiaó, l'hérésie. *Litt.* : la religion qui a brisé.

左道 Tsò taó, l'erreur. *Litt.* : la doctrine de gauche.

天主教 Tiēn tchoù kiaó, le christianisme. *Litt.* : la religion du maître du Ciel.

VIIe CLASSE.

Les Chinois ont eu l'ingénieuse idée de grouper sous certains chefs caractéristiques les noms des différentes familles qui composent l'histoire naturelle. C'est comme une division par famille, qui aide singulièrement à retenir tous les noms qui en font partie. Ainsi, les noms d'arbres ont été groupés sous la clef d'*arbre*; ceux des plantes sous la clef du mot *herbe, plante*; ceux des poissons sous la clef de *poisson*, etc. Chaque fois qu'on rencontre un caractère ayant une semblable clef, on sait d'avance qu'il s'agit généralement d'un arbre, d'une plante, d'un poisson, etc. Il ne reste plus que l'espèce à déterminer.

EXEMPLES :

栢樹 Pĕ choú, le cyprès, *cupressus*.

李樹 Lý choú, le prunier, *prunus*.

桃樹 Tāo choú, le pêcher, *malus persica*.

栗樹 Lŷ choú, le châtaignier, *castanea*.

梨樹 Lŷ choú, le poirier, *pirus*.

松樹 Sōng choú, le pin, *pinus*.

鯉魚 Lỳ yû, la carpe, *carpio*.

鰈魚 Kò yû, la morue, *morua*.

鰣魚 Chê yû, le maquereau, *scomber*.

鯊魚 Chā yû, le requin, *squalus*.

鯨魚 Kīn yû, la baleine, *balæna*.

花石 Hoā chĕ, le marbre, *marmor*.

玉石 Yú chĕ, le jade.

硨石 Tchēy chĕ, le jaspe, *jaspis*.

磁石 Tsĕ chĕ, le kaolin, *magnes*.

VIIIe CLASSE.

En ajoutant à certains verbes chinois la particule tchĕ 者, *qui, ille*, on obtient une classe de substantifs assez nombreux. Cette particule fait du verbe une espèce de participe présent, que l'on emploie *substantivement*. Ce genre de substantif est élégant et même énergique en chinois. Toutefois on n'en fait guère usage que dans la langue écrite. Ainsi, croire, *credere*, se dit en chinois sín 信。 Si l'on ajoute à ce verbe la particule tchè 者, on aura : sín tchè, le croyant ou celui qui croit, *credens*.

EXEMPLES :

信者 **Sín tchè**, le fidèle, *credens*.
洗者 **Sỳ tchè**, le baptiseur, *baptista*.
使者 **Chè tchè**, l'envoyé, *legatus*.
苦者 **Koù tchè**, Celui qui souffre, *patiens*.
饑者 **Kȳ tchè**, celui qui a faim, *esuriens*.
渴者 **Kŏ tchè**, celui qui a soif, *sitiens*.
有才者 **Yeòu tsāy tchè**, celui qui a du talent, *doctus*.
有貌者 **Yeòu maó tchè**, celui qui est beau, *pulcher visu*.
生物者 **Sēn oŭ tchè**, celui qui crée, *creator* (1).

IX° CLASSE.

Voici une classe de mots doubles ou composés, qui a un cachet exclusivement chinois. Soit dans la langue parlée, soit dans la langue écrite, on en fait un très-grand usage. Cette classe de mots est fondée sur les idées générales de la *cosmogonie chinoise*, en conformité avec les maximes des plus anciens rois du pays. Dès les temps les plus reculés, les Chinois, à tort ou à raison, ont cru trouver des rapports entre le ciel et la terre, entre les choses spirituelles et les objets matériels. Ils ont établi de la sorte des distinctions plus ou moins systématiques que l'on trouve à chaque page de leurs anciens livres. Tous les mots composés de cette classe de substantifs sont employés comme *noms collectifs*, indiquant la *pluralité*, la *totalité*. Chaque fois que l'on cite ou que l'on rencontre un de ces termes collectifs, il est évident que la phrase doit être entendue ou traduite au pluriel.

Ainsi, par exemple, la Chine était autrefois divisée en neuf grandes provinces que l'on désignait par ces mots : **Kieòu Tcheōu** 九州, les neuf régions. Aujourd'hui encore, un Chinois se sert de ce mot pour désigner tout l'Empire actuel. — Les Chinois ont coutume de rapporter en général toutes les couleurs à cinq espèces, **où sĕ** 五色, *quinque colores*. Si l'on veut dire en chinois toutes les couleurs sans exception, on dit simplement : **où sĕ** 五色, les cinq couleurs. Pour les Chinois, les éléments pris dans leur généralité sont au nombre de cinq : **où hîn** 五行。 A présent encore, il suffit d'employer cette expression pour désigner *tous les éléments sans exception*.

Nous avons fait un recueil, en forme de tableau, avec une explication his-

(1) Quelques substantifs chinois sont formés comme le suivant :

Verbe actif.	*Verbe passif.*	*Substantif.*
Tsáo 造, créer.	**Cheóu tsáo** 受造, être créé, *creari*.	**Cheóu tsáo tȳ** 受造的, les créatures, *creaturæ*.

torique, de cette sorte de *noms collectifs chinois*, les plus usités, en suivant l'ordre des nombres cardinaux. Nous renvoyons ce tableau à la fin de la Grammaire, où l'on pourra le consulter quand besoin sera, sous la note C, avec le titre de : *Tableau des noms collectifs doubles ou composés*, selon leur ordre numérique.

III. — DU GENRE DANS LES SUBSTANTIFS.

Louý 類 (1).

La juste application des genres est une des grandes difficultés dans l'étude des langues. Cette difficulté n'existera pas pour un jeune sinologue. *La langue chinoise n'admet aucun genre ni dans les noms communs ni dans les adjectifs.* Lorsqu'on a besoin d'établir la distinction du sexe parmi les êtres intelligents ou inintelligents, on se sert de quelques expressions particulières, que l'on ajoute au nom dont on veut déterminer le genre.

Ainsi, le mot **lân** ou **nân** 男 désigne, en chinois, les êtres intelligents du sexe masculin. On dira : Un homme, **lân jên** 男人; un jeune enfant, **lân ouā ouā** 男娃娃 ou **lân ŷn hiây** 男嬰孩。 Le mot **niù** 女 indique le sexe féminin : une femme, **niù jên** 女人; une petite fille, **niù ouă ouă** 女娃娃。

Les noms qui expriment la parenté, l'alliance, sont exprimés en chinois de manière à désigner toujours le genre. Le mot générique **tsīn** 親, indiquant la parenté, est aussi un terme affectueux que les enfants ajoutent presque toujours au nom des parents en parlant d'eux. Mon père, *meus pater*, **ngò tў foì tsīn** 我的父親; ma mère, *mea mater*, **ngò tў moù tsīn** 我的母親。

Quant aux êtres animés et inintelligents, il y a pareillement quelques termes spéciaux qui désignent les sexes chaque fois que le nom commun ne le fait pas suffisamment. Ainsi, les mots **kōng** 公 et **moù** 牡 servent à désigner les quadrupèdes mâles; les mots **pīn** 牝 et **moù** 母, les quadrupèdes femelles. Le mot **hiông** 雄 désigne le mâle chez les oiseaux, et celui de **tsē** 雌, la femelle.

En général, la langue chinoise écrite est fort riche en expressions variées. Elle n'a pas seulement des caractères pour désigner le sexe des êtres animés, mais elle en a pour marquer, dans un grand détail, leurs qualités ou leurs défauts. Par exemple, **mà** 馬 veut dire cheval; **pā** 𩡧, un cheval de 8 ans; **hán** 馯, un cheval de 6 pieds de haut; **chuén** 馴, un cheval doux; **lŏ** 駱,

(1) On désigne, en chinois, les genres de cette manière :

Genre masculin : **Lân loúy** 男類 ou **yâng loúy** 陽類。
— *féminin* : **Niù loúy** 女類 ou **ŷn loúy** 陰類。
— *neutre* : **Oŭ loúy** 無類。

cheval blanc dont la queue est noire. Le même caractère, avec une légère variante, exprime ces différentes qualités.

IV. — DU NOMBRE DANS LES SUBSTANTIFS.

Soú 數。

I. *Du nombre singulier :* { Tān soú 單數, ou Chaò soú 少數。

Le singulier, dans la langue chinoise, n'a aucun signe particulier, tous les mots chinois étant invariables.

II. *Du nombre pluriel :* **Tō soú** 多數。

Le génie de la langue chinoise est tel que, très-souvent, on n'emploie aucun signe pour désigner le pluriel, sans qu'il en résulte d'équivoque. L'ensemble de la phrase, le contexte, indiquent, en général, d'une manière assez claire le nombre pluriel.

Cependant, lorsque l'on veut marquer le pluriel en chinois, il y a cinq manières de le faire :

1° Dans la langue parlée, on emploie souvent le mot **mên** 們, qui s'ajoute soit au substantif, soit au pronom personnel. Ainsi : l'homme, **jên** 人 ; les hommes, **jên mên** 人們 ; je ou moi, **ngò** 我 ; nous, **ngò mên** 我們。Dans la langue écrite, on emploie souvent la particule **tèn** 等, au lieu de **mên** 們 ; nous, **ngò-tèn** 我等。

2° Le pluriel se fait souvent, en chinois, comme dans l'hébreu, par la simple répétition du mot au singulier. Ainsi :

人 **jên**, l'homme, *homo*.
人人 **jên jên**, les hommes.
天 **tiēn**, le jour, *dies*.
天天 **tiēn tiēn**, tous les jours, chaque jour.
年 **niên**, l'année, *annus*.
年年 **niên niên**, tous les ans, chaque année.
時 **chê**, le temps, *tempus*.
時時 **chê chê**, en tout temps, toujours.
刻 **kĕ**, le moment, *momentum*.
刻刻 **kĕ kĕ**, tous les moments, à chaque instant.
家 **kiā**, la famille, *familia*.
家家 **kiā kiā**, toutes les familles.
處 **tchoŭ**, le lieu, *locus*.
處處 **tchoŭ tchoŭ**, partout, en tout lieu.
個 **kó**, un, *unum*.
個個 **kó kó**, chaque, chacun.
字 **tsé**, caractère, *caracter*.
字字 **tsé tsé**, tous les caractères.

3° Très-souvent, en chinois, soit dans la langue orale, soit dans la langue écrite, le pluriel est suffisamment indiqué par des *noms collectifs* qui se placent les uns *avant* le substantif, les autres *après*. La position de ces mots collectifs ne peut être intervertie à volonté; on changerait le sens de la phrase en le faisant. Voici les principaux de ces collectifs qui font le pluriel.

Les *six noms collectifs suivants* se placent toujours *avant* le substantif.

Tō 多, un bon nombre, beaucoup, *multùm*, *multi*; bien des gens, *multi hominum*, tō tō tỳ jên 多多的人。

Tchóng 衆, tous, *omnes*; tous les hommes, chacun, **tchóng jên** 衆人; tous disent, *omnes aiunt*, tchóng jên chŏ 衆人說; tous les chrétiens ne sont pas des saints, **tchóng kiaó yeòu** poŭ ché chén jên 衆教友不是聖人。

Tchoū, 諸 tous, *omnes*; tous les philosophes, **tchoū tsè** 諸子; toutes les familles, *omnes familiæ*, **tchoū kiā** 諸家; tous les moyens, *omnes modi*, **tchoū pān** 諸般。

Soú 數, nombre de, *plurimi*; quelques, *aliquot*; nombre de gens, **soú jên** 數人; quelques jours auparavant, **soú jĕ tsiĕn** 數日前。

Kỳ 幾, quelques, *aliquot*; quelques hommes, **kỳ kó jên** 幾個人; quelques paroles, **kỳ kiú hoá** 幾句話。

Choú 庶, tous, beaucoup, *omnes*, *plurimi*. (Ce dernier mot collectif ne s'emploie guère que dans les livres.) Tous les lettrés, **choú sé** 庶士。

Les cinq *noms collectifs* suivants se placent toujours *après* le substantif.

Toū 都, tous, *omnes*, *omninò*. Les hommes et les femmes sont tous venus, **lân niù toū laŷ leào** 男女都來了; tous venaient le féliciter, **jên toū laŷ hó tā** 人都來賀他。

Souvent on sous-entend le sujet, et l'on dit simplement: ils sont tous venus, **toū laŷ leào** 都來了。Il n'en veut pas du tout, **toū poŭ yaó** 都不要。

Kiāy 皆, tous, *omnes*. Tous les hommes ont des frères, **jên kiāy yeòu hiōng tý** 人皆有兄弟。

Kiú 俱, tous, *omnes*. Son père et sa mère sont tous morts, **foú moù kiú kó ché leào** 父母俱過世了。Les vers des trois amis sont-ils tous achevés? **sān hiōng chē kiú ouân leào mô?** 三兄詩俱完了麼? Toutes ces raisons sont de purs prétextes, **tché sȳ hoá kiú ché ché tsé** 這些話俱是飾詞。

Hân (ou) **hiên** 咸, tous, *omnes*. Tous les royaumes sont en paix, **ouán kouĕ hiên lîn** 萬國咸寧。

Kiēn 兼, tous. Sa vertu et sa beauté sont égales, **tĕ máo kiēn tsuĕn** 德貌兼全。

4° Il y a, dans la langue chinoise, certains mots qui désignent par eux-mêmes *la multitude*, *la foule*, une *agrégation*. Comme les noms collectifs, ces mots chinois font aussi l'effet du pluriel. Il faut en dire autant des noms de nombre.

Ainsi les mots **mîn** 民, peuple, **kiûn** 羣, troupeau, **pĕ** 百, cent,

tsiēn 千, mille, **ouán** 萬, dix mille et autres noms de nombre, indiquent suffisamment le nombre pluriel dans une phrase.

Pĕ kouān 百官, les cent mandarins, c'est-à-dire tous les mandarins.

Ouán mîn 萬民, les dix mille peuples, c'est-à-dire tous les peuples.

Tous les substantifs composés de la *IX*ᵉ *classe* sont regardés comme des *noms collectifs*, et ils font en chinois la marque du pluriel.

Pareillement, en chinois, l'*universalité* se désigne souvent et même plus élégamment *par deux négations*, **oû poŭ** 無不 ou **mŏ poŭ** 莫不。 Exemple : Chacun sait, *quisque scit*, se tourne en chinois par : *il n'est personne qui ne sache* : **oû yeòu jên poŭ tchē táo** 無有人不知道, littéralement : *non esse homo non sciens*. Les mots **oû** et **poŭ** sont les deux négations.

Dieu est partout. En chinois, il est plus élégant et plus expressif de dire : il n'est aucun lieu où Dieu ne soit pas, **Tiēn Tchoù oû sò poŭ tsaý** 天主無所不在 ; Dieu sait tout : il n'est rien que Dieu ne sache, **Tiēn Tchoù oû sò poŭ tchē** 天主無所不知.

5° On se sert, mais surtout dans les livres, de quelques comparaisons, qui font l'office du pluriel par leur idée d'*agrégation*. Par exemple : **joŭ lîn** 如林, *comme les arbres d'une forêt* ; **joŭ chān** 如山, *comme des montagnes*.

Jên chān jên haỳ 人山人海, une grande multitude d'hommes.

V. — DES AUGMENTATIFS ET DES DIMINUTIFS EN CHINOIS.

Dans les langues à flexions, il y a deux manières d'exprimer l'augmentation ou la diminution du sens, soit dans les substantifs, soit dans les adverbes. La première consiste à employer quelques particules *adverbiales*, comme celles-ci de la langue française : *bien*, *fort*, *très*, *peu*, *guère*, etc. La deuxième est l'emploi de mots à terminaisons particulières. Ainsi, *aiguillon*, *médaillon*, sont des augmentatifs d'*aiguille*, de *médaille* ; *grandiose* est un augmentatif de *grand* ; *maisonnette*, *fillette*, sont des diminutifs de *maison*, de *fille*.

En chinois, on se sert de particules que l'on ajoute au mot. Voici les onze particules d'un usage plus fréquent pour former les *augmentatifs*. Ces particules ne peuvent être employées indifféremment l'une pour l'autre, bien que, dans les exemples ci-dessous, leur signification puisse sembler la même. L'usage indique peu à peu à un jeune sinologue la manière de s'en servir. Ces particules ont aussi, quant au degré de signification, une valeur différente ; sans parler de l'euphonie, on ne peut, dans notre langue française si morte, faire ressortir les nuances de signification de chacun de ces mots chinois.

1ʳᵉ série. — *Augmentatifs chinois.*

1° La particule **taý** 太 est souvent employée.

EXEMPLES :

Vous venez *très*-matin. Ngỳ laý tě taý tsào 你來得太早。

Ne soyez pas *si* modeste. Poŭ yaó taý kiĕn 不要太謙。

Ses lèvres sont *très*-vermeilles ; il n'a pas de barbe. Tsoùy cháng taý kouāng ; mŏ yeòu hoû tsè 嘴上太光。沒有鬍子。

Voilà une chose *très*-singulière. Tché taý ký leào 這太奇了。

2° La particule chén 甚 est d'un fréquent usage dans les livres, surtout dans les *livres classiques*.

EXEMPLES :

La malice du fourbe est *plus* redoutable que la panthère. Kiēn jên tchē ngŏ chén yû tchāy 奸人之惡甚于豺。

Cela est bien étonnant ! Chén ché ký kouáy 甚是奇怪。

Il n'est pas bien perspicace. Ouên lỳ poŭ chén tōng teóu 文理不甚通透。

3° La particule tsoúy 最 qui veut dire : *très*, *bien*, *beaucoup*, s'emploie autant dans la langue *orale* que dans la langue *écrite*.

EXEMPLES :

Cela est admirable. Tsoúy miáo 最妙。

Très-grand. Tsoúy tá 最大。

Cela est excellent. Tsoúy hào 最好。

4° La particule tsuĕ 絕, *bien*, *grand*, *beaucoup*, *absolument*, s'emploie également dans la langue *orale*, mais plus encore dans la langue *écrite*.

EXEMPLES :

Le conseil est bien bon, *consilium optimum est*. Tsuĕ miáo tỳ tchoù ý 絕妙的主意。

Il n'y avait aucun homme, *ne quidem unus homo*. Tsuĕ oû ỳ jên 絕無一人。

Ce lieu est absolument désert, *locus desertus*. Tsuĕ oû jên kiū 絕無人居。

5° L'adjectif haò 好, *bien*, *bon*, etc., s'emploie souvent comme augmentatif, mais avec le sens de l'étonnement, de l'admiration.

EXEMPLES :

Qu'il est grand ! Haò tá 好大。

Quelle grande sottise ! Haò hoû chŏ 好胡說。

6° La locution chĕ fén 十分, *dix parties*, est d'un usage très-fréquent, soit dans la langue parlée, soit dans la langue écrite.

EXEMPLES :

Louer beaucoup quelqu'un, *impensè laudare*. Chĕ fēn tsán meỳ tā, 十分讚美他。

Il avait l'air très-fin, *erat nitidus et ornatus*. **Sēn tĕ chĕ fēn tsīn sieóu**, 生得十分清秀。

7° L'expression poŭ kó 不過, *au-delà de tout*, fait un augmentatif très-énergique.

EXEMPLES :

Juste au plus haut degré. Kōng taó poŭ kó tў, 公道不過的。

Il est ennuyeux au possible, *molestissimus homo*. Laò taó poŭ kó 老到不過。

8° La particule tĕ 忒, *bien, beaucoup*, est surtout employée dans les livres. Elle est comme une variante de taý 太, quant au sens.

EXEMPLES :

J'ai bu trop vite. Tsieòu tĕ tchĕ kў leào 酒忒喫急了。

Vous prenez les choses trop à cœur, *nimis afficeris*. Ngỳ ỳ tĕ tō sīn 你也忒多心。

9° La particule augmentative kў 極 est plus spécialement en usage dans les livres.

EXEMPLES :

C'est *bien* parler. Chŏ tĕ kў ché 說得極是。

Rien n'est *plus* risible, *nihil cachinnis dignius*. Tchĕ ỳ kŏ siáo kў leào 這也可笑極了。

10° Les particules chă 煞 ou chă 殺 et sè 死 produisent en chinois un sens augmentatif analogue à celui de nos mots français : mourir de *joie*, de *tristesse*, tuer quelqu'un de douleur.

EXEMPLES :

Il est aimable à faire mourir. Ché gaý tĕ jên chă tў 是愛得人殺的。

Vous êtes trop simple. Ngỳ ỳ chă laò chĕ leào 你也煞老實了。

Il meurt tout en vie. Tā hô hô sè 他活活死。

11° Le mot cháng 上 sert aussi d'augmentatif, soit dans la langue parlée, soit dans la langue écrite.

EXEMPLES :

Il a un peu plus de dix-sept ans. Chĕ tsў soúy ў cháng 十七歲一上。

2e série. — *Des diminutifs en chinois.*

1° Le mot chinois eûl 兒 (enfant, petit) ajouté à un substantif, sert à former une classe nombreuse de diminutifs, surtout dans la langue orale.

EXEMPLES :

Un petit enfant, *parvulus*. Hiây eûl 孩兒。

Un petit coffre, *arcula*. Hô eûl 盒兒。

Une petite table, *mensula*. Tchŏ eûl 桌兒。

Un caillou, *lapillulus*. Chĕ eûl 石兒。

Une petite pierre précieuse. Yú eûl 玉兒。

2° L'adjectif siào 小, petit, répété, forme le diminutif tout petit tout petit, ou un petit peu.

EXEMPLES :

Un tout petit couteau. Siào siào taō tsè 小小刀子。

Il est très-jeune. Niên ký siào siào 年紀小小。(Se dit au physique et au figuré.)

3° Le mot sȳ 些 veut dire : un peu, quelque peu, *parùm*. Si on le répète, on aura un diminutif expressif, en usage surtout dans la langue orale, sȳ sȳ tў 些些的。

EXEMPLES :

Il va un peu mieux. Tā hào leào sȳ 他好了些。

Il y a un peu d'inconvénient. Yeoù sȳ poŭ hào 有些不好。

Un tout petit peu. Ў sȳ sȳ tў 一些些的。

4° Le mot tièn 點, point, *punctum*, répété, a le même sens que le précédent, *un tout petit peu*, ou très-peu.

EXEMPLES :

Très-peu d'eau. Ў tièn tièn choùy 一點點水。

Un tout petit peu de vin. Ў tièn tièn tsieòu 一點點酒。

5° Les mots suivants répétés forment aussi chacun un diminutif, savoir : liŏ 畧, sý 細, ouŷ 微, chaò 稍, etc.

EXEMPLES :

Savoir très-peu. Liŏ liŏ tchē taó 畧畧知道。

Il a tout raconté en détail. Sý sý chŏ leào ў piēn 細細說了一篇。

J'en ai entendu quelque petite chose. *Littér.* : J'ai entendu, en somme, une ou deux paroles. Liŏ ouên ў eûl 畧聞一二。

Prendre une petite collation. Siào tchŏ sān peȳ 小酌三杯。

6° Les Chinois font des diminutifs assez élégants, en se servant des noms de *mesure*, de *poids*, etc., dont on indique une petite quantité de l'un d'eux.

EXEMPLES :

Les petits enfants savent tous que cela est mauvais. Sān tchĕ tŏng tsè kiāy tchē kŏ oú 三尺童子皆知可惡。

Si j'obtiens un peu d'avancement. Tăng tĕ ў tsén tsín 倘得一寸進。

Il était un peu excité par le vin. Tā yeòu sān fēn tsieòu hín 他有三分酒興。

Ayez un peu de patience. Tchè ché jèn laý sān fēn 只是忍耐三分。

Il n'a pas un brin (*littér.* : un poil) d'humanité. Oŭ ỳ hâo tsĭn lỳ 無一毫清理。

VI. — DES SUBSTANTIFS OU NOMS COMMUNS DEVENANT, PAR POSITION, ADJECTIFS, VERBES, ADVERBES.

Ce mécanisme si simple, si ingénieux, qui consiste à faire jouer divers rôles dans le discours à un même mot, est surtout l'apanage de la langue chinoise. On trouve sans doute dans plusieurs langues des cas de ce genre, mais ils ne sont pas d'une application aussi étendue, ni aussi fréquente que dans la langue chinoise. Par cette règle de position des mots, la langue chinoise acquiert une souplesse et une abondance excessives. Avec un petit nombre de mots, les Chinois ont su exprimer toutes les idées, de même qu'avec un nombre très-limité de traits, ils ont formé un corps merveilleux d'écriture.

Nous allons donner quelques exemples de ce mécanisme de la règle de position, *appliquée aux substantifs* ou *noms communs*. Nos lecteurs auront ensuite, à chaque pas, dans le cours de leurs études sinologiques, l'occasion de faire les remarques de ce rôle des mots chinois, selon leur place dans le discours.

1re série. — *Noms communs devenant, par position*, adjectifs.

La nature humaine, *humana natura*. Jên sín 人性。

Le genre humain, *humanum genus*. Jên loúy 人類。

On voit dans ces exemples le substantif *homme*, jên 人, devenu l'adjectif *humain, ne*.

Yuên tsoúy 原罪, le péché originel. Le mot yuên signifie : *origine, racine, source*. Dans ce cas, il devient l'adjectif *originel*.

Yâng joŭ 羊肉, *ovilla caro*, viande de mouton.

Pèn ý 本意, propre intention. Le mot pèn, racine, devient l'adjectif *propre, personnel*.

Nieôu joŭ 牛肉. *Bovilla caro*, viande de bœuf.

Tchoū joŭ 豬肉. *Porcina caro*, viande de porc.

Kȳ joŭ 鷄肉. *Gallina caro*, viande de poule.

Chacun des substantifs yâng, mouton, nieôu, bœuf, tchoū, porc, kȳ, poule, est devenu ici adjectif.

2e série. — *Substantifs ou noms communs devenant, par position*, verbes actifs.

Les substantifs, qui deviennent *verbes actifs*, changent, en général, leur ton ordinaire; ils passent au 4e ton, au kiŭ chēn 去聲, *qui est celui du mouve-*

ment. En bonne règle, on devrait mettre un accent à ces caractères pour indiquer ce changement; on ne le fait guère que dans les livres élémentaires à l'usage des étudiants. Les substantifs, qui deviennent *verbes actifs*, sont fort nombreux. Il en est qui, non-seulement changent de ton et d'acception, mais de prononciation. Ainsi le mot yǒ 樂, musique, *musica*, deviendra lǒ, se réjouir, *lætari.*

EXEMPLES :

1° Par le changement de ton :

Régnez dans mon cœur. Ouâng tsaý ngò sīn louý 王在我心內。

Le mot ouâng 王, roi, *rex*, est devenu ici le verbe régner, ouáng, au 4e ton.

Il n'y a pas de nom par lequel on puisse le nommer. Oŭ mîn kŏ mín 無名可名。 *Non est nomen quo possint nominare (eum).*

Le peuple ne trouva pas de nom à lui donner. Mîn oŭ lên mín yēn 民無能名焉。 *Populus non potuit nominare eum.*

Dans ces deux exemples, le substantif mîn 名, nom, *nomen*, est devenu le verbe *nommer, désigner*, au 4e ton. Le mot yēn qui termine ce dernier exemple est purement *euphonique* et ne s'emploie que dans la langue écrite.

Il peut se marier. Tā kŏ tsȳ tsý ỳ 他可妻妻也。

Le substantif tsȳ 妻, épouse, *uxor*, est devenu ici le verbe *épouser, se marier*. Le mot final ỳ est pour la cadence de la phrase.

2° Par le changement de prononciation.

EXEMPLES :

Il entend la musique sans se réjouir. Tā ouên yŏ poŭ lŏ 他聞樂不樂。

Le mot yŏ, musique, est devenu lŏ, *lætari.*

Marquer un criminel du fer chaud sur la figure. Tsȳ tsé 刺字. Le mot tsé épine, *spina*, est devenu ici le verbe tsȳ, *acu pungere.*

Députer quelqu'un. Tà tchāy jên 打差人。 Le mot tchā erreur, *error*, est devenu le verbe tchāy, députer, envoyer, *ablegare.*

Publier un édit. Tchoŭ kaó ché 出告示. Le mot kȳ est devenu ici le verbe ché, avertir, signifier par écrit.

3e série. — *Substantifs ou noms communs devenant, par position,* verbes passifs.

Ce n'est que dans la langue *écrite* qu'on rencontre des exemples de ce genre. L'amphibologie que ces exemples feraient naître dans la langue orale produit un effet tout différent dans la langue écrite.

EXEMPLES :

Si celui qui occupe le premier rang dans l'État se conforme aux rites, alors le peuple est facilement gouverné. Cháng haó lỳ tsĕ mîn ý chè ỳ 上好禮

則民易使也。Littéralement : *Si superiores amant ritus, tunc populus facilè gubernatur*. Le verbe chè 使 est devenu ici verbe passif. Le mot ỳ 也, qui termine la phrase est seulement pour l'euphonie.

Hélas! une liaison affectueuse de quatre années est rompue en une matinée! Kŏ liên! sé niên sē gaý ỳ tán kuĕ tsuĕ̀ 可憐四年思愛一旦决絕。Littéralement : *Eheu! quatuor annorum necessitudo sic uno die abrumpitur*. Le mot tsuĕ̀ 絕, *rumpere*, est devenu ici verbe passif.

Il fut trompé par quelque fourbe. Ouŷ kiēn jên yû leào 爲奸人愚了。Littéralement : *à deceptore homine deceptus fuit*.

4e série. — *Substantifs ou noms communs devenant, par position,* verbes neutres.

EXEMPLES :

Le sage n'est pas un ustensile vulgaire. Kiūn tsè poŭ kŷ 君子不器。

Le peuple est tranquille. Mîn gān 民安。

La vertu du sage est comme le vent. Kiūn tsè tchē tĕ̀ fōng 君子之德風。

Les premiers qui firent des progrès dans les rites sont regardés comme des hommes grossiers. Siēn tsín yû lỳ yè jên ỳ 先進於禮野人也。

Aimez la vertu et le peuple sera bon. Yoŭ chán eûl mîn chán ỳ 欲善而民善矣。

Ceux qui connaissent la vertu sont rares. Tchē tĕ̀ tchè sièn ỳ 知德者鮮矣。

5e série. — *Substantifs ou noms composés devenant, par position,* adverbes.

EXEMPLES :

A la vérité, je ne devais pas refuser. Pèn laŷ poŭ tāng tsê̆ 本乃不當辭。Le substantif pèn 本 est devenu ici l'adverbe *equidem*.

J'ai une affaire dont je devrais *naturellement* charger un ami de vous parler. Ngò yeòu sé, pèn tāng tŏ̀ ỳ kó pōng yeòu 我有事本當托一个朋友。

Aller à pied, *pedetentim ire*. Poú hîn kó laŷ 步行過來。Le mot poú, en français, pas, *passus*, est devenu ici adverbe, *pedetentim*.

VII. — SUBSTANTIFS DOUBLES OU COMPOSÉS QUI PEUVENT OU NE PEUVENT PAS ÊTRE TRANSPOSÉS SANS CHANGER DE SENS.

Dans la langue *orale*, pour éviter les équivoques que produiraient parfois les termes *homophones* de la langue, on se sert de mots *doubles* ou *composés*. Il y a une série de ces mots dont on peut transposer l'ordre sans changer le sens.

L'usage apprend peu à peu quels sont ces mots doubles. Il suffira d'appeler sur ce point l'attention d'un jeune sinologue, en donnant ici quelques exemples.

1re série. — *Substantifs doubles ou composés dont on peut à volonté intervertir l'ordre.*

EXEMPLES :

Se réjouir, *gaudere*. **Hỳ houān** 喜歡, ou bien, **houān hỳ** 歡喜。
Aller et venir, *ire et redire*. **Ouàng laŷ** 往來, ou **laŷ ouàng** 來往。
Le libre arbitre, *liberum arbitrium*. **Tchoù tchāng** 主張, ou **tchāng tchoù** 張主。
La poule, *gallina*. **Moù kȳ** 母鷄, ou **kȳ moù** 鷄母。
Frapper gravement, *graviter percutere*. **Tà tchóng** 打重, ou **tchóng tà** 重打。
Les élèves non gradués. **Tŏng sēn** 童生, ou **sēn tŏng** 生童。

2e série. — *Mots composés dont le sens change si l'on intervertit leur ordre.*

EXEMPLES :

Chŏ hoá 說話, parler, dire, *loqui*. — **Hoá chŏ** 話說, l'histoire dit, on raconte, *historia ait*.

Loú cháng 路上, en route, *in via*. — **Cháng loú** 上路, se mettre en route.

Ỳ tsieòu peȳ 一酒盃, un verre à boire le vin. — **Ỳ peȳ tsieòu** 一盃酒, un verre plein de vin.

Hiá mà 下馬, descendre de cheval, *ex equo descendere*. — **Mà hiá** 馬下, être sous le cheval, *sub equi pedibus*.

Pán kīn 半斤, une demi-livre, *dimidia libra*. — **Kīn pán** 斤半, une livre et demie, *una libra cum dimidiâ*.

Hiá cheòu 下手, commencer, *incipere*. — **Cheòu hiá** 手下, être sous le pouvoir de quelqu'un, *sub ditione esse*.

Mién tsiēn 面前, en présence, *coràm*. — **Tsiēn mién** 前面, la partie antérieure du visage, *anterior facies*.

Tý hiōng 弟兄, les frères. — **Hiōng tý** 兄弟, le frère cadet.

3e série. — *Mots* composés *qui n'auraient* plus de sens *si l'on intervertissait leur ordre.*

Cette classe de mots doubles est fort nombreuse; en voici seulement quelques exemples :

多少 Tō chaō, beaucoup, nombreux, *plurimi, ùm.*

好歹 Haò taỳ, le bon et le mauvais, *vitia.*

是非 Ché feȳ, le vrai et le faux, *vitia.*

道理 Taó lỳ, la doctrine, *doctrina.*

異端 Ý touān, les superstitions, *superstitiones.*

慣習 Kouán sỹ, l'habitude, *consuetudo.*

瞻禮 Tchān lỳ, la fête, *festum.*

時候 Chê heóu, le temps, *tempus.*

恩赦 Gēn ché, les indulgences, *indulgentiæ.*

祕跡 Pỹ tsỹ, les sacrements, *sacramenta.*

銀錢 Ŷn tsiēǹ, l'argent en général, *argentum.*

本分 Pèn fén, le devoir, *munus, officium.*

忿怒 Fén loú, la colère, *ira.*

齋期 Tchaȳ kỹ, les jours de jeûne, *tempus jejunii.*

眼睛 Yèn tsīn, l'œil, *oculus.*

Chacun de ces mots n'aurait plus de sens si on intervertissait leur ordre. Il en serait de même pour la plupart des verbes composés ou à *doubles mots.*

4e série. — *Exemples de mots composés qui ne perdraient pas leur signification par la transposition, mais que l'usage a consacrés.*

天地 Tiēn tý, le ciel et la terre.

日月 Jĕ yuĕ, le soleil et la lune.

高下 Kaō hiá, le haut et le bas.

陰陽 Ŷn yâng, le principe mâle et le principe femelle.

父母 Foú moù, le père et la mère.

善惡 Chán ngŏ, le bien et le mal.

富貴 Foú kouý, le riche et le noble.

清濁 Tsīn tchŏ, le clair et l'obscur.

晝夜 Tcheóu yé, le jour et la nuit.

貴賤 Kouý tsién, le noble et le vil.

長短 Tchâng touàn, le long et le court. *Au figuré,* les défauts.

En déplaçant un de ces mots composés, le sens existerait de même, mais l'euphonie, à laquelle les Chinois attachent la plus haute importance, serait brisée. L'usage a, d'ailleurs, *consacré* cet ordre. Il pourrait, en outre, arriver que, par le déplacement de l'un des mots doubles de ce genre, ce mot changeât de rôle, et devînt verbe neutre; le ton et la signification, dans ce cas-là, seraient différents.

VIII. — EXEMPLES DE SUBSTANTIFS A SENS OPPOSÉ.

Nous avons surtout pour but l'utilité pratique de nos lecteurs. Bien que les exemples suivants puissent paraître d'une minime importance à divers points de vue, nous n'en jugeons pas ainsi. On retient plus promptement les mots chinois ainsi groupés, et l'on en fait plus vite une grande variété d'applications.

EXEMPLES :

東 Tōng, l'Orient, *Oriens.*

北 Pĕ, le Nord, *Septentrio.*

西 Sȳ, l'Occident, *Occidens.*

南 Lân, le Midi, *Meridies.*

經 Kīn, le Nord-Sud.	緯 Ouŷ, l'Est-Ouest.
晝 Tcheóu, le jour, *dies.*	夜 Yé, la nuit, *nox.*
生 Sēn, la vie, *vita.*	死 Sè, la mort, *mors.*
丈 Tcháng, le mari, *maritus.*	婦 Foú, la femme, *uxor.*
賞 Chàng, la récompense, *præmium.*	罰 Fă, la punition, *pœna.*
始 Chè, le principe, *principium.*	終 Tchōng, la fin, *finis.*
左 Tsò, la gauche, *sinistra.*	右 Yeóu, la droite, *dextra.*
善 Chán, la vertu, *virtus.*	惡 Ngŏ, le vice, *vitium.*
師 Sē, le maître, *magister.*	弟 Tý, le disciple, *discipulus.*
君 Kiūn, le prince, *princeps.*	臣 Tchên, le vassal, *vassallus.*
飫 Yù, le boire, *potus.*	食 Chĕ, le manger, *cibus.*
經 Kīn, le texte, *textus.*	傳 Tchouán, la glose, *glossa.*
本 Pèn, le capital, *sors.*	利 Lý, l'intérêt, *lucrum.*
花 Hoā, les fleurs, *flores.*	菓 Kò, les fruits, *fructus.*
老 Laò, le vieillard, *senex.*	幼 Yeóu, le jeune homme, *juvenis.*
福 Foŭ, la fortune, *fortuna.*	禍 Hó, l'infortune, *infortunium.*
友 Yeòu, l'ami, *amicus.*	仇 Tcheŏu, l'ennemi, *inimicus.*
主 Tchòu, le Seigneur, *Dominus.*	僕 Poŭ, le serviteur, *famulus.*
神 Chên, l'esprit, *spiritus.*	形 Hîn, le corps, *corpus.*
首 Cheòu, la tête, *caput.*	尾 Ouỳ, la queue, *cauda.*
哥 Kō, le frère aîné, *frater major.*	弟 Tý, le frère cadet, *frater minor.*
姐 Tsiè, la sœur aînée, *soror major.*	妹 Meý, la sœur cadette, *soror minor.*
有 Yeoù, l'être, *ens.*	無 Oŭ, le néant, *non ens.*
山 Chān, la montagne, *mons.*	谷 Koŭ, la vallée, *vallis.*
草 tsào, les herbes, *herbæ.*	木 moŭ, les arbres, *arbores.*
鳥 niaò, les oiseaux, *aves.*	獸 cheoú, les animaux, *bestiæ.*
祥 tsiâng, le bon augure.	殃 yāng, le mauvais augure.
朝 tchaō, le matin, *mané.*	夕 sÿ, le soir, *vesperé.*
榮 yûn, la gloire, *fama.*	辱 joŭ, l'ignominie, *dedecus.*
雨 yù, la pluie, *pluvia.*	晴 tsîn, la sérénité, *serenitas.*
夏 hiá, l'été, *æstas.*	冬 tōng, l'hiver, *hiems.*
舅 kieoú, le beau-père, *socer.*	姑 koū, la belle-mère, *socrus.*
僧 sēn, le bonze, *bonzius.*	尼 nŷ, la bonzène, *bonzia.*
病 pín, la maladie, *morbus.*	安 gān, la santé, *valetudo.*
奢 chē̆, la prodigalité, *prodigalitas.*	嗇 sĕ, l'avarice, *avaritia.*
壽 cheóu, la longévité, *longævitas.*	殤 chāng, la vie courte, *vita brevis.*

CHAPITRE III.

DES ADJECTIFS EN CHINOIS.

倚賴之名 ou 加名。

Ỹ laý tchē mîn ou Kiā mîn.

1° Formation des adjectifs en chinois. — 2° Place des adjectifs dans le discours. — 3° Adjectifs devenant, par position, *substantifs*, *verbes actifs*, *verbes neutres*, *verbes pronominaux*, *adverbes*. — 4° Manière d'exprimer en chinois les défauts ou les négations des qualités. — 5° Des différentes classes d'adjectifs chinois, savoir : adjectifs *simples*, *composés*, *verbaux*, *démonstratifs*, *indéfinis*, etc. — 6° Adjectifs changeant de *tons* et de prononciation, et, par suite, d'acception. — 7° Exemples d'adjectifs à sens opposé. — 8° Règles générales pour traduire facilement en chinois différentes classes d'adjectifs français. — 9° Degrés de comparaison dans les adjectifs : du comparatif, du superlatif.

I. — FORMATION DES ADJECTIFS EN CHINOIS.

Tout nom commun ou substantif indiquant une qualité, un attribut, devient adjectif en chinois, et cet adjectif se forme par la simple addition de la particule Tỹ 的 (1).

EXEMPLES :

Noms communs	*devenant adjectifs.*
白 Pĕ, le blanc ou la blancheur. . .	白的 Pĕ tỹ, blanc, *albus*.
黑 Hĕ, le noir ou la noirceur. . . .	黑的 Hĕ tỹ, noir, *niger*.
紅 Hông, le rouge ou la rougeur. .	紅的 Hông tỹ, rouge, *ruber*.
黃 Houâng, le jaune.	黃的 Houâng tỹ, jaune, *flavus*.
藍 Lân, le bleu clair.	藍的 Lân tỹ, bleu, *cæsius*.
紫 Tsè, le violet.	紫的 Tsè tỹ, violet, *violaceus*.
綠 Loŭ, le vert.	綠的 Loŭ tỹ, vert, *viridis*.
青 Tsĭn, le bleu céleste.	青的 Tsĭn tỹ, bleu, *cæruleus*.
活 Hô, la vie.	活的 Hô tỹ, vivant, e, *vivus*.
死 Sè, la mort.	死的 Sè tỹ, mort, e, *mortuus*.

(1) Cette particule ou suffixe Tỹ 的 s'emploie, en chinois, surtout dans les cas suivants : 1° Elle sert à marquer le rapport des mots, désigné en latin par le génitif ; 2° ajoutée aux pronoms personnels, elle en fait des pronoms possessifs ; 3° ajoutée à un nom commun, elle lui donne le sens d'adjectif ; 4° ajoutée quelquefois aux verbes, elle sert d'affixe pour désigner le prétérit ou temps passé.

熱 Jĕ, le chaud	熱的 Jĕ tў, chaud, e, *calidus*.
冷 Lèn, le froid	冷的 Lèn tў, froid, e, *frigidus*.
生 Sēn, la crudité	生的 Sēn tў, cru, e, *crudus*.
熟 Choŭ, la maturité	熟的 Choŭ tў, mûr, e, *maturus*.
聖 Chén, la sainteté	聖的 Chén tў, saint, e, *sanctus*.
明 Mîn, la clarté	明的 Mîn tў, clair, e, *lucidus*.
方 Fāng, le carré	方的 Fāng tў, carré, ée, *quadratus*.

II. — PLACE DES ADJECTIFS CHINOIS DANS LE DISCOURS.

En chinois, les adjectifs et les mots pris *adjectivement* se placent toujours avant le substantif ou le nom qu'ils qualifient. Toutefois, *par euphonie*, et sans qu'il y ait équivoque, à cause du génie même de la langue, on supprime très-souvent la particule ou l'affixe **Tў** 的, aussi bien dans les adjectifs simples que dans les adjectifs composés.

EXEMPLES :

Ainsi l'on dira :	*Au lieu de dire :*
白花 Pĕ hoā, fleur blanche	白的花 Pĕ tў hoā.
黑紙 Hĕ tchè, papier noir	黑的紙 Hĕ tў tchè.
紅布 Hông poú, toile rouge	紅的布 Hông tў poú.
黃帶 Houâng taý, ceinture jaune	黃的帶 Houâng tў taý.
青天 Tsīn tiēn, ciel azuré	青的天 Tsīn tў tiēn.
活魚 Hô yû, poisson vivant	活的魚 Hô tў yû.
熱水 Jĕ choùy, eau chaude	熱的水 Jĕ tў choùy.
明道 Mîn taó, doctrine lumineuse	明的道 Mîn tў taó.
方桌子 Fāng tchŏ tsè, table carrée.	方的桌子 Fāng tў tchŏ tsè.

III. — ADJECTIFS DEVENANT, PAR POSITION, SUBSTANTIFS, VERBES ACTIFS, VERBES NEUTRES VERBES PRONOMINAUX, ADVERBES.

Si l'on déplace l'adjectif chinois, et qu'on le mette, par exemple, après le nom qu'il qualifie, cet adjectif devient alors lui-même soit un *substantif*, soit un *verbe*, et quelquefois un *adverbe*.

Voici des exemples de chacun de ces cas.

I. — *Adjectifs devenant, par position,* substantifs.

好人 Haò jên, bon homme.	人的好 Jên tў hào, la bonté de l'homme.

罪人 Tsoúy jên, l'homme pécheur.	人的罪 Jên tỷ tsoúy, le péché de l'homme.
明道 Mîn táo, la doctrine lumineuse.	道之明 Taó tchē mîn, la clarté de la doctrine.
高天 Kaō tiēn, le ciel élevé.	天之高 Tiēn tchē kaō, la hauteur du ciel.
厚地 Heóu tý, la terre épaisse.	地之厚 Tý tchē heóu, l'épaisseur de la terre.

君子成人之美 Kiūn tsè tchēn jên tchē meỳ, le sage perfectionne les qualités des autres.

吾不知其美也 Oû poŭ tchē kỷ meỳ ỳ, moi, je ne connais pas sa beauté.

吾不知其惡心 Oû poŭ tchē kỷ gŏ sīn, je ne connais pas sa laideur.

II. — *Adjectifs devenant, par position, verbes actifs.*

La loi de la grande étude consiste à développer le principe lumineux de la vertu. Tá hiŏ tchē táo tsaý mín mîn tĕ 大學之道在明明德。

Le premier mot mín devient ici le verbe *étendre*, développer, *vulgare*.

Le peuple l'estime comme le Seigneur. Pĕ sín koúy tchē joŭ tý 百姓貴之如帝。

Le peuple l'élève comme le Ciel. Pĕ sín kaó tchē joŭ tiēn 百姓高之如天。

Le Ciel seul peut élever ses yeux. Ouŷ tiēn lên kaō kỷ moŭ 惟天能高其目。

Il estimait ce qui est vilain, et méprisait ce qui est beau. Ngŏ tchĕ koúy eûl meỳ tchĕ tsién 惡者貴而美者賤。 Littéralement : *turpia æstimabat, et formosa negligebat.*

La piété filiale la plus grande est de respecter son père et sa mère. Hiaó mô tá yû nién foú moù 孝莫大於嚴父母。

Dans les exemples ci-dessus, tirés des livres classiques de la Chine, les adjectifs koúy 貴, précieux, kaō 高, élevé, tsién 賤, vil, niên 嚴, sévère, sont devenus des verbes actifs en prenant l'accent du mouvement.

Laò tsè diminue la clémence et la justice. Laò tsè siaó jên ngý 老子小仁義。

L'adjectif siào, petit, est devenu le verbe *diminuer*, amoindrir.

L'artisan qui veut perfectionner son œuvre doit, avant tout, bien aiguiser son instrument. Kōng yoŭ chán kỷ sé. pỷ siēn lý kỷ kỷ 工欲善其事。必先利其器。

On voit dans ces derniers exemples les mots chán et lý devenus *verbes actifs*.

III. — *Adjectifs devenant, par position,* verbes neutres.

善人 **Chán jên**, l'homme droit.	人善 **Jên chán**, l'homme est droit.
冷水 **Lèn choùy**, eau froide.	水冷 **Choùy lèn**, l'eau est froide.
活魚 **Hô yû**, poisson vivant.	魚活 **Yû hô**, le poisson est vivant.
大道 **Tá taó**, Doctrine profonde.	聖人之道大 **Chén jên tchē taó tá**, la doctrine du saint est profonde.
大雨 **Tá yù**, grande pluie.	這幾天雨大 **Tché kỳ tiēn yù tá**, Ces jours-ci la pluie est grande.

士之任重而道遠 **Sé tchē jén tchóng eûl taó yuèn**; le fardeau des lettrés est lourd et leur route est longue.

以約失之者鮮矣 **Ỳ yŏ chĕ tchē tchĕ sièn ỳ**, ceux qui se perdent en restant sur leurs gardes sont bien rares.

IV. — *Adjectifs devenant, par position,* verbes pronominaux.

Ces adjectifs sont précédés du pronom **tsé** 自, se, *sui, sibi, se.*

EXEMPLES :

美 **Meỳ**, beau, *pulcher.*	自美 **Tsé meỳ**, se complaire en soi.
惡 **Oŭ**, vilain, *deformis.*	自惡 **Tsé oú**, se mépriser.
輕 **Kīn**, léger, *levis.*	自輕 **Tsè kīn**, se rendre méprisable.
賤 **Tsién**, vil, *vilis.*	自賤 **Tsé tsién**, *idem.*
高 **Kaō**, grand, *altus.*	自高 **Tsé kaó**, se vanter.
大 **Tá**, élevé, *magnus.*	自大 **Tsé tá**, se vanter.

V. — *Adjectifs devenant, par position,* adverbes.

L'adjectif chinois placé devant un mot qui a le sens de verbe actif ou de verbe neutre devient ordinairement *adverbe.*

EXEMPLES :

Adjectifs	*devenant adverbes.*
明 **Mîn**, clair, *clarus.*	明訓 **Mîn hiún**, enseigner clairement, *claré edocere.*
明 **Mîn**, clair, *clarus.*	明達 **Mîn tă**, percevoir clairement, *claré percipere.*
善 **Chán**, saint, *sanctus.*	善領秘跡 **Chán lìn pў tsў**, recevoir saintement les sacrements, *sancté suscipere sacramenta.*
冒 **Maó**, téméraire, *temerarius.*	冒領 **Maó lìn**, recevoir témérairement ou profaner, *profanare.*
神 **Chên**, spirituel, *spiritualis.*	神領 **Chên lìn**, recevoir spirituellement, *mentaliter suscipere.*

厚 Heóu, épais, *spissus.*	門人欲厚喪之 Mên jên yoŭ heóu sáng tchē, les disciples désiraient l'enterrer pompeusement.
大 Tá, grand, *altè, plurimùm.*	大笑 Tá siaó, rire beaucoup, *plurimùm ridere.*
大 Tá, grand, *altè, plurimùm.*	大信 Tá sín, faire grandement un acte de foi, *vehementer fidem elicere.*
眞 Tchēn, vrai, *verum.* 假 Kià, faux, *falsum.*	老爺是眞醉假醉 Laò yê ché tchēn tsoúy kià tsoúy. Le maître est-il vraiment ou faussement ivre? *Magister est-ne verè vel falsè ebrius?*
輕 Kı̆n, léger, *levis.*	輕信 Kı̆n sín, croire médiocrement, *leviter credere.*

IV. — MANIÈRE FRÉQUENTE D'EXPRIMER EN CHINOIS LES DÉFAUTS OU LES NÉGATIONS DE QUALITÉS.

Lorsque l'on veut exprimer, en chinois, la négation d'une qualité, d'un attribut quelconque, on se sert du mot lui-même qui exprime la qualité, en le faisant précéder d'une particule négative. Cette forme répond à nos mots français *illégitime, immortel, imprudent, incrédule,* etc.

EXEMPLES :

好人 Haò jên, bon homme.	不好人 Poŭ haò jên, méchant h.
合法的事 Hô fă tў sé, acte légitime.	不合法的事 Poŭ hô fă tў sé acte illégitime.
正人 Tchén jên, homme droit.	不正人 Poŭ tchén jên, homme vicieux.

V. — DES DIFFÉRENTES CLASSES D'ADJECTIFS CHINOIS.

I. — *Adjectifs simples.*

Les adjectifs simples ne sont composés que d'un seul mot. Tels sont tous ceux que nous avons donnés en exemples, page 74 et suiv. de ce chapitre. — Il n'y a rien de particulier à dire sur ces adjectifs.

II. — *Adjectifs composés.*

Ces adjectifs sont composés de deux ou trois mots, et forment, comme les substantifs de ce genre, une double série. Dans la première, les deux mots sont synonymes ou à peu près, quant au sens général de l'idée, mais ils ont chacun une nuance différente, en sorte que l'idée est rendue en chinois d'une manière plus vive, plus énergique et souvent plus élégante. Dans la deuxième série, les deux adjectifs font antithèse.

Les particules conjonctives *et*, *ou*, et d'autres de ce genre qui sont employées dans un bon nombre de langues pour unir deux termes, ne s'expriment jamais en chinois.

EXEMPLES :

1re série.

窮苦的 kiŏng koŭ tў. Pauvre.	Kiŏng marque le dénûment. Koŭ, marque la souffrance.
懶惰的 Làn tó tў. Paresseux.	Làn marque la lenteur, l'indolence ph. Tó marque l'indolence morale.
驕傲的 Kiaō gaó tў. Orgueilleux.	Kiaō marque la jactance extér. Gaó marque le mépris des autres.
慳悋的 Kiēn lĭn tў. Avare.	Kiēn dénote l'avarice extr. Lĭn dénote la cupidité d'esprit.

2e série.

大小 tá siào. Les grands *et les* petits.	長短 tchăng touàn. Long *ou* court.
善惡 chán ngŏ. Le bien *et* le mal.	輕重 kĭn tchóng. Léger *ou* pesænt.
老幼 laò yeoú. Les vieux *et* les jeun.	內中大小事 louý tchōng tá siào sé. Les grandes *et* les petites affaires du dedans *ou* du dehors.
匹夫 pў foū. Les hommes *et* les femmes du peuple.	
富貴 foú koúy. Riche *et* noble.	
冷熱 lèn jĕ. Froid *ou* chaud.	天地 tiĕn tý. Le ciel et la terre.

III. — *Adjectifs verbaux.*

Les adjectifs verbaux sont souvent employés dans les livres chinois, et plus rarement dans le langage parlé. On les forme par la simple addition de la particule tў 的 faite au verbe.

EXEMPLES :

往來的 ouàng laў tў. Les allants et les venants. *Littéralement :* ceux qui vont et qui viennent.

買賣的 maў maý tў. Les commerçants. *Littéralement :* ceux qui achètent et qui revendent.

IV-V. — *Adjectifs démonstratifs et indéfinis.*

Les adjectifs démonstratifs et indéfinis sont presque toujours confondus avec les pronoms du même nom, et s'expriment en chinois de la même manière. (Voyez le chapitre VI des pronoms, articles III et V, pages 133-135.)

6° On trouve dans la langue écrite deux autres classes d'adjectifs, qui se forment par la simple addition de la particule tchĕ 者, *ille, qui*, faite soit à un substantif, soit à un verbe.

1° — *Substantifs devenant adjectifs.*

仁 jên. L'humanité.	仁者 jên tchĕ. Humain, e.
勇 Yòng. La force	勇者 yòng tchĕ. Fort, e.
義 ngý. La justice	義者 ngý tchĕ. Juste.
節 Tsiĕ. La tempérance.	節者 tsiĕ tchè. Tempérant.
能 lên. Le pouvoir	能者 lên tchĕ. Puissant, e.

2° — *Verbes devenant adjectifs.*

生 Sēn. Vivre.	生者 Sēn tchè. Vivant, e, *vivus.*
死 Sè. Mourir	死者 Sè tchè. Mort, e. *Mortuus.*
知 tchē. Savoir.	知者 tchē tchè. Sachant, *sciens.*
惡 Oú. Haïr	惡者 Oú tchĕ. Haïssant, *odiens.*
從 Tsŏ̄ng. Suivre.	從者 tsŏ̄ng tchè. Suivant, *sequester.*
孝 Hiaó. Vénérer.	孝者 hiaó tchè. Pieux, *pius.*

Dans les livres, il n'est pas rare de trouver la particule tchĕ 者, ajoutée à des mots qui sont eux-mêmes adjectifs, *v. g.* 聖者, les saints. L'adjectif chinois acquiert, dans ce cas, un caractère plus énergique et moins indéterminé yû tchĕ 愚者, les ignorants.

VI. — ADJECTIFS CHANGEANT DE TONS ET DE PRONONCIATION.

Une foule de mots chinois sont susceptibles de modifier leur *ton* modulé et même leur *prononciation.* Il est bien évident que le mot change alors tout à fait d'acception. Les adjectifs, qui subissent l'un ou l'autre de ces changements, deviennent tantôt de véritables *verbes actifs*, tantôt des *verbes neutres.*

Ainsi :

好 haò, bon, bien, *bonus, bene*, devient haó au 4° ton, et veut dire *aimer*, être *adonné à.*

好酒 haó tsieòu. Aimer le vin.	好玩 haó ouân. Aimer le jeu.
好色 haó sĕ. Aimer la luxure.	好學 haó hiŏ. Aimer l'étude.

惡 ngŏ. Mauvais, *malus, malè*, devient oú 惡 au 4° ton, et veut dire *haïr, détester.*

VII. — EXEMPLES D'ADJECTIFS A SENS OPPOSÉ.

Certains sinologues pourront regarder ce paragraphe comme peu important. Au point de vue pratique de la langue *orale*, nous savons qu'il aura son *utilité* réelle.

新的 sīn tў. Nouveau, *recens*.
幼的 yeóu tў. Jeune, *juvenis*.
輕的 kīn tў. Léger, *levis*.
短的 touàn tў. Court, *brevis*.
生的 sēn tў. Cru, *crudus*.
嫩的 lén tў. Tendre, *tener*.
公的 kōng tў. Public, *publicus*.
單的 tān tў. Simple, *simplex*.
熱的 jĕ tў. Chaud, *calidus*.
細的 sý tў. Fin, *subtilis*.
乾的 kān tў. Sec, *siccus*.
正的 tchén tў. Vrai, *verus*.
圓的 yuên tў. Rond, *rotundus*.
近的 kín tў. Proche, *proximus*.
高的 kaō tў. Élevé, *altus*.
大的 tá tў. Grand, *magnus*.
多的 tō tў. Beaucoup, *plurimi*.
奢的 chē tў. Prodigue, *prodigus*.
慈的 tsē tў. Clément, *clemens*.
正的 tchén tў. Droit, *rectus*.
貴的 kouý tў. Précieux, *pretiosus*.
胖的 pāng tў. Gras, *obesus*.
肥的 feŷ tў. Gras, *pinguis*.
甘的 kān tў. Doux, *dulcis*.
清的 tsīn tў. Clair, *limpidus*.
美的 meŷ tў. Beau, *pulcher*.
易的 ý tў. Facile, *facilè*.
永的 yùn tў. Éternel, *æternum*.
滿的 màn tў. Plein, *plenum*.
硬的 gén tў. Raide, *rigidus*.
活的 hô tў. Vivant, *vivus*.
明的 mîn tў. Clair, *clarum*.
强的 kiăng tў. Fort, *fortis*.
稀的 hў tў. Rare, *rarum*.
野的 yè tў. Sauvage, *sylvestris*.

舊的 kieóu tў. Vieux, *antiquus*.
老的 laò tў. Vieux, *senex*.
重的 tchóng tў. Lourd, *gravis*.
長的 tchăng tў. Long, *longus*.
熟的 choŭ tў. Cuit, *coctus*.
硬的 gén tў. Dur, *durus*.
私的 sē tў. Privé, *privatus*.
雙的 choāng tў. Double, *duplex*.
冷的 lèn tў. Froid, *frigidus*.
粗的 tsoū tў. Épais, *crassus*.
濕的 chĕ tў. Humide, *humidus*.
假的 kià tў. Faux, *falsus*.
方的 fāng tў. Carré, *quadratus*.
遠的 yuèn tў. Loin, *longinquus*.
矮的 gaў tў. Bas, *demissus*.
小的 siaò tў. Petit, *parvus*.
少的 chaò tў. Peu, *pauci*.
吝的 līn tў. Avare, *avarus*.
嚴的 niên tў. Sévère, *severus*.
歪的 ouaў tў. Courbé, *inclinatus*.
卑的 pў tў. Vil, *humilis*.
瘦的 seóu tў. Maigre, *macilentus*.
瘦的 seóu tў. Maigre, *macilentus*.
苦的 koŭ tў. Amer, *amarum*.
混的 houén tў. Trouble, *turbidus*.
醜的 tcheŏu tў. Vilain, *deformis*.
難的 lân tў. Difficile, *difficile*.
暫的 tchán tў. Transitoire, *transitor*.
空的 kōng tў. Vide, *vacuum*.
柔的 jeoû tў. Flasque, *mollis*.
死的 sè tў. Mort, *mortuus*.
暗的 gán tў. Obscur, *obscurum*.
弱的 jŏ tў. Débile, *debilis*.
密的 mў tў. Épais, *spissum*.
家的 kiā tў. Domestique, *domesticus*.

VIII. — RÈGLES POUR TRADUIRE FACILEMENT EN CHINOIS DIFFÉRENTES CLASSES D'ADJECTIFS FRANÇAIS.

On peut donner à un jeune sinologue la règle suivante au moyen de laquelle il traduira lui-même promptement en chinois, non-seulement les classes d'adjectifs français dont la terminaison ou suffixe est régulière, mais beaucoup d'autres mots chinois du même genre.

I. — Les adjectifs français, dont la terminaison ou suffixe est en *able*, du latin *abilis*, qui expriment *une disposition à, une aptitude à, la possibilité d'être ou de devenir*, se traduisent en chinois de l'une ou de l'autre de ces deux manières :

1° Chaque fois que l'adjectif peut se tourner par *digne de, à qui est dû*, on fait précéder l'adjectif du mot kŏ 可, et on le fait suivre de tў 的。

EXEMPLES :

可欽的 kŏ kīn tў. Adorable (digne d'être adoré), *adorabilis*.

可愛的 kŏ gaý tў. Aimable, *amabilis*.

可厭的 kŏ yén tў. Abominable, *abominabilis*.

可罰的 kŏ fă tў. Condamnable, *condemnabilis*.

可信的 kŏ sín tў. Croyable, *credibilis*.

可比的 kŏ pў tў. Comparable, *comparabilis*.

可尊敬的 kŏ tsēn kín tў. Honorable, *honorabilis*.

可怕的 kŏ pá tў. Formidable, *formidabilis*.

可憐的 kŏ liên tў. Misérable, *miserabilis*.

2° La plupart des autres adjectifs de cette catégorie en *able* peuvent se tourner par *qui peut être*. Alors on fait suivre le verbe chinois du mot tĕ 得, qui exprime en chinois la *possibilité*. Lorsque ces adjectifs français ont une préfixe qui marque la négation, comme dans *inévitable, incroyable, impotable*, etc., on ajoute simplement la particule négative poŭ 不 avant le mot tĕ 得。

EXEMPLES :

避得的 pý tĕ tў. Évitable (qui peut être évité), *evitabilis*.

醫得的 ў tĕ tў. Curable (qui peut être guéri).

勝得的 chén tĕ tў. Domptable, *vincibilis*.

醫得的 ў tĕ tў. Guérissable, *sanabilis*.

使得的 chè tĕ tў. Faisable, *possibilis*.

喫得的 tchĕ tĕ tў. Mangeable.

搗得的 ýn tĕ tў. Mesurable, *mensurabilis*.

欱得的 hŏ tĕ tў. Potable, *potabilis*.

又買得的 yeoú maỳ tĕ tў. Rachetable, *redimendus*.

補得的 poù tĕ tў. Réparable, *reparabilis*.

分得的 fēn tĕ tў. Sécable, *sectilis*.

當得的 tāng tĕ tў. Tolérable, *tolerabilis*.

賣得的 maý tĕ tў. Vendable, *vendibilis*.

活得的 hô tĕ tў. Viable, *vitalis*.

Les mêmes adjectifs avec la négation.

避不得的 pý poŭ tĕ tў. Inévitable, *inevitabilis.*

醫不得的 ў poŭ tĕ tў. Incurable, *insanabilis.*

勝不得的 chén poŭ tĕ tў. Indomptable, *indomitus.*

使不得的 chè poŭ tĕ tў. Infaisable, *non faciendus.*

喫不得的 tchĕ poŭ tĕ tў. Immangeable, *non manduc.*

補不得的 poù poŭ tĕ tў. Irréparable, *irreparabilis.*

當不得的 tāng poŭ tĕ tў. Intolérable, *intolerabilis.*

活不得的 hô poŭ tĕ tў. Inviable, *non vitalis.*

II. — Les adjectifs dont la terminaison ou suffixe est en *ant,* désinence des participes présents, se traduisent, en chinois, comme ce participe lui-même chaque fois qu'ils sont pris *substantivement.* Mais si ces adjectifs verbaux expriment une *qualité actuelle, effective, inhérente à un sujet,* en un mot, *une propriété d'où résulte un effet,* on les traduit, en chinois, en faisant précéder le verbe qui exprime la qualité, par ce mot chinois : lên 能, lequel indique la *possibilité.*

EXEMPLES :

能和睦的 lên hô moŭ tў. Accommodant, *commodus.*

能引人的 lên ỳn jên tў. Attrayant, *illecebrosus.*

能安慰人的 lên gān ouý jên tў. Consolant, *consolat.*

能肥的 lên feý tў. Fécondant, *fecundans.*

能養活人的 lên yàng hô jên tў. Nourrissant, *nutriens.*

能得罪人的 lên tĕ tsoúy jên tў. Offensant, *injuriosus.*

能透的 lên teóu tў. Pénétrant, *permeans.*

能赫人的 lên hĕ jên tў. Terrifiant, *terribilis.*

能噤牙齒的 lên kīn yâ tchĕ tў. Agaçant, *hebetans dentes.*

能惹人的 lên jĕ jên tў. Agaçant, *provocans.*

III. — Les adjectifs français qui ont la désinence en *bre,* du latin *ber* ou *bris,* dont le sens est *qui porte en soi,* se rendent, en chinois, par le verbe auxiliaire yeòu 有, que l'on place avant le nom chinois.

EXEMPLES :

有名的 yeòu mîn tў. Célèbre, *celebris.*

有凶的 yeoù hiōng tў. Lugubre, *lugubris.*

有養活的 yeoù yàng hô tў. Salubre, *salubris.*

有淡薄的 yeoù táa pŏ tў. Sobre, *sobrius.*

IV. — Les adjectifs, dont la désinence en *é* n'est autre chose que celle des participes passés, expriment en général l'*action soufferte,* l'*effet,* v. g. *abhorré, aimé*, ou la qualité du sujet, comme dans *zélé*. Ces adjectifs, disons-nous, se traduisent comme les verbes passifs chinois.

EXEMPLES :

受人的恨 cheoú jên tỹ hèn. Abhorré, *odiosus*.

受人的愛 cheoú jên tỹ gaý. Aimé, *amatus*.

受人的淩辱 cheoú jên tỹ lîn joŭ. Injurié, *injuriam ferens*.

受人的傷 cheoú jên tỹ chāng. Blessé, *vulneratus*.

有熱烈的 yeoù jĕ liĕ tỹ. Zélé, *studio incensus*.

V. — Les adjectifs français dont la désinence ou suffixe est : *fique*, du latin *ficus, facere*, ont, en général, le sens de *qui fait, qui produit*. On les rend, en chinois, par le mot lên 能, pouvoir, *posse*, soit seul, soit accompagné de tchoŭ 出 ou de sēn 生, qui, l'un et l'autre, signifient : *produire*.

EXEMPLES :

能出銀子的 lên tchoŭ ŷn tsè tỹ. Aurifique, *aurifer*.

能生冷的 lên sēn lèn tỹ. Frigorifique, *frigorificus*.

能生病的 lên sēn pín tỹ. Morbifique, *morbificus*.

能兜人睡 lên teōu jên choúy. Soporifique, *soporificus*.

能生的 lên sēn tỹ. Prolifique, *proferens*.

能兜人出汗的 lên teōu jên tchoŭ hán tỹ. Sudorifique, *sudatorius*.

VI. — Les adjectifs, dont la désinence est *ible*, du latin *ibilis*, désignant la *possibilité*, la *capacité d'être ou de devenir*, se traduisent, en chinois, d'une manière assez régulière. On place après le mot chinois le verbe auxiliaire tĕ 得, pouvoir, *posse*, ou auparavant, le verbe auxiliaire kŏ 可, qui indique aussi la possibilité.

EXEMPLES :

分得的 fēn tĕ tỹ. Divisible, *divisibilis*.

選得的 siuèn tĕ tỹ. Éligible, *qui potest eligi*.

軟得的 jouàn tĕ tỹ. Flexible, *flexibilis*.

開得的 kaỹ tĕ tỹ. Extensible, *extensibilis*.

赫得人的 hĕ tĕ jên tỹ. Horrible, *horribilis*.

改不得的 kaỳ poù tĕ tỹ. Incorrigible.

壞不得的 houaý poŭ tĕ tỹ. Incorruptible, *incorruptib.*

說不得的 chŏ poŭ tĕ tỹ. Indicible, *ineffabilis*.

錯不得的 tsŏ poŭ tĕ tỹ. Infaillible, *infallibilis*.

覺不得的 kiŏ poŭ tĕ tỹ. Insensible, *insensibilis*.

見不得的 kién poŭ tĕ tỹ. Invisible, *invisibilis*.

摸得的 mō tĕ tỹ. Sensible, *sensibil.*

見得的 kién tĕ tỹ. Visible, *visibil.*

VII. — Les adjectifs dont la désinence est en *eux*, du latin *osus*, forment une classe très-nombreuse en français. Chaque fois que ces adjectifs marquent une qualité, un défaut, ils peuvent se tourner par *qui est*, *qui a*, et s'expriment aisément en chinois par le verbe substantif ché 是 *esse*, ou le verbe auxiliaire yeoù 有 *habere*, que l'on place avant le mot chinois.

EXEMPLES :

有驕傲的 yeoù kiāo gáo tỳ. Orgueilleux, *superbus*.

有利益的 yeoù lý ỳ tỳ. Avantageux, *utilis*.

有多的 yeoù tō tỳ. Copieux, *copiosus*.

有嫉妒的 yeoù tsỳ toù tỳ. Envieux, *invidiosus*.

有茨的 yeoù tsē tỳ. Épineux, *spinosus*.

有名聲的 yeoù mîn chēn tỳ. Fameux, *famosus*.

有痰火脚的 yeoù tān hò kiŏ. Goutteux.

有仁慈的 yeoù jên tsē tỳ. Miséricordieux, *misericors*.

有雲的 yeoù yûn tỳ. Nuageux, *nebulosus*.

有熱切的 yeoù jĕ tsiĕ tỳ. Pieux, *pius*.

有味道的 yeoù oúy taó tỳ. Savoureux, *sapidus*.

VIII. — Les adjectifs dont la désinence est en *ique*, du grec ικος, et du latin *icus*, indiquant une idée de *propriété*, d'*appartenance*, se traduisent, en chinois, par le verbe yeoù 有, avoir, *habere*, que l'on place avant le mot chinois.

EXEMPLES :

有魔鬼的 yeoù mô kouy tỳ. Diabolique, *diabolicus*.

有蠱脹病的 yeoù koù tcháng pín tỳ. Hydropique, *hydropicus*.

有憂氣的 yeoù ngeōu kỳ tỳ. Mélancolique, *melancholicus*.

有瘋癱的 yeoù fōng tān tỳ. Paralytique, *paralytic*.

有疑惑的 yeoù nŷ houây tỳ. Sceptique, *scepticus*.

DEGRÉS DE COMPARAISON.

DU COMPARATIF

Pỳ kiáo tchē mîn 比較之名。

Comme il peut y avoir entre les objets comparés un rapport de *supériorité*, d'*infériorité* ou d'*égalité*, on distingue de même trois sortes de comparatifs. Dans ce paragraphe et le suivant, nos lecteurs auront déjà occasion de remarquer la richesse et l'abondance de la langue chinoise. En retenant les exemples suivants, on traduira aisément tous les comparatifs chinois.

1. — COMPARATIF DE SUPÉRIORITÉ.

Ce comparatif se fait, en chinois, de plusieurs manières.

1re *manière.* — L'idée se tourne ainsi : *cela comparé à ceci est.*

EXEMPLES :

M. Tŏng est plus savant que M. Mà (1). **Tŏng yê pỳ Mà yê kén tsaŷ hiŏ** 董爺比馬爺更才學。 Littéralement : **Tŏng** *dominus comparatus* **Mà** *domino magis (est) doctus.*

Cette maison-ci est plus élevée que celle-là. **Tchê ȳ kiēn fâng tsè pỳ lá kó kén kaō** 這一間房子比那更高。 Littéralement : *hæc domus comparata huic est magis alta.*

Ce riz est bon, mais celui-là est meilleur. **Tchê kó mỳ haò, taó tỳ lá kó kén haò** 這个米好到底那个更好。 Littéralement : *Hæc oryza bona, attamen illa est melior.*

2e *manière.* — Au lieu de l'adjectif comparatif, les Chinois emploient plus volontiers le nom commun ou substantif. Ainsi, au lieu de dire : *Paul est plus savant que Pierre,* ils préfèrent dire : *la science de Paul est plus grande que celle de Pierre.*

EXEMPLES :

M. Mà est plus savant que M. Lỳ. Tournez : la science de M. Mà est plus grande que celle de M. Lỳ. **Mà yê tsaŷ hiŏ pỳ Lỳ yê tỳ kēn tá** 馬爺才學比李爺的更大。 Littéralement : **Mà** *domini scientia comparata* **Lỳ** *domini (scientiæ) est major.*

M. Pĕ est plus fervent que M. Ouên. Tournez : la ferveur de M. Pĕ est plus grande que celle de M. Ouên. **Pĕ yê tỳ jĕ-tsiĕ pỳ Ouên yê tỳ kén tá** 白爺的熱切比文爺的更大。 Littéralement : **Pĕ** *domini fervor comparatus* **Ouên** *domini fervori est major.*

3e *manière.* — Le comparatif français exprimé par ces mots : *il vaut mieux, il est meilleur, il est préférable,* se traduit, en chinois, par ces mots : **kén haò** 更好 (meilleur), ou bien par ceux-ci : **poŭ joŭ** 不如, **mŏ joŭ** 莫如, *non sicut ac,* ou bien encore par ces expressions synonymes : **Lîn kŏ** 寧可, **Lîn yuén** 寧願, il est préférable, *potiùs est.*

(1) Ces mots **Tŏng** et **Mà** sont des noms patronymiques chinois.

EXEMPLES :

La charité vaut mieux que l'obéissance. **Tīn míu poŭ joŭ kōng kīn** 聽命不如恭敬。 Littéralement : *obedientia non potest comparari charitati.*

Il est préférable de mourir que de pécher. **Lîn kŏ** ou **Lîn yuén sè poŭ fán tsouý.** 寧可 ou 寧願死不犯罪。 Littéralement : *potiùs est mori et non peccare.*

L'eau ne vaut pas le vin. **Chouỳ poŭ joŭ tsieoù** 水不如酒。

La connaissance du bien ne vaut pas l'amour du bien. **Tchē chán poŭ joŭ haó tchē** 知善不如好之。 Littéralement : *noscere bonum non comparari (potest) amori illius.*

En fait de vêtement, on préfère la nouveauté; en fait de personne, on préfère l'âge avancé. (Prov.) **Ȳ mô joŭ sīn ; jên mô joŭ koù** 衣莫如新；人莫如古。

Il n'y a rien de mieux que de perfectionner sa personne. **Mô joŭ sieōu kỳ chēn** 莫如修其身.

4ᵉ *manière.* — Souvent on emploie la particule **Tō** 多, *beaucoup*, que l'on ajoute à l'adjectif.

EXEMPLES :

Cela est meilleur. **Haò tĕ tō** 好得多。

Plus éloigné. **Yuèn tĕ tō** 遠得多。

5ᵉ *manière.* — La quantité dont une chose l'emporte sur une autre ou en est surpassée s'exprime, en chinois, par l'adjectif au positif, que l'on place avant le nombre de quantité. Ceci est très-pratique dans la langue orale.

EXEMPLES :

Plus haut de 4 pouces. **Kaō sé tsĕn tō** 高四寸多。

Plus long de 2 pieds. **Tchăng eúl tchĕ tō** 長二尺多。

Plus court de 3 pouces. **Touàn sān tsĕn tō** 短三寸多。

Plus bas de 8 pouces. **Gaỳ loŭ tsĕn tō** 矮六寸多。

6ᵉ *manière.* Lorsque les mots de comparaison *plus de*, *moins de* se rapportent à une chose qui peut se compter, *plus* se rend, en chinois, par le mot **tō** 多, *moins*, par **chaò** 少。 On les place comme dans les exemples suivants :

EXEMPLES :

Plus de dix taëls. **Chĕ leàng tō** 十兩多 (1).

Trois taëls plus six tsiĕn. **Sān leàng tō loŭ tsiĕn** 三兩多六錢 (2).

---

(1) Le taël est le synonyme du mot once, *uncia*. Un taël vaut environ 7 fr. 80 cent.

(2) Le **tsiĕn** est la dixième partie du taël ou de l'once d'argent.

Dix livres moins 3 onces. **Chě kīn chaò sān leàng** 十斤少三兩 (1).

Quatre ligatures moins 10 sapèques. **Sé tiâo chaò chě kó tsiên** 四條少十个錢 (2).

7° *manière.* — Lorsque l'on interroge, l'adjectif reste souvent au positif, parce que, dans ce cas, le comparatif n'a pas besoin d'être exprimé.

EXEMPLES :

Quel est le meilleur? **Là kó haò sȳ** 那个好些。

8° *manière.* — Les comparatifs faits à l'aide des prépositions suivantes **yû** 於, 于, ne se rencontrent que dans les livres. S'il arrive qu'on s'en serve dans la langue parlée, c'est lorsque l'on cite un texte, une maxime, un proverbe.

EXEMPLES :

L'empereur **Houâng tý** avait plus de prudence que **Yâo** et **Chuén**. **Houâng tý hiên yû Yâo Chuén** 黃帝賢於堯舜。Littéralement : **Houâng tý** *prudens super* **Yâo** et **Chuén.**

Les feuilles frappées par la bruine sont plus rouges que les fleurs de la deuxième lune. **Chouāng yě hông yû eúl yuě hoā** 霜葉紅于二月花。

9° *manière.* — L'expression **ў fă** 一發, *beaucoup plus, encore plus*, sert à faire des comparatifs, usités seulement dans la langue écrite.

EXEMPLES :

La chose est beaucoup plus facile. **Lá kó ў fă yông ý** 那个一發容易。

Cela est beaucoup mieux. **Ў fă miáo leào** 一發妙了。

10° *manière.* — Dans la langue écrite, on emploie souvent aussi le mot **tchoŭ** 出, *surpasser, exceller, sortir de.*

EXEMPLES :

Il est plus savant que les autres. **Tā tchoŭ tchóng jên** 他出衆人。

Il est plus habile que les autres. **Tā tchoŭ sě tsaŷ jên.** 他出色才人。

11° *manière.* — On trouve encore dans les livres cinq ou six autres manières de faire des comparatifs. Nous nous bornons ici à citer l'emploi du mot **ў** 益, *davantage, plus.*

EXEMPLES :

Si l'eau est plus profonde. **Jŏ chouỳ ў chēn** 若水益深。

(1) La livre chinoise est de 16 onces.

(2) La ligature comprend 1,000 sapèques. La sapèque est une monnaie de billon, perforée par le milieu, et d'une valeur minime.

II. — COMPARATIF D'INFÉRIORITÉ.

Ces comparatifs se font presque tous sur le modèle des exemples suivants :

EXEMPLES :

La France est moins grande que la Chine. **Fă kouĕ mô tĕ Tchōng kouĕ tché yáng tá** 法國莫得中國這樣大。 Littéralement : *Gallia non habet Sinarum amplitudinem;*

ou bien :

Fă kouĕ pỳ Tchōng kouĕ siaò sȳ 法國比中國小些。 Littéralement : *Gallia comparata Sinis minor est.*

Cette maison est moins vaste que celle-là. **Tché ȳ kiēn fâng tsè mô tĕ lá kó tché yáng kouān** 這一間房子莫得那个這樣寬。

ou bien :

Tché ȳ kiēn fâng tsè pỳ lá kó siaò sȳ 這一間房子比那个小些。

III. — COMPARATIFS D'ÉGALITÉ.

I. — Les Chinois ont une tournure spéciale pour ce genre de comparatifs : *Paris est aussi grand que Pékin.* On dit en chinois : Paris, Pékin, ces deux villes, sont d'une égale grandeur. Telle est la tournure invariable dans la langue orale.

EXEMPLES :

Paris est aussi grand que Pékin (1). **Fă kouĕ kīn tchĕn Pĕ kīn eúl tchĕn ȳ yáng kouān** 法國京城北京二城一樣寬。

Aux solstices, les nuits sont aussi longues que les jours. **Tōng hiá tché tcheóu yé ȳ yáng tchâng** 冬夏至晝夜一樣長。

Ma robe est aussi longue que la sienne. **Ngò tȳ chān tsè tā tȳ chān tsè toū ché ȳ yáng tchâng** 我的衫子他的衫子都是一樣長。

Aimer quelqu'un autant que sa vie. **Gaý sȳ tā joū sēn mín ȳ pān** 愛惜他如生命一般。

II. — Dans la langue écrite, le comparatif ne s'exprime pas s'il y a interrogation.

EXEMPLES :

De **Sé** ou de **Chāng** lequel est le plus sage (2)? **Sē yù chāng ỳ choŭ hiên?** 師與商也孰賢? Littéralement : **Sē** *cum* **Chāng** (*si comparentur*) *quis sapiens?*

---

(1) Si l'on traduisait le nom de la ville de Paris par ces mots : **Pā lỳ** 巴里, peu de Chinois comprendraient. Nous traduisons ainsi : la capitale de la France, comme les Chinois, parlant de Pékin, disent : la capitale du Nord, **Pĕ** *australis* **kīn** *metropolis*.

(2) **Sé** et **Chāng** sont deux disciples de Confucius.

Pour les talents, c'est un homme aussi distingué que Lỳ taý pĕ. Tsĕ jên tāng ché Lỳ taý pĕ ỳ lieôu jên oŭ 此人當是李太白一流人物。

III. — Les Chinois, même dans la conversation, font un usage fréquent de comparaisons, tirées les unes des mœurs de certains personnages anciens qui ont laissé une réputation bonne ou mauvaise, les autres tirées de la nature. De même que nous disons d'un bel homme, c'est un Adonis; d'un prince cruel, c'est un Néron; d'un poëte fameux, c'est un Corneille, etc.; ainsi les Chinois ont-ils une foule de comparaisons du même genre, que tout le monde entend. Il est important de recueillir sur un album toutes ces sortes de comparaisons. (Voir, à la IIe partie de la Grammaire, le chap. VIII, qui a pour titre : *Richesse et abondance de la langue chinoise.*)

DU SUPERLATIF.

Tché kỳ tỳ 至極的。

Nous distinguons trois espèces de superlatifs : le superlatif *absolu*, le superlatif *relatif*, le superlatif *excessif*. — Les formes chinoises sont très-variées et très-nombreuses pour exprimer ces divers degrés de superlatifs.

I. — SUPERLATIF ABSOLU.

Ce superlatif indique une qualité, sans aucune comparaison avec d'autres objets de même espèce.

1re *forme*. — On ajoute à l'adjectif ces mots : tĕ hèn 得狠 ou tĕ kìn 得緊 (1). Cette forme est la plus usitée dans la langue orale.

EXEMPLES :

Le style de Confucius est très-serré. Kŏng tsè ouên fă chēn tĕ hèn 孔子文法深得狠。

La tour de Nan kin (2) est très-élevée. Lân kīn tă kaō tĕ hèn 南京塔高得狠。

Le palais d'été est très-beau à voir (3). Yuèn mîn yuên haò kán tĕ hèn. 遠明園好看得狠。

(1) Dans les livres, au lieu des mots tĕ hèn, on trouve ceux-ci qui ont le même sens et qu'on emploie pour l'euphonie : tỳ kìn 的緊, *v. g. : très-joyeux*. Houān hỳ tỳ kìn 歡喜的緊。

(2) Ces mots Nân kīn signifient capitale du midi, comme ceux de Pĕ kīn signifient capitale du nord.

(3) Ce palais des empereurs de la Chine a été presque ruiné lors de la guerre contre la Chine par les Anglais et les Français en 1860.

Je suis très-content. Ngò hỳ houān tě hèn, 我喜歡得狠。
Ce matin il fait très-froid. Kīn tsaò lèn tě hèn 今早冷得狠。
Le piment est très-mordant. Hoā tsiaō lă tě hèn 花椒辣得狠。

2ᵉ *forme.* — On fait précéder l'adjectif de l'un ou l'autre de ces mots : tché 至 ou tsouý 最, qui indiquent l'*extrême*, le *suprême degré.*

EXEMPLES :

Dieu est très-clément. Tiēn tchoù tché jên 天主至仁。
Nous sommes amis intimes. Ngò yù niên hiōng tché kiaō 我與年兄至交。
Cela est très-précieux. Tsoúy koúy 最貴。
Vos paroles sont bien vraies. Niên hiōng tchē yên tsoúy ché 年兄之言最是.
Vous avez là une très-bonne idée. Ngỳ sò kién tsoúy chán 你所見最善。

3ᵉ *forme.* — On répète l'adjectif, soit simple, soit composé. Cette forme est aussi élégante qu'elle est expressive.

EXEMPLES :

Très-bon. Haò haò tỳ 好好的。
Très-petit. Siaò siaò tỳ 小小的。
Très-évident. Mîn mîn pě pě tỳ 明明白白的。
Très-grand pécheur. Tchóng tchóng tsouý jên 重重罪人。
Parler très-obscurément, par mille détours. Ouỳ ouỳ kioŭ kioŭ chŏ 委委曲曲說。
Interroger avec soin. Sý sý fàng ouén 細細訪問。
Faire une révérence très-profonde. Chēn chēn tà ỳ kōng 深深打一恭。
Parler de la manière la plus positive. Chŏ tě hô hô hién hién 說得活活現現。
Marcher avec de très-grands airs. Hîn hîn teōu teōu tseòu 興興頭頭走。

4ᵉ *forme.* — On emploie l'expression cháng tèn tỳ 上等的, qui veut dire : *le suprême degré, le degré supérieur*, ou celle de cháng pĭn tỳ 上品的, qui a le même sens. L'opposé est hiá tèn tỳ ou hiá pĭn tỳ, *le plus bas degré.* L'usage indique les cas où l'on se sert de ces expressions.

EXEMPLES :

La contrition parfaite. Cháng tèn tỳ tóng houỳ 上等的痛悔。
La contrition imparfaite. Hiá tèn tỳ tóng houỳ 下等的痛悔。
Élève très-accompli. Cháng tèn tỳ hiŏ sēn 上等的學生。
Élève médiocre. Tchōng tèn tỳ hiŏ sēn 中等的學生。

Élève très-faible. Hiá tèn tў biŏ sēn 下等的學生。

Remède souverain. Cháng tèn tў yŏ 上等的藥。

5e *forme.* — L'expression *dix parties*, chĕ fén 十分 fait en chinois un superlatif absolu. Ainsi l'on dit :

Très-grand. Chĕ fén tá 十分大。

Très-bon. Chĕ fén haò 十分好。

Très-joyeux. Chĕ fén hỳ houān 十分喜歡。

D'une beauté incomparable. Chĕ fén meỳ maó 十分美貌。

Les reines-marguerites sont épanouies; elles répandent la plus délicieuse odeur. Kioū hoā kaȳ leào, chĕ fén lân mân 菊花開了十分爛熳。

J'ai ouï dire que sa fille était la plus belle et la plus savante. Ngò ouên tā lìn gaý chĕ fén tsaý meỳ 我聞他伶愛十分才美。

Cette affaire marche à merveille. Tsĕ sé chĕ fén chuén lieōu 此事十分順溜。

6e *forme.* — Dans la langue écrite, on emploie plus volontiers l'une des *neuf* particules suivantes pour faire le superlatif. Ces particules se placent toutes, excepté la dernière, avant l'adjectif. Leur signification est à peu près la même; elles marquent l'*excès*, la *perfection*, le *degré absolu;* mais chacune avec des nuances qu'il n'est pas possible de faire saisir à un jeune sinologue. La lecture des auteurs chinois fait sentir peu à peu la variété légère des acceptions de chacune de ces particules et les cas où il faut les employer.

EXEMPLES :

1° La particule taý 太。

太要緊 Taý yáo kìn. Très-nécessaire.

太容易 taý yông ý. Très-facile.

太早 taý tsào. Très-matin.

不要太謙 poŭ yaó taý kiēn. Ne soyez pas si modeste.

這太奇了 tché taý kŷ leào. Voilà une chose très-singul.

2° La particule tsiĕ 切。

切要緊 tsiĕ yáo kìn. Très-nécessaire.

切愛 tsiĕ gaý. Très-grand amour.

切碎 tsiĕ soúy. Très-menu.

3° La particule tsuĕ 絕。

絕妙 tsuĕ miáo. Très-admirable.

絕好 tsuĕ haò. Très-bon.

絕無 tsuĕ oŭ. Absolument non.

4° La particule chén 甚。

甚美 chén meỳ. Très-beau.

甚明 chén mìn. Très-évident.

甚少 chén chaò. Très-peu.

甚靈 chén lîm. Très-excellent.

甚醜 chén tcheōu. Très-vilain.

5° La particule kỳ 極。

極妙 kỳ miáo. Très-admirable.	極厚 kỳ heoú. Très-épais.
極白 kỳ pĕ. Très-blanc.	

6° La particule Tŏng 痛。

痛愛 tŏng gaý. Aimer souverainement.	痛恨 tŏng hén. Détester souverain.
	痛欲 tŏng yoŭ. Désirer souverain.

7° La particule tchóng 重。

重愛 tchóng gaý. Aimer excessivement.	重貴 tchóng kouý. Estimer considérablement.
重哭 tchóng koŭ. Pleurer amèrement.	重罪人 Tchóng tsoúy jên. Un très-grand pécheur.

8° La particule numérique ouán 萬, *dix mille*, soit seule, soit multipliée encore par mille, tsiĕn ouán 千萬。

EXEMPLES :

Le roi des rois. Ouán ouâng tchē ouâng 萬王之王。
Le sage des sages. Ouán kiūn tchē kiūn 萬君之君。
Le maître des maîtres. Ouán sē tchē sē 萬師之師。
Venez demain de très-bonne heure. Mîn jĕ tsiĕn ouán tsaò sȳ laŷ 明日千萬早些來。
N'oubliez pas notre engagement de demain. Mîn jĕ tchē yŏ tsiĕn ouán poŭ kŏ ouâng 明日之約千萬不可忘。
Il n'eut pas le plus petit doute. Ouán ouán poŭ ngŷ 萬萬不疑。

9° La particule toŭ 篤, qui se place après l'adjectif.

EXEMPLES :

病篤 Pín toŭ. Maladie très-grave.	渠篤 kiŭ toŭ. Trop bon.
敦篤 tēn toŭ. Très-sincère.	

9° *forme.* — Les Chinois ont un idiotisme qui tient lieu de superlatif, soit dans la langue *parlée*, soit dans la langue *écrite*. Il consiste à répéter le mot en plaçant au milieu le nom de nombre *un*, ȳ 一, et quelquefois ceux de *trois*, sān 三, *quatre*, sé 四。Cette tournure répond assez à un hébraïsme fort commun dans l'Écriture sainte.

EXEMPLES :

Pensez-y fort sérieusement. Ngỳ siàng ȳ siàng 你想一想。
Regardez très-attentivement. Ngỳ kān ȳ kān 你看一看。
Rechercher avec une grande diligence. Fàng ȳ fàng 訪一訪。
Réfléchir beaucoup. Tsaý sān sē 再三思, ou bien Tchŏng sé siàng 重四想。

II. — SUPERLATIF RELATIF.

Ce genre de superlatif exprime la qualité par comparaison avec une autre chose. Voici les deux formes les plus communes pour exprimer ce degré de superlatif.

EXEMPLES :

Il est le plus savant des hommes. Toŭ choū jên louý, tā ché teŏu ў kó 讀書人內。他是頭一个。Littéralement : *inter studentes homines, ille est prior.*

Il est mon plus fidèle ami. Ngò tў pŏng yeòu loúy, tā ché teŏu ў kó 我的朋友內。他是頭一個。Littéralement : *inter amicos meos, ille est prior.*

De toutes les affaires humaines le mariage est la plus importante. Houēn ўn lày jên sēn tý ў kién tá sé. 婚姻乃人生第一件大事。

III. — SUPERLATIF EXCESSIF.

Les Chinois ont un très-grand nombre de formules pour marquer le superlatif au degré *le plus élevé*, au *degré excessif*. Nous nous bornons à en indiquer dix ou onze des plus usitées.

1re *forme*. — A ces mots tĕ hèn 得狠, qui servent à faire les superlatifs ordinaires, on ajoute ceux-ci : kó yû 過餘 ou kó fén 過分, qui peuvent se traduire ainsi : *au-delà de toute expression* ou de toutes les bornes.

EXEMPLES :

Misérable au-delà de tout ce qu'on peut dire. Tsaō niĕ tĕ hèn kó yû 遭逆得狠過餘。

Vous êtes trop généreux avec moi. Jên hiōng kó yû yóng hoúy 仁兄過餘用惠。

2e *forme*. — On emploie l'une de ces expressions : mô pỳ tў 莫比的 oŭ pỳ tў 無比的 qui veulent dire : *au-dessus de tout, qui ne peut être comparé à rien.*

EXEMPLES :

Le péché est le plus grand de tous les maux, ou, un mal incomparable. Tsouý mô pỳ tў tá ngŏ 罪莫比的大惡。

La piété filiale est ce qu'il y a de plus grand dans les œuvres de l'homme. Jên tchē hîn mô tá yû hiaó 人之行莫大於孝。

3e *forme*. — Cette tournure chinoise est plus usitée dans les livres que dans la conversation. Elle répond un peu à ces mots français : *par-dessus tout, plus que tout*; seulement l'expression chinoise a bien plus de force. Elle veut dire littéralement : *ce qui surpasse même les dix mille choses.* **Yû ouán yeoù tchē cháng** 于萬有之上。

EXEMPLES :

Aimer Dieu par-dessus tout. **Gaý Tiēn Tchoù yû ouán yeoù tchē cháng** 愛天主于萬有之上。

La difficulté est immense. **Yeoù ouán fén lân tchēn** 有萬分難成。

4e *forme.* — On ajoute au superlatif ordinaire ces mots : **oǔ touý tý** 無對的, *sans aucune comparaison possible.*

EXEMPLES :

Très-respectable. **Tché tsēn oǔ touý tý** 至尊無對的。

Très-élevé. **Tché kaō oǔ touý tý** 至高無對的。

5e *forme.* — Dans les livres, on rencontre sans cesse ces formes-ci de superlatif excessif : **poǔ chēn** 不勝, *inexprimable, sans bornes,* ou **poǔ tsuě** 不絕。

EXEMPLES :

Sa joie était sans égale. **Hỳ poǔ tsé chēn** 喜不自勝。

Ne pas revenir de son étonnement. **Poǔ chēn kīn yá** 不勝驚訝。

Son trouble et sa confusion sont inexprimables. **Poǔ chēn houâng tchén** 不勝惶恇。

Ma reconnaissance sera sans bornes. **Poǔ chēn kàn gēn** 不勝感恩。

La joie du père et du fils à se revoir fut au au comble. **Foú tsè siāng kién poǔ chēn tchē hỳ** 父子相見不勝之喜。

Il vantait ces fleurs d'une manière inouïe. **Kouā tsiàng haò hoā poǔ tsuě** 誇獎好花不絕。

6e *forme.* — L'expression *dix parties,* **chě fén** 十分, fait un superlatif ordinaire. Mais si l'on emploie un nom de nombre supérieur à celui-là, le superlatif est alors *excessif.*

EXEMPLES :

Le mariage est plus que réglé. **Houēn ȳn ỳ yeòu chě eúl fén ouèn leào** 婚姻已有十二分穩了。

S'il n'avait pas pour vous une affection sans bornes. **Jǒ poǔ ché eúl chě fén kín tchóng** 若不是二十分敬重。

7e *forme.* — Les expressions **feȳ châng** 非常, **ý châng** 異常, *très-extraordinaire, qui surpasse le commun,* font aussi un superlatif excessif très-souvent employé.

EXEMPLES :

Il était doué, en naissant, d'une beauté prodigieuse. **Sēn tě tsō sě feý châng** 生得姿色非常。

Ce Yâng est d'une perversité dont on n'a pas d'idée. **Yâng tsĕ kiēn ngŏ ý châng** 楊賊奸惡異常。

Voyant cette beauté si rare. **Kién tā meỳ loŭ ý châng** 見他美鹿異常。

8ᵉ *forme.* — Les deux expressions suivantes : **poŭ ỳ** 不已 et **poŭ tÿ** 不題 se rencontrent souvent dans les livres de bonne littérature, et marquent toutes deux le superlatif excessif.

EXEMPLES :

A cette vue les trois hôtes demeurèrent dans un étonnement qui ne peut se rendre. **Sān jên kăn leào kiú tá kīn poŭ ỳ** 三人看了俱大驚不已。

Il fut prodigieusement mortifié de ce contre-temps. **Tā tcheŏu-tcháng poŭ ỳ** 他惆悵不已。

Il éprouva la joie la plus excessive. **Màn sīn houān-hỳ poŭ tÿ** 滿心歡喜不題。

Se livrer à des réflexions sans bornes. **Siāng sē poŭ tÿ** 相思不題。

Rire d'un rire inextinguible. **Siaó poŭ tÿ** 笑不題。

9ᵉ *forme.* — L'expression **pỳ tā cháng** 比他上, *en le comparant mettre au-dessus*, est fort élégante, en chinois, mais on ne l'emploie que dans le style écrit.

EXEMPLES :

Personne n'est plus beau de figure que lui. **Jên oŭ jên pỳ tā poŭ cháng** 人物人比他不上。

10ᵉ *forme.* — Les mots **oŭ chouāng** 無雙, *sans pareil, sans égal*, et ceux-ci : **oŭ tsĕ** 無測, *sans mesure, qui ne peut être mesuré*, sont deux formes d'un bon goût et très-communes.

EXEMPLES :

Vous êtes, en âge, en talent, en beauté, sans pareil dans l'Empire. **Tsīn niên tsaÿ meỳ kouĕ sé oŭ chouāng** 青年才美國士無雙。

Quel inépuisable sujet de douleur! **Oŭ poŭ tsĕ tchē yeōu** 無不測之憂。

11ᵉ *forme.* — On se sert du verbe **tchoŭ** 出, *sortir de, dépasser beaucoup*, pour faire une forme de superlatif excessif.

EXEMPLES :

Ma joie surpasse de beaucoup mes espérances. **Hỳ tchoŭ ouáng ouáy** 喜出望外。

C'est un talent des plus extraordinaires. **Ché tchoŭ sĕ tsaÿ jên** 是出色才人。

CHAPITRE IV.

DES ADJECTIFS NUMÉRAUX
OU
DES NOMS DE NOMBRE EN CHINOIS (1).

數名 Soú mîn.

1° Système décimal très-ancien chez les Chinois. — 2° Des nombres *cardinaux*. Manière de les former. Cinq formes d'écriture pour ces nombres. — 3° Des noms numéraux, ou autrement des particules numérales, exclusivement propres à la langue chinoise. Leur utilité. — 4° Des nombres ordinaux. — 5° Des nombres partitifs. — 6° Division de l'année, du mois, des jours, des heures, de la semaine, en chinois. — 7° De l'abaque chinois ou machine à compter. Son utilité. Manière de s'en servir. — 8° Des barres numérales. — 9° Spécimens des anciens chiffres chinois en écriture Tchouán 篆 et en écriture cháng fāng tá tchouàn 上方大篆。

I. — SYSTÈME DÉCIMAL CHEZ LES CHINOIS.

Le système décimal, si moderne chez nous, est connu et suivi en Chine depuis une époque fort ancienne. La manière de compter en Chine est très-simple et très-facile à retenir; car tous les mots qui expriment les noms de nombres usuels se réduisent à *treize*. Les dix premiers noms se combinent entre eux dans un ordre naturel et régulier. Avec les *treize mots* consacrés aux termes usuels, on pourrait pousser la numération jusqu'aux *billions exclusivement*. Si l'on avait besoin de pousser plus loin le calcul, il serait possible d'exprimer, même par un seul caractère, les sommes les plus élevées, telles que celles que l'on rencontre dans les calculs astronomiques.

Outre les noms de nombre *ordinaux* et *cardinaux*, les Chinois ont une espèce de mots *explétifs* très-ingénieusement inventée, vu le génie exceptionnel de leur langue. On a donné à ces mots explétifs le nom de *particules numérales*. Nous en parlerons dans un article à part.

II. — NOMBRES CARDINAUX.

Comme tous les mots chinois, les noms de nombre restent invariables et ne prennent jamais aucune marque distinctive, quand ils ne se rapportent pas à un substantif. Bien qu'on les prononce de la même manière, il y a quatre formes

(1) Il y aurait un travail intéressant à faire sur l'*arithmétique des Chinois*. Ce travail serait d'autant plus piquant que leur méthode originale est loin d'être dépourvue de vues neuves pour les Européens.

d'écriture pour les noms de nombre usuels. La première est la plus simple, la plus ancienne et la plus commune dans la pratique. La deuxième a été composée, à dessein, avec des traits plus nombreux, plus compliqués. On s'en sert dans les actes publics, dans les écrits d'achat, de vente, afin d'empêcher les fraudes et les altérations dans les affaires importantes. On leur donne le nom de *chiffres* officiels, **kouān tsé** 官字。 La forme d'écriture de ces deux genres est de celle que l'on nomme **kiaŷ choū** 楷書。 La troisième manière d'écrire les noms de nombre est une forme abrégée, cursive, à la volée, que l'on nomme : *caractères* **tsaŏ** 草字。 La quatrième est une forme simple, exclusivement employée dans le commerce pour numéroter les marchandises, faire d'autres indications de ce genre. On les trace avec une grande facilité. Ils portent le nom de **gán mà tsé** 暗馬字。

Dans la haute antiquité chinoise, la forme d'écriture des noms de nombre était en rapport avec l'écriture courante de l'époque. Nous renvoyons à la fin de ce chapitre deux tableaux qui donnent la forme antique des noms de nombre. Ces tableaux peuvent être utiles à ceux qui s'occupent de l'antiquité.

TABLEAU DES NOMS DE NOMBRE

AVEC LES QUATRE FORMES D'ÉCRITURE.

VALEURS.	PRONONCIATION.	ÉCRITURE dite Kiây choū 楷書。 1re FORME.	ÉCRITURE dite Kiây choū 楷書。 2e FORME.	CHIFFRES en écriture tsaŏ 草。 3e FORME.	CHIFFRES du commerce. 4e FORME.
1	ÿ	一	壹	一	〡
2	eùl	二	貳	二	〢
3	sān	三	叁	三	〣
4	sé	四	肆	四	〤
5	où	五	伍	五	〥
6	loŭ	六	陸	六	〦
7	tsÿ̆	七	柒	七	〧
8	pă	八	捌	八	〨
9	kieòu	九	玖	九	〩
10	chĕ	十	拾	十	十
100	pĕ	百	百	百	白
1,000	tsiĕn	千	仟	千	千
10,000	ouán.	萬	萬	萬	万
					○ zéro.

Suite de la manière de compter.

十一	chĕ y̆.	11	onze. Littér. : dix-un, *undecim.*
十二	chĕ eúl.	12	douze. — dix-deux, *duodecim.*
十三	chĕ-sān.	13	treize. — dix-trois.
十四	chĕ sé.	14	quatorze. — dix-quatre, etc.
十五	chĕ où.	15	quinze.
十六	chĕ loŭ.	16	seize.
十七	chĕ tsy̆.	17	dix-sept.
十八	chĕ pă.	18	dix-huit.
十九	chĕ kieòu.	19	dix-neuf.
二十	eùl-chĕ.	20	vingt, deux-dix.
二十一	eùl chĕ y̆.	21	vingt et un, deux dix un.
三十	sān chĕ.	30	trente, trois dix.
四十	sé chĕ.	40	quarante, quatre dix.
五十	où chĕ.	50	cinquante.
六十	loŭ chĕ.	60	soixante.
七十	tsy̆ chĕ.	70	soixante-dix.
八十	pă chĕ.	80	quatre-vingts.
九十	kieòu chĕ.	90	quatre-vingt-dix.
百	pĕ.	100	cent.
一百	pĕ.	100	un cent.
二百	eùl pĕ.	200	deux cents.
三百	sān pĕ.	300	trois cents.
千	tsiēn.	1,000	mille.
一千	y̆ tsiēn.	1,000	un mille.
二千	eùl tsiēn.	2,000	deux mille.
三千	sān tsiēn.	3,000	trois mille.
一萬	y̆ ouán.	10,000	dix mille.
二萬	eúl ouán.	20,000	vingt mille.
三萬	sān ouán.	30,000	trente mille.
十萬	chĕ ouán.	100,000	cent mille.
一百萬	y̆ pĕ ouán.	1,000,000	un million.
二百萬	eúl pĕ ouán.	2,000,000	deux millions.
一千萬	y̆ tsiēn ouán.	1,000,000,000	un milliard.

L'expression chinoise qui indique l'absence d'une quantité dans un nombre, ou le zéro, est lîn 零, *plus, reste.* Ainsi, par exemple, cent trois, y̆ - pĕ lîn sān kó 一百零三个, c'est-à-dire : cent, plus trois. On l'écrit, dans les noms de nombre, par un ○, qui, en chinois, ne veut jamais indiquer autre chose que le vide ou l'absence d'une quantité. Cet ○ ou ce zéro ne sert donc jamais aux Chinois de multiplicateur, comme chez nous.

Bien que, dans l'usage ordinaire, on ait rarement besoin d'autres mots pour exprimer les quantités, et qu'on se serve, en écrivant, d'autres caractères, il arrive de rencontrer, mais dans les livres seulement, des caractères exprimant des quantités fort élevées, et s'écrivant par un seul signe. Nous les donnons ici :

億 ý. Cent mille. Vulgairement : 十萬 chĕ ouán.
兆 tchaó. Un million. — 一百萬 ў pĕ ouán.
京 kīn. Dix millions. — 一千萬 ў tsiēn ouán.
秭 tsè. Cent millions. — 萬萬 ouán ouán.
垓 Kaȳ. Un milliard.
壤 Jàng. Dix milliards.
溝 keōu. Cent milliards.
澗 kién. Un billion.
正 tchén. Dix billions.
載 tsaỳ. Cent billions (1).

REMARQUES.

1° Lorsque l'on parle d'un nombre indéterminé, incertain, au-dessous de dix, comme, par exemple, *trois ou quatre*, *cinq ou six*, on n'exprime jamais en chinois la conjonctive *ou*. On dit simplement :

三四 sān sé. Trois-quatre.
五六 où loŭ. Cinq-six.

Si le nombre dépasse *dix*, on l'exprime ainsi :

十多个 chĕ tō kó. Plus de dix.
十多年 chĕ tō niên. Plus de dix ans, ou 十年多 chĕ niên tō.
一百多里 ў pĕ tō lỳ. Plus de cent lieues, ou bien 一百餘里 ў pĕ yû lỳ.

Souvent aussi les Chinois se servent, dans ce cas, des mots *à peu près*, *environ*, tchā poŭ tō 差不多 (2).

差不多一百里 tchā poŭ tō ў pĕ lỳ. Environ cent lieues.
差不多四里 tchā poŭ tō sé lỳ. Environ quatre lieues.

2° Lorsque le nombre cardinal est pris pour nombre ordinal, comme dans les exemples suivants, on les traduit ainsi :

---

(1) Ces noms de nombre sont tirés du Dictionnaire de Kāng-hȳ. En parlant de ce dernier nombre, l'ouvrage dit : 載地不載也。

(2) Cette expression signifie littéralement : *abesse non multùm*, il ne s'en faut pas beaucoup.

縲思第十四位 Louý sē tý chě sé oúy. Louis XIV, *Ludovicus, quarta decima persona.*

必約第九位 Pў yǒ tý kieoù ouý. Pie IX, *Pius, nona persona.*

3° Lorsque l'on veut exprimer la durée de règne d'un prince, on dit, en chinois, v. g. : *Il a été sur le trône quatorze ans.* **Tā tsaý ouý chě sé niên** 他在位十四年。

4° Les chiffres de commerce ont une forme particulière, comme on le voit au tableau de la page 98. Ils se placent, comme nos chiffres arabes, en lignes horizontales; on les lit de gauche à droite. Dans les nombres composés de mille, centaines, dizaines et unités, les coefficients se placent au-dessus de chaque degré correspondant. Ainsi, pour représenter les trois sommes suivantes, on disposera les chiffres de cette manière :

4	5	6	2	1	8	7	2	4	2	4
〤	〥	〦		〡	〨	〧		〤	〢	
千	百	十	〢	千	百	十	〢	百	十	〤

Le 〇 ne s'emploie qu'au milieu des nombres pour indiquer seulement l'absence d'un degré intermédiaire. Jamais on ne le place à la fin d'une quantité.

EXEMPLES :

1	0	8	0	4
〡		〨		
万	〇	百	〇	〤

S'il s'agit d'un nombre plein, sans addition d'unités, le multiplicateur se place sur la même ligne et précède le degré décuple.

EXEMPLES :

3	0	0	0	4	0	0	6	0
	〣	千		〤	百		〦	十, etc.

Les Chinois emploient quelquefois dans les livres une sorte de barre, dans le genre des chiffres de commerce. Bien que cet usage soit rare, nous donnons le tableau de ces barres numérales à la page 111.

III. — DES NOMS NUMÉRAUX OU DES PARTICULES NUMÉRALES.

Les anciens missionnaires de la Chine ont donné à cette classe de mots chinois le nom de *particules numérales* ou *numériques*. Malgré l'idée assez vague qui s'attache à ce nom, on a continué à le donner à cette classe de mots. Un auteur moderne a cru mieux les définir, en les appelant : *substantifs auxiliaires*. Cette définition n'a que le mérite d'être plus vague que l'ancienne.

Les Chinois ont eu l'idée de choisir dans leur langue un certain nombre de mots exprimant, les uns, une idée générale, mais caractéristique; les autres, une propriété frappante d'objets. Ces mots expriment, par exemple, la longueur, l'étendue, l'unité, la parité, la rondeur, la hauteur, un fragment, un objet roulé, une forme pointue, etc. Les Chinois ajoutent cette espèce de mots aux noms de nombre cardinaux.

Ainsi, *une table* devrait rigoureusement se traduire, en chinois, par ces mots : ỹ tchŏ tsè 一桌子, *una mensa*, mais on ne serait pas compris. Il faut dire : ỹ tchāng tchŏ tsé 一張桌子。 Le mot tchāng est ici particule numérale, accompagnant le nom de nombre chaque fois qu'il est question d'un objet de longueur, d'étendue. Un couteau, littéralement : ỹ tāō 一刀。 Ces deux mots, dans le langage parlé, ne seraient pas compris à cause des nombreux *homophones* chinois. Mais si l'on dit : ỹ pà taō 一把刀, chacun comprendra de suite. La particule pà sert à indiquer tout objet ayant un manche. Un parapluie se dira de même : ỹ pà sàn 一把傘。 Ces deux mots seuls : ỹ sàn seraient inintelligibles. Une paire de bas : ỹ chouāng ouâ tsè 一雙襪子。 La particule chouāng indique toute espèce d'objets doubles, ou les noms d'objets pairs. Si l'on demandait à quelqu'un, par exemple, combien il a de paires de bas, il répondrait en chinois, comme nous le faisons en français : trois, quatre paires, sān sé chouāng, sans répéter le mot *bas*. Les objets disposés en ligne, en rang, se désignent par la particule numérale hâng 行。 Ainsi, on dira : une ligne, une rangée de maisons, ỹ hâng fâng tsè 一行房子。 Le mot keoŭ 口, bouche, est la particule numérale qui sert à désigner, entre autres, les membres d'une famille. On dira : pă keoŭ jên 八口人, huit bouches, au lieu de huit personnes.

Par l'usage que les Chinois font de cette classe de mots, on voit que, dans leur esprit, ce ne sont pas de véritables noms de nombre. C'est là pourtant le côté qui a frappé davantage l'esprit de ceux qui les ont désignés les premiers sous le nom de *particules numérales*. Ces mots ne sont pas strictement des noms de nombre. Leur rôle est premièrement de faire éviter, dans la langue parlée, l'équivoque, l'obscurité; deuxièmement, d'exprimer la chose avec plus de grâce, plus d'élégance et plus de clarté; troisièmement, d'établir une sorte de distinction entre les choses générales et les choses particulières. Il est à remarquer que les choses qui ne sont pas susceptibles d'être divisées en parties ne sont jamais précédées de la *particule numérale*. On ne peut jamais omettre à volonté ces particules dans la conversation. Le moindre inconvénient serait de n'être pas compris.

Les particules numérales ne sont pas des mots exclusivement affectés à cet usage. Isolés des nombres cardinaux, ils ont leur signification propre.

Le nombre des particules numérales dépasse un peu la centaine. Nous les avons réunies, en forme de tableau alphabétique, dans notre *Dictionnaire français-chinois*, au mot *caractère*, page 67. Nous y renvoyons le lecteur.

L'usage de ces particules étant très-régulier n'offre dans la pratique aucune difficulté. Nous avons dans la langue française certains mots qui ressemblent beaucoup aux particules numérales chinoises, et font assez bien le rôle de ces particules. Nous disons, par exemple, une pièce de toile, un rouleau de papier, un acte de comédie, un grain de sable, une goutte d'eau, un monceau de paille, une pile de bois, etc.

Tous ces mots *rouleau, pièce, acte, grain, monceau, pile,* et une foule d'autres de ce genre, représentent assez bien cette classe de mots chinois, et semblent très-propres à faire comprendre le rôle des particules numérales en chinois.

IV. — DES NOMBRES ORDINAUX.

Les nombres ordinaux se forment, en chinois, par la simple addition du mot **tý** 第 au nom de nombre cardinal. Ainsi l'on dit :

第一 **tý ŷ**. Le premier, *primus*.	第十 **tý chĕ**. Le dixième, *decimus*.
第二 **tý eúl**. Le deuxième, *secundus*.	第二十 **tý eúl chĕ**. Le vingtième, *vigesimus*.
第三 **tý sān**. Le troisième, *tertius*.	第三十 **tý sān chĕ**. Le trentième, *trigesimus*.
第四 **tý sé**. Le quatrième, *quartus*.	第一百 **tý ŷ pĕ**. Le centième, *centesimus*.
第五 **tý où**. Le cinquième, *quintus*.	第一千 **tý ŷ tsiēn**. Le millième, *millesimus*.
第六 **tý loŭ**. Le sixième, *sextus*.	
第七 **tý tsў**. Le septième, *septimus*.	
第八 **tý pă**. Le huitième, *octavus*.	
第九 **tý kieoù**. Le neuvième, *nonus*.	

Pour exprimer le nombre *de fois*, on dit en chinois :

一次 **ŷ tsé**. Une fois, *semel*, ou bien 一回 **ŷ houŷ**.
二次 **eúl tsé**. Deux fois, *bis*, — 二回 **eúl houŷ**.
三次 **sān tsé**. Trois fois, *ter*, — 三回 **sān houŷ**.
Ainsi de suite.

Dans les livres on emploie souvent, au lieu des précédents, les mots qui suivent : **tsaō** 遭, **piēn** 遍, **fān** 番。

三遭他這裡來了 **Sān tsaō tā tché lỳ laŷ leaò**. Il est venu ici trois fois.

你幾遭這裡來了 **Ngỳ kỳ tsaō tché lỳ laŷ leaò**. Combien de fois êtes-vous venu ici?

幾番要來看你 **Kỳ fān yaó laŷ kán ngỳ**. Que de fois j'ai voulu venir vous voir!

REMARQUES.

1° Dans les livres, on emploie assez souvent, pour marquer la division en quatre, les premiers caractères du livre sacré qui porte le nom de ў kīn 易經. Ces caractères sont : 元 yuên, 亨 hēn, 利 lý, 貞 tchēn.

2° Les Chinois ont un cycle *dénaire* pour la division du temps, et un autre *duodénaire* pour celle des heures de la journée. S'ils ont à marquer une division en dix, en douze parties, ils font usage de chacun des caractères de ces cycles. Toutefois, la pratique en est bannie de la langue parlée. La combinaison de ces deux cycles, répétée cinq et six fois, a fourni aux Chinois leur fameux cycle de soixante ans. (Voir les mots *cycle* et *heure*, dans notre *Dictionnaire.*) En géométrie, ils font usage des premiers caractères de ce même cycle, là où nous employons les lettres *A. B. C. D.*

3° Dans la division d'objets en grand, les Chinois se servent des mots cháng 上, tchōng 中, hiá 下, qui répondent à partie supérieure,
— moyenne,
— inférieure.

Ainsi, la première partie d'un ouvrage se dira cháng kiuén 上卷,
Celle du milieu. . . . . tchōng kiuén 中卷,
La dernière ou troisième partie. . . . . . . hiá 下卷.

V. — DES NOMBRES PARTITIFS.

Voici les expressions en usage dans la langue parlée :

一半 ў pán. La moitié, une moitié, demi, une demie.
一點半 ў tièn pán. Une heure et demie.
一里半 ў lỳ pán. Une lieue et demie.
半點 pán tièn. Une demi-heure.
半里 pán lỳ. Une demi-lieue.
半信半不信 pán sín pán poŭ sín. Croire à moitié, à demi.
半生半活 pán sēn pán hô. Demi-mort.
半人半鬼 pán jên pán koúy. Demi-mort de crainte.
半酣 pán hān. Demi-ivre, entre deux vins.

Les Chinois, pour dire : à demi, à moitié, usent souvent de cette formule-ci :

七死八活 tsў sè pă hô. A moitié mort.

Souvent on emploie la particule yû 餘 pour exprimer *plus, au-delà de, sans détermination fixe de temps.*

病了月餘 pín leaò yuĕ yû, *v. g.* Il a été malade plus d'un mois.
住了月餘 tchoú leaò yuĕ yû. Il s'arrêta plus d'un mois.

Pour exprimer la division en parties, les Chinois procèdent comme nous, en prenant pour base le tiers, le quart, le dixième, etc.

Ainsi, ils disent :

Pour le tiers :

三分有一分 sān fén yeoù ỳ fén, c'est-à-dire de trois parties il y en a une, ou bien : sān koù yeoù ỳ koù 三股有一股。

Pour le quart :

四分有一分 sé fén yeoù ỳ fén, c'est-à-dire, de quatre parties il y en a une.

Pour les trois quarts :

四分。四股有三分 sé fén ou sé koù yeoù sēn fén, ou 三股 sān koù.

Pour le huitième :

八分有一分 pă fén yeoù ỳ fén.

Pour les six dixièmes :

十分有六分 chĕ fén yeoù loŭ fén.

VI. — DIVISION DU TEMPS.

Année chinoise.

Le Chinois ont deux manières pour exprimer les dates par années.

La première, la plus commode, est d'employer les dates des années de règne des empereurs. Les empereurs chinois prennent, en montant sur le trône, un titre de règne. Ainsi, le premier empereur de la dynastie actuelle avait pour titre ou nom de règne ces mots : chuén tché 順治。 Son règne a été de dix-huit ans. Un Chinois, pour indiquer son âge ou un événement passé, dira : Je suis né, cet événement a eu lieu la première, la huitième, la dixième année de la période dite : chuén tché. Tel événement est arrivé la quinzième année de la période dite : kāng hỳ. Ce nom ou titre de règne se nomme en chinois : kouĕ haó 國號。 Les monnaies chinoises portent le titre des années de règne d'un empereur. Chez nous, le souverain pontife choisit aussi un titre de pontificat, et date ses actes des années de ce même pontificat.

Toutefois, nous ferons remarquer que si tel est en réalité le sens du titre de règne des empereurs de la Chine, dans la pratique on applique ce titre lui-même à la personne de l'Empereur. Ainsi, l'on dit vulgairement :

L'Empereur Kāng hỳ 康熙。
L'Empereur Taó kouāng 道光。
L'Empereur Tŏng tché 同治。

La deuxième manière de compter les années a lieu par le cycle de 60 ans, nommé en chinois kiă tsè 甲子, du nom des deux premiers caractères. En

Chine, chacun sait par cœur ce cycle. Si l'on demande à un Chinois son âge, au lieu de répondre qu'il a tant d'années, il se borne à dire : *Je suis né telle année du cycle* (1).

Des mois.

Les mois chinois sont lunaires, et portent le nom même de la lune yuĕ 月。 Ils sont tous de vingt-neuf ou de trente jours. On donne aux mois de vingt-neuf jours le nom de *petits mois*, yuĕ siào 月小; aux autres, celui de *grands mois*, yuĕ tá 月大。 Pour combler le déficit que cause naturellement cette manière de supputer le temps, les Chinois ont tous les trois ans une lune supplémentaire. Ces années-là ont *treize lunes* ou *treize mois*. La lune supplémentaire porte le nom de Juén yuĕ 閏月。 Les Chinois ont un cycle de dix-neuf ans, durant lequel ils intercalent sept fois cette lune supplémentaire. Il y a un ordre déterminé pour intercaler cette lune. Si on l'ajoute, par exemple, après la troisième lune ou le troisième mois, on dira alors, en parlant de cette lune intercalée : Juén sān yuĕ 閏三月。 Ainsi des autres. (Voir le mot *Lune* dans le *Dictionnaire français-chinois.*)

Dans l'usage ordinaire, on désigne les mois chinois ou les lunes de la manière suivante :

1re lune ou 1er mois. Tchén yuĕ	正月。	7e lune ou 7e mois. Tsy̆ yuĕ	七月。
2e lune ou 2e mois. Eúl yuĕ	二月。	8e lune ou 8e mois. Pă yuĕ	八月。
3e lune ou 3e mois. Sān yuĕ	三月。	9e lune ou 9e mois. Kieoù yuĕ	九月。
4e lune ou 4e mois. Sé yuĕ	四月。	10e lune ou 10e mois. Chĕ yuĕ	十月。
5e lune ou 5e mois. Où yuĕ	五月。	11e lune ou 11e mois. Tōng yuĕ	冬月。
6e lune ou 6e mois. Loŭ yuĕ	六月。	12e lune ou 12e mois. Lă yuĕ (2)	蠟月。

Jours du mois.

Il y a une expression spéciale pour les dix premiers jours du mois. A partir du onzième jour du mois, on emploie les noms de nombres cardinaux.

Le premier jour du mois se désigne ainsi :			Tsoū y̆	初一。
Le deuxième	—	—	Tsoū eúl	初二。
Le troisième	—	—	Tsoū sān	初三。
Le quatrième	—	—	Tsoū sé	初四。
Le cinquième	—	—	Tsoū où	初五。
Le sixième	—	—	Tsoū loŭ	初六。
Le septième	—	—	Tsoū tsy̆	初七。

(1) Voir ce cycle, dans le *Dictionnaire français-chinois*, tome I, page 118.

(2) Ce nom est celui du sacrifice que l'on offre à la fin de l'année aux ancêtres et à tous les esprits avec la chasse de plusieurs animaux.

Le huitième	—	—	Tsoŭ pă 初八。
Le neuvième	—	—	Tsoŭ kieoù 初九。
Le dixième	—	—	Tsoŭ chĕ 初十。

Ensuite on dit :

Le 11. 十一日 chĕ ў jĕ.	Le 20. 二十 eúl chĕ.
Le 12. 十二 chĕ eúl.	Le 30 三十 sān chĕ.
Le 15. 十五 chĕ où.	

Pour ces dix premiers jours, si l'on veut demander le quantième du mois, on se sert de ces mots : tsoŭ kỳ 初幾。

Pour demander le quantième à partir du 11, on dit : Chĕ kỳ 十幾? Quel jour du mois?

EXEMPLES :

Le 6 de la huitième lune se dira : pă yuĕ tsoŭ loŭ 八月初六。 *Octavæ lunæ dies sextus.*

Le 8 de la cinquième lune : Où yuĕ tsoŭ pă 五月初八。

Le 15 de la onzième lune : Tōng yuĕ chĕ où 冬月十五。

Le 20 de la douzième lune : Lă yuĕ eúl chĕ 臘月二十。

Des heures. Chê chên 時辰。

Les Chinois divisent le jour en douze heures. Chacune de ces heures en vaut deux des nôtres. Nous renvoyons nos lecteurs pour tout ce qui concerne cet article au passage de notre *Dictionnaire français-chinois*, page 230.

Semaine.

Les anciens livres de la Chine, les kīn 經 (livres par excellence) montrent que la division du mois en semaines, c'est-à-dire en séries de sept jours, a été connue autrefois dans ce pays (1). Certains usages chinois corroborent cette croyance. Quoi qu'il en soit, il est certain que l'usage pratique de cette division du temps a disparu depuis fort longtemps. Les Chinois ne connaissent plus l'observance régulière d'un septième jour. Ils n'ont pas d'expression pour

(1) Nous ne citerons ici que les deux passages suivants tirés, l'un des livres sacrés de la Chine, l'autre d'un historien célèbre, Sē mà tsiēn. (Pour plus de détails, lire le travail de M. Bonnetty, rédacteur des *Annales de philosophie*, 4e série, tome XX, page 362.) — 1° On lit dans le ў kīn 易經 *Vous viendrez honorer de sept en sept jours.* — 2° L'empereur offrait, dans l'antiquité, au printemps et à l'automne, un sacrifice au grand UN ou à la suprême Unité, sur un tertre en pierre situé entre l'Orient et le Midi, en immolant, le 7e jour, les animaux sur un autel. 古者天子以春秋祭太一東南郊用大牢七日。

indiquer ce mode de division. Les catholiques chinois emploient seuls le mot semaine et ont une expression consacrée à chaque jour de la semaine.

一个主日 ÿ kó tchoû je. Une semaine.	瞻禮四 tchān-lỳ sé. Mercredi, *feria quarta.*
兩个主日 leàng kó tchoû je. Deux semaines.	瞻禮五 tchān-lỳ où. Jeudi, *feria quinta.*
主日 tchoû jě. Dimanche, *dies Domini.*	瞻禮六 tchān-lỳ loŭ. Vendredi, *feria sexta.*
瞻禮二 tchān-lỳ eúl. Lundi, *feria secunda.*	瞻禮七 Tchān-lỳ tsў. Samedi. *Sabbatum.*
瞻禮三 tchān-lỳ sān. Mardi, *feria tertia.*	

守主日瞻禮 Cheoù tchoû-jě, tchān-lỳ. Garder le dimanche, les fêtes.

VII. — DE L'ABAQUE CHINOIS OU MACHINE A COMPTER.

Souán pân 算盤 (1).

Pour faire toute espèce de calcul, au lieu d'employer l'écriture, les Chinois se servent d'un *abaque*, qu'ils nomment souán pân 算盤 (table à compter). Son invention est due au célèbre Cheoû lỳ 首隸, ministre de l'Empereur Houâng tý 黃帝, qui régnait 2637 ans av. J.-C. En général, l'abaque chinois compte dix colonnes; on peut en porter le nombre à quinze, à vingt, si l'on veut. Mais il est rare que l'on ait besoin d'un abaque aussi développé. Celui de dix colonnes peut servir jusqu'aux millions de taëls.

Cette machine à compter est d'un usage général dans toute la Chine. On la trouve sur les comptoirs de tous les magasins; les négociants ambulants l'emportent avec eux. Chaque famille chinoise a son abaque. C'est un meuble indispensable, qui entre dans le nécessaire de tout voyageur chinois.

L'*abaque chinois* est si commode, quand on sait s'en servir, que son usage s'est étendu en Russie, en Pologne et même en Turquie. Nous ne voyons pas pourquoi nos comptoirs européens n'adopteraient pas une machine aussi simple et aussi commode.

(1) L'ouvrage chinois que l'on consulte le plus ordinairement, pour apprendre à se servir de l'abaque chinois est celui qui porte le titre de : souán fă tŏng tsōng 算法統宗, en six volumes, comprenant chacun deux livres, Kiuĕn.

Voici un modèle de l'abaque chinois.

EXPLICATION.

1° L'abaque est divisé, comme on le voit, en deux parties. Une ligne horizontale coupe la machine dans toute sa largeur, laissant deux boules à chaque colonne dans la partie supérieure, et cinq boules à toutes les autres colonnes.

2° Chaque colonne représente une valeur numérique, qui augmente de dix en dix, en allant de droite à gauche. Les boules supérieures valent chacune cinq des boules inférieures de la même colonne. Chacune des cinq boules d'une colonne vaut un des degrés de cette même colonne.

3° On veut marquer, par exemple, le chiffre *quatre* sur l'abaque: on élèvera les quatre boules inférieures de la première colonne à droite. — Que si l'on veut marquer le nombre *six*, on abaissera la boule supérieure, et on ne laissera élevée qu'une des boules de la partie inférieure. Si l'on voulait marquer *dix-huit*, on élèverait la première des cinq boules de la deuxième colonne; on abaisserait la boule supérieure de la première colonne, laquelle vaut cinq, et on laisserait trois boules inférieures également élevées, ce qui donnerait le nombre *dix-huit*. Si l'on voulait marquer *cinquante-huit*, on abaisserait simplement la boule supérieure de la deuxième colonne, ainsi que celle de la première colonne, et l'on élèverait trois boules inférieures de cette même colonne. Tout cela est fort simple.

4° Si l'on veut marquer une somme dans laquelle se trouve un zéro ou une absence de dizaine, on ne dérange aucune boule dans la colonne correspondante, mais on passe à la suivante. L'exemple suivant, représenté sur l'abaque, servira de règle pour tous les cas.

Somme représentée sur l'abaque :

763, 809.

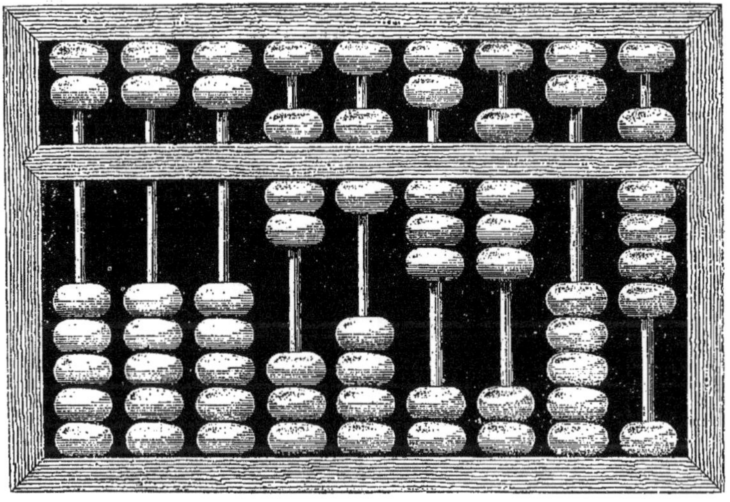

5° Avec un peu de pratique, on se sert aisément et rapidement de l'abaque chinois. Il faut auparavant posséder de mémoire une table très-ordinaire de multiplication.

PROCÉDÉ POUR FAIRE LES *ADDITIONS* AU MOYEN DE L'ABAQUE.

Pour faire une addition, quelque considérable qu'elle soit, au moyen de l'abaque chinois, il suffit de poser les sommes les unes après les autres, en les ajoutant chacune à celle qui précède immédiatement. Au fur et à mesure que l'on inscrit une somme sur l'abaque, on a le résultat ou le total de toute l'addition. Le procédé chinois est vingt fois plus simple et plus rapide que le nôtre.

Au moyen de l'abaque chinois, on peut faire toute espèce de règle d'arithmétique, même les plus compliquées. Nous engageons très-fort les Européens qui habitent la Chine à apprendre à se servir de cette machine à compter, soit en étudiant l'ouvrage chinois indiqué plus haut, soit en consultant un Chinois habile dans le maniement de cet abaque. Notre but a été seulement d'en donner ici une idée générale.

VIII. — DES BARRES NUMÉRALES.

Ce chapitre serait incomplet si nous ne disions rien des *barres numérales*, employées parfois pour exprimer les nombres. La valeur des barres numérales est déterminée, comme celles de nos chiffres, selon la place qu'elles occupent dans le nombre exprimé. On les lit toujours de gauche à droite.

Les barres numérales se divisent en deux séries; on emploie l'une ou l'autre à volonté.

Première série.

Deuxième série.

Lorsque l'on emploie ces barres numérales, le *zéro* sert à marquer l'ordre des unités manquantes:

EXEMPLES :

8 3 7 0 2   3 0 3 1

Si le nombre finit par un ou plusieurs zéros, on les marque de cette manière :

1 0 8 0   5 0 0 0

Les fractions décimales n'offrent pas plus de difficultés que les nombres entiers.

EXEMPLES :

0 4 2   0 7 3 4

IX. — SPÉCIMENS DES CHIFFRES EN ÉCRITURES ANCIENNES.

1° *Chiffres en écriture* Tchouán 篆。

L'écriture dite : Tá tchouàn est fort ancienne. Nous en parlerons explicitement dans la IIe partie de la Grammaire, chapitre III, où nous traitons de la *paléographie chinoise*. Chacun des dix premiers chiffres, mais surtout le chiffre dix mille, est retracé avec des variantes qu'un *vieux sinologue* aura une véritable jouissance à parcourir.

Voici ce tableau.

2° *Chiffres en écriture dite :* **Cháng fāng tá tchouán** 上方大篆。

Cette écriture est formée de lignes droites et brisées. Elle n'est qu'une variété de l'écriture du tableau précédent. Nos lecteurs verront l'origine de cette écriture au chapitre cité plus haut. Cette écriture-ci est encore très-usitée pour les sceaux des mandarins et des personnes privées.

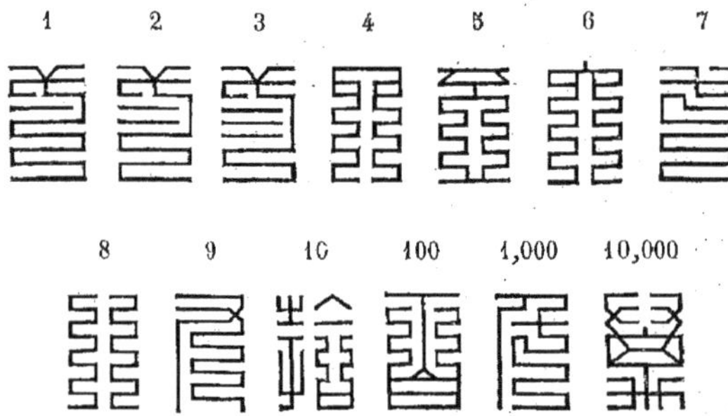

CHAPITRE V.

DES DIFFÉRENTS NOMS PROPRES EN CHINOIS.

1° Du **sín** 姓 ou nom générique des familles chinoises. Caractère de ces noms. Du livre des Cent familles. — 2° Du nom générique secondaire ou du **ché** 氏。 Sa différence avec le précédent. — 3° Du petit nom de lait, en chinois, **laỳ mîn** 奶名 ou **joŭ mîn** 乳名。 Caractère de ces noms, leur gracieuseté. — 4° Du nom tiré du cycle de famille ou du **tsé peý** 字輩。 — 5° Du nom dit : *titre de famille* **tsé haó** 字號。 — 6° Du nom posthume donné aux Empereurs, aux savants illustres. — 7° Des sobriquets chinois. — 8° Du titre des négociants et hôteliers chinois, ou du **Tchaō paý** 招牌。 Importance qu'on y attache en Chine. — 9° Des noms de l'Empire chinois, des vingt-deux dynasties, des provinces et des villes de la Chine; du nom des royaumes et des pays étrangers à la Chine.

I. — DU NOM GÉNÉRIQUE DES FAMILLES CHINOISES OU DU Sín 姓。

Les Chinois ont des coutumes particulières qu'un sinologue ne peut ignorer s'il veut comprendre le sens exact de certaines expressions de la langue chinoise. Ces coutumes sont, la plupart, en usage depuis la plus haute antiquité.

Dans les premiers âges du monde, l'usage des noms de famille n'était point connu. Chaque individu portait un seul nom, presque toujours *caractéristique, significatif*; on le distinguait de ses homonymes en ajoutant à son nom ces mots : *fils d'un tel*. L'emploi de termes significatifs, exprimant tantôt le rang, tantôt le caractère, tantôt les vices ou les qualités, passa insensiblement en usage pour désigner *toute une famille, toute une tribu* ou une *agrégation d'hommes*. Cette coutume des peuples les plus anciens de l'Asie existait également chez ceux de l'Occident. Ainsi le mot *Galis*, dont les auteurs latins ont fait leur *Galli, Gaulois*, signifiait *blanc*. On donnait ce nom à la tribu primitive des Gaulois *à cause de la blancheur de leur peau*. De même le mot Frank, d'où l'on a fait successivement *Franci* et *Français*, voulait dire *intrépide*. La colonie d'émigrants qui vint peupler la Chine actuelle employait une désignation particulière, caractéristique de ce genre, pour distinguer les familles entre elles. Cette désignation n'était donc pas proprement un nom de famille, tel que nous l'entendons aujourd'hui. Il est important de faire cette différence pour l'intelligence de ce qui suit. Le mot chinois qui désigne cette appellation caractéristique est **sín** 姓。 Chaque famille chinoise avait donc son **sín** 姓, ou, si l'on veut, son *appellation propre*, composé d'un seul mot et d'un seul caractère de la langue écrite. Ce mot chinois **sín** 姓 répond plus exactement à l'idée de *tribu, famille, racine*, ou à celle de *source principale*, qu'à ces mots français : *nom de famille*.

Les Annales de la Chine se taisent sur le nombre de familles dont se composait la colonie primitive qui vint occuper le pays. Tout porte à croire qu'elle n'était pas fort considérable. Il est vrai qu'à cette époque de longévité humaine, chaque famille de la colonie pouvait compter un nombre respectable d'individus. On trouve dans les anciens livres de la Chine l'expression **kieoù tsoŭ** 九族 (les neuf *générations*) pour désigner toute une famille, c'est-à-dire toutes les générations qu'un seul homme pouvait voir de son vivant. De nos jours encore, si l'on veut dire en Chine que toute une famille a été anéantie soit par une punition légale, soit par une autre cause, on emploie cette vieille expression : *anéantir les neuf générations*, **miĕ kieoù tsoŭ** 滅九族。

Quel nom particulier portait la colonie primitive des Chinois? On l'ignore; on sait seulement qu'elle se désignait elle-même par cette appellation générale : *les Cent familles* ou les *Cent tribus*, **pĕ sín** 百姓。 Par cette dénomination, on est porté à conclure que la tribu d'émigrants comptait environ ce nombre de familles. L'expression chinoise **pĕ sín** se généralisa peu à peu dans le cours du temps. Vers la fin du règne de l'empereur **Yaô** 堯, c'est-à-dire vers l'an 2357 avant J.-C., on commença à l'employer pour désigner l'ensemble de la population chinoise; ce terme devint ensuite le synonyme, l'équivalent de *peuple* (populus), comprenant toute la colonie, absolument comme chez les Juifs l'expression : *les douze tribus*, désignait toute la nation juive. Maintenant encore, le corps de la nation chinoise se désigne par ces mots : pĕ sín 百姓 (les Cent familles).

On dit

百姓反 pĕ sín fàn. Le peuple se révolte.

百姓亂 pĕ sín louán. Le peuple est agité.

Pour désigner le terme générique de peuple  ou de nation, les anciens Chinois se servaient du caractère suivant qui se prononce mîn. C'est l'équivalent du caractère actuel mîn 民。 Ce caractère antique représente une *femme nue, ayant de grosses mamelles*. Selon le livre chinois : Loŭ choū tsīn ouēn 六書精縕 (1) *ce caractère est l'image de la première femme. A cette époque, on ne portait pas encore de vêtements; on habitait les campagnes, couverts de sa seule innocence, qui était grande. Les hommes étaient véritablement les fils ou les créatures du Ciel.*

Bien des raisons portent à croire que la colonie chinoise se développa très-rapidement (2). Elle poussa ses conquêtes depuis la province de Chèn sȳ 陝西, *son berceau en Chine*, vers les régions du Nord et vers celles de l'Est. A cette époque, les familles chinoises se divisèrent en grandes branches ou grands rameaux. Chacun de ces rameaux prit une nouvelle *désignation caractéristique*, c'est-à-dire adopta un nouveau sín 姓。 Ces nouveaux sín se formèrent, la plupart, de la manière suivante, qui n'est pas sans analogie avec l'origine de la plupart des familles nobles de l'Europe. Ici on prenait le nom d'un pays, d'une ville que l'on venait de conquérir; là, celui d'un fief accordé par le chef de la famille à un membre de la tribu qui avait fait une action éclatante. Ailleurs, c'était le nom d'un fleuve, d'une rivière, d'une montagne célèbre où était survenue une aventure fameuse, que l'on choisissait. Quelquefois, pour perpétuer dans une famille le souvenir d'un parent célèbre, on adoptait l'un de ses surnoms pour en faire le sín d'une nouvelle branche de la famille. Il arrivait également que, pour perpétuer le souvenir d'un événement heureux, d'un fait extraordinaire, une des familles chinoises adoptait un sín qui devait rappeler cette idée. C'est aussi à la même époque que plusieurs des familles nombreuses de la colonie chinoise voulant, d'un côté, conserver leur sín primitif, et, de l'autre, se séparer de la branche principale, adoptèrent un

(1) Livre III, page 52 de l'édition de 1505. Cet ouvrage, dit le P. Cibot, n'est pas seulement un chef-d'œuvre d'érudition et de critique, mais encore de morale et de philosophie.

(2) Parmi les causes de cette exubérante population chinoise, nous signalons ici les suivantes : 1° La piété filiale, entendue au point de vue chinois, oblige à laisser des descendants. 2° Le déshonneur de mourir sans postérité. 3° L'importance attachée au mariage. 4° L'adoption fréquente. 5° La déshéritation des filles. 6° Le mariage des soldats. 7° L'abondance des matières premières et leur prix peu élevé. 8° La vie frugale du peuple. 9° La paix de l'Empire. 10 L'absence de préoccupation politique, etc.

nom composé de deux mots ou deux caractères qui étaient simplement la réunion de deux **sín** 姓 ordinaires. Ce double sín se nomme en chinois : **foŭ sín** 複姓。 Nous n'en connaissons qu'une trentaine de ce genre.

Toutefois, malgré l'accroissement prodigieux de la colonie des *Cent familles*, ces désignations génériques appliquées à chaque famille sont demeurées très-restreintes. Depuis bien des siècles, on n'en ajoute plus de nouvelles aux anciennes. C'est ainsi que, dans tout l'Empire du milieu, dont la population dépasse aujourd'hui 400 millions d'habitants, l'ensemble de tous les **sín** 姓 de la nation ne dépasse guère le chiffre de 438. Sous la dynastie des **Sóng**, c'est-à-dire vers l'an 960 de J.-C., on a fait, pour la première fois, un Recueil de tous ces **sín** ou noms patronymiques chinois. Ce Recueil porte le titre de **Pĕ kiā sín** 百家姓, c'est-à-dire *Noms des Cent familles*. Ce Recueil est devenu un petit livre élémentaire que tout enfant chinois apprend par cœur au début de ses études (1).

Telle est l'origine et le sens des noms patronymiques chinois. Cette origine, le sens particulier de ces noms, joints à la nature même d'une langue dont l'écriture représente des idées et non pas de simples sons, comme dans nos langues à flexion, feront comprendre de suite à nos lecteurs pourquoi il est impossible de traduire en chinois un nom de famille étranger au Céleste Empire. La presque totalité de nos noms est simplement un son, une réunion de lettres alphabétiques purement phonétiques, sans aucune signification possible. On ne peut donc demander à un Chinois de traduire en sa langue un nom de famille européen. S'il veut le faire, il en sera réduit, comme les géographes chinois le font pour les noms de pays étrangers, à prendre, dans sa langue, deux ou trois sons à peu près équivalents et qui, réunis, rendront plus ou moins exactement celui du nom européen. Traduits et écrits en chinois de la sorte, ces noms européens ne seront pas compris d'un Chinois. Ils ne seront plus de vrais **sín** *chinois*, qui, par leur nature, ont un sens et ne sont composés que d'un monosyllabe, tiré du Vocabulaire même de la langue.

Bien que tous les **sín** 姓 chinois aient ainsi une signification spéciale, on ne songe plus aujourd'hui, comme cela fut aux origines de la colonie, au sens primordial du caractère par lequel on désigne une famille. Ainsi, par exemple, il y a des familles chinoises qui portent le nom de Chā 沙, *sable*, *arena*; d'autres, celui de Chān 山, *montagne*; d'autres, celui de Chĕ, *pierre*, *lapis*, etc. Il ne vient pas plus à l'esprit d'un Chinois, en employant ces mots pour désigner une famille, de songer aux mots *sable*, *montagne*, *pierre*, qu'il ne nous vient à nous, en pensée, de songer au sens de quelques

(1) Voir à l'*Appendice* de notre *Dictionnaire français-chinois*, n° XV, page 155, la traduction intégrale de cet opuscule chinois, qui paraît pour la première fois en français.

noms patronymiques européens, construits dans le même genre que les **sín** chinois. Ainsi, nous avons en français des noms tels que ceux-ci : *Beau*, *Bataillon*, *Blanc*, *Buffet*, *Chevalier*, *Flageolet*, *Meunier*, *Vaillant*, *Vigneron*, etc. Nous portons ces noms, nous les employons, sans songer aucunement à leur sens ordinaire. La première préoccupation d'un Européen, en arrivant en Chine, s'il est obligé, à cause de son séjour dans ce pays, de prendre un nom chinois, est de s'informer minutieusement du sens de son nouveau nom, comme s'il y cherchait une nouvelle à sensation.

Peut-on, en Chine, changer à volonté de nom de famille? Les Chinois sont, en général, très-attachés à leur **sín** de famille. Ils conservent avec le plus grand soin le livre de leur généalogie domestique. Ils peuvent ainsi voir presque tous les noms de leurs ancêtres jusqu'à une époque très-reculée. Nous avons connu un bon nombre de familles communes, plébéiennes, dont la généalogie connue, certaine, remontait à plus de quinze et même de dix-huit cents ans de date. Chaque famille chinoise tient ses actes et les tient fidèlement. Dès les temps les plus reculés, on voit que certaines familles, qui, pour de graves motifs, comme celui de se soustraire aux recherches d'un ennemi puissant, allaient se fixer dans une autre province, y vivaient sous un nom étranger. Elles changeaient leur **sín**, **Kaỳ sín** 改姓。 Il y a un cas où la loi chinoise autorise et même exige expressément le changement du **sín** de famille : c'est le cas de l'adoption. Tout enfant adopté doit prendre le nom ou le **sín** de la famille qui l'adopte. Dès qu'une famille a la certitude qu'elle n'aura plus d'héritier mâle, elle adopte un enfant plutôt que de laisser périr une branche de la famille.

En chinois, les titres d'honneur, de respect, de dignité, se placent toujours, soit dans la langue parlée, soit dans la langue écrite, *après* le **sín** de famille. Ainsi, un Chinois a pour **sín** le mot **Tǒng** 童。 Veut-on lui donner le titre de monsieur? on dira : **Tǒng yê** 童爺。 Celui de monseigneur? on dira : **Tǒng laò yê** 童老爺。 Celui d'Excellence? on dira : **Tǒng tá jên** 童大人。 Les catholiques chinois donnent aux missionnaires le titre de *Père spirituel*, **chên foú** 神父。 Cette règle est invariable. (Voir le chapitre de l'*Urbanité chinoise*.)

II. — DU NOM DIT EN CHINOIS **ché** 氏。

Le **sín** chinois ou la désignation caractéristique d'une famille est considéré comme le *tronc*, la racine principale (**pèn** 本) de cette famille. Il y a une autre expression pour désigner *les branches*, *les rameaux* (**tchē** 枝) de ce même *tronc* ou *racine principale* ; c'est le mot **ché** 氏。 On l'emploie particulièrement à l'égard des femmes. En Chine, celles-ci ne sont effectivement considérées que comme des *rameaux*, des *branches secondaires*, que l'on détache du tronc ou de la souche principale. Au fond, cette expression chinoise, qui semble bizarre, est assez ingénieuse et même juste. Ainsi, une jeune fille chinoise, dont la famille a pour **sín** le caractère **ouâng** 王, se marie avec un jeune homme dont le **sín** est **Lieôu** 劉; après son mariage, la jeune femme est désignée sous les noms de **Lieôu ouâng** ché 劉王氏, comme qui dirait: *rameau* ou *branche de la famille* **Ouâng**, *adjoint à la famille* **Lieôu**. Cette coutume est aussi ancienne que générale dans la Chine. Tel est le sens principal du nom chinois dit **Ché** 氏.

Cette même expression ché 氏 a été employée, dès la plus haute antiquité, par une espèce d'*antonomase*, pour désigner les personnages très-célèbres, ceux qui ont laissé un nom brillant dans la république des lettres. Cette expression, qui est alors tout honorifique, s'ajoute au **sín** 姓 de famille de celui qui a mérité de le recevoir. Par exemple, l'auteur du *Dictionnaire étymologique chinois*, connu sous le titre de **Chŏ ouên** 說文, le célèbre **Hiù tchēn** 許愼, est communément désigné sous le titre de **Hiù ché** 許氏. Le grand historien de la Chine, **Sē mà tsiĕn**, qu'on a justement surnommé l'*Hérodote de l'Empire du Milieu*, est souvent désigné sous les simples titres de **Sē mà ché**. Ainsi en est-il de tous les autres personnages de grand renom, soit dans l'ordre civil, soit dans l'ordre militaire.

III. — DU PETIT NOM DE LAIT DES CHINOIS, OU DU **Siaò mîn** 小名。

Dans l'intérieur des familles chinoises, il y a plusieurs manières de désigner les enfants en très-bas âge. A la naissance d'un enfant, un proche parent ou un ami intime de la famille choisit, pour le nouveau-né, un nom qu'on nomme indifféremment *petit nom* **siào mîn** 小名 ou

Nom de lait { **Laÿ mîn** 奶名。
ou **joù mîn** 乳名。

C'est, la plupart du temps, pour celui qui choisit ces noms, l'occasion de faire un compliment gracieux aux parents du nouveau-né, par le sens attaché au nom de lait. Ces noms se composent toujours de deux mots, et par conséquent de deux caractères. Même pour les plus modestes familles de la société, ce *petit nom* renferme toujours une idée gracieuse, honorable, souvent ambitieuse, si l'on pressait le sens rigoureux de ces mots. Ainsi, voici quelques-uns de ces noms :

Pour les garçons :	*Pour les filles :*
玉成 **Yú-tchĕn**. La marguerite parfaite.	來寶 **Laÿ paò**. Future marguerite.
	紅玉 **Hông yú**. Le jaspe rouge.

Pour les garçons.

德明 **Tĕ mîn.** La vertu éclatante.
良才 **Leâng tsaŷ.** Le talent ingénieux
靜心 **Tsín sīn.** Le cœur tranquille.
太玄 **Taŷ hiuên.** L'étincelle brillante.
春元 **Tchoūn yuên.** L'origine du printemps.
招財 **Tchaō tsaŷ.** Les richesses abondantes.
長齡 **Tchăng lîn.** Le génie éclatant.
文芳 **Ouên fâng.** La littérature odorante.
蓮仙 **Liên siēn.** Le divin nénuphar.

Pour les filles.

無嬌 **Oû kiaò.** Sans attraits.
新蓮 **Sīn liên.** Nouveau nénuphar.
喜蓮 **Hỳ liên.** Joyeux nénuphar.
雙貴 **Chouāng koúy.** Les deux fortunes.
芙英 **Foû ŷn.** Les fleurs du nénuphar.
長姑 **Tchàng koū.** L'aînée des filles.

Bien que les jeunes filles aient aussi un nom de lait, on le choisit sans solennité et tout à fait dans l'intérieur de la famille. Une matrone chinoise, amie de la famille, se charge de ce soin. Ces noms, comme on le voit ici, sont, en général, une allusion à la beauté, aux grâces de la femme. Les qualités de la femme peuvent, à cause de la nature de la langue, être exprimées avec des formes très-variées.

Il y a une expression chinoise particulière pour interroger quelqu'un sur le sexe d'un enfant qui vient de naître. On la trouve déjà en vigueur à l'époque des écrivains du **Chē kīn** 詩經 ou Livre des vers.

Avez-vous obtenu, demandera-t-on, *une brique de pierre précieuse ou une simple tuile?* **Lóng tchāng hoăý lóng ouà** 弄璋或弄瓦? On répond : **Lòng tchāng**, si un garçon est né; **lòng ouà**, s'il s'agit d'une fille.

Les parents, les membres de la famille, les amis très-intimes, peuvent seuls se servir du petit nom de lait pour appeler quelqu'un.

En le faisant, on se permettrait un excès de familiarité, une violation des règles si exquises de l'urbanité chinoise. Dans la bonne société européenne, les choses ne se passent pas autrement. Un étranger ne se permet pas d'appeler quelqu'un par son seul nom de baptême.

S'il s'agissait du petit nom de lait du prince héritier, devenu Empereur, personne n'oserait l'employer ni même l'écrire. En parlant de ce nom, on dit en chinois : **pý min** 避名, *éviter le nom*. Que si l'on avait à employer ce caractère dans un écrit, la règle est qu'on doit le modifier *légèrement*; on supprime un trait du caractère, assez pour qu'en le défigurant on change ce caractère. Ainsi, l'empereur **Kăng hȳ** avait pour petit nom : **Hiuên yê** 玄燁 (Étincelle bleue). Dans le Dictionnaire publié par les soins de cet Empereur, on a supprimé à dessein un trait inférieur du deuxième caractère, en l'écrivant ainsi : 煒。 Cet usage constant, qui provient d'un sentiment louable de respect pour l'autorité, est en vigueur sous chaque règne.

Dans l'intérieur de la famille, les parents chinois se servent d'une expression plus intime encore, soit pour désigner, soit pour appeler leurs enfants. Ainsi, ils disent :

老大 Laò tá. Toi, le premier né, ou bien : Tá lâng 大郎。
老貳 Laò eûl. Toi, le deuxième né, ou bien : eûl lâng 二郎。
老六 Laò loŭ. Toi, le sixième né, ou bien : loŭ lâng 六郎。

Pour les filles, ils disent :

大姑 Tá koū. Toi, la première née.
二姑 Eûl koū. Toi, la deuxième née.
六姑 Loŭ koū. Toi, la sixième née.

Les filles comptent l'ordre de leur naissance entre elles seulement et indépendamment de leurs frères. La femme, en Chine, fait une catégorie à part.

Les personnes étrangères à une famille, parlant d'un membre de cette famille, se servent également de la formule précédente légèrement modifiée de la manière suivante : si l'on parle de quelqu'un en son absence, on dira, par exemple : Ouâng laò sé 王老四, c'est-à-dire Ouâng le sixième, ou simplement Ouâng sé kō. Si on lui adresse la parole ou qu'on soit en sa présence, un Chinois n'omettra jamais d'y ajouter un terme honorifique. A l'endroit de l'urbanité, les Chinois ont l'épiderme fort délicat. On dira alors : Ouâng loŭ yê 王六爺, monsieur Ouâng le sixième, ou si l'on veut encore plus honorer ce Chinois, à cause de son âge, par exemple, on dira : Ouâng loŭ kōng 王六公。 Le *respectable*, le *vénérable* Ouâng le sixième. — Cette règle est générale en Chine.

Entre eux, les frères et les sœurs s'appellent ou par leur petit nom de lait, ou, plus communément, par leur ordre de naissance. Ils disent :

大哥 tá kō. Toi, l'aîné,
二哥 eûl kō. Toi, le deuxième frère.
八哥 pă kō. Toi, le huitième frère.

Les sœurs disent de même :

大姑 tá koū. Toi, la première.
二姑 eûl koū. Toi, la deuxième.
六姑 loŭ koū. Toi, la sixième.

Les Chinois ont des termes familiers, enfantins, qui sont formés à peu près comme les nôtres, d'un mot redoublé.

Nous disons : papa; les Chinois disent : 爹 tiē ou 爹爹 tiē tiē.
— maman; — 媽 mā ou 媽媽 mā mā.

Nous disons : mon frère aîné; les Chinois disent : 哥哥 kō kō.
— ma sœur aînée; — 姊姊 tsiè tsiè.
— ma sœur cadette; — 妹妹 meý meý.
— ma belle-sœur; — 嫂嫂 saò saò.

IV. — DU NOM TIRÉ DU CYCLE DE FAMILLE, DIT EN CHINOIS Tsé peý 字輩。

Il existe, en Chine, une coutume très-ingénieuse et très-ancienne, au moyen de laquelle deux familles qui ont le même nom générique, le même sín 姓, peuvent, à l'instant même, découvrir si leur souche est commune. Les familles principales ont adopté, à une époque reculée, une sentence, une maxime, qui renferme pour signe distinctif ou devise domestique, quinze, vingt caractères, et s'exprime par le même nombre de mots. C'est comme une petite chaîne dont chaque caractère serait un anneau. Cette chaîne forme le cycle de famille, lequel porte le nom de **Tsé peý** 字輩. Le premier caractère qui le compose est affecté d'abord au père et à tous ses frères, c'est-à-dire qu'on l'ajoute au sín ou nom patronymique, comme premier caractère d'un nom secondaire. Le deuxième caractère du cycle est affecté aux fils et aux cousins germains de ceux-ci; ainsi de suite. Chacun des caractères de ce cycle domestique est susceptible de se marier avec un autre caractère et de former avec lui un sens entier, complet. Lorsqu'un jeune Chinois a atteint l'âge de raison, qu'il commence à fréquenter l'école, on choisit un caractère chinois qui se combine, d'après une règle déterminée, avec le caractère du cycle de famille qui lui est affecté dans l'ordre de naissance. Ces deux caractères forment ce qu'on appelle en chinois le **hiŏ mîn** 學名, le **choū mîn** 書名 ou *beau nom d'école.* Ordinairement c'est le maître d'école qui est chargé du soin de composer ce nom. Le cycle suivant d'une famille chinoise donnera une idée plus nette de cette coutume chinoise. Il n'est composé que de huit caractères; on le recommence après la huitième génération.

1. 森 sīn.	5. 祚 tsoú.
2. 永 yùn.	6. 遐 hiâ.
3. 洪 hông.	7. 昌 tchāng.
4. 錫 sў.	8. 道 táo.

Supposons à présent une famille dont le nom patronymique soit **Ouâng** 王. Le chef de la famille sera désigné ainsi : **Ouâng sīn** 王森. Ce dernier caractère est le premier du cycle. Tous les collatéraux auront aussi ce caractère ajouté à leur nom de famille.

Le fils et tous ses cousins germains seront désignés ainsi :

王永 **Ouâng yùn**, deuxième caractère du cycle.

Le petit-fils et ses collatéraux le seront ainsi :

王洪 Ouâng hông, troisième caractère du cycle.
Et ainsi de suite.

Deux Chinois qui ont le même nom patronymique se rencontrent. Veulent-ils savoir si leur souche primitive est commune et à quel degré ils sont parents? L'un d'eux fait connaître le cycle de famille. S'il est commun, la souche de parenté est certaine. En récitant ce cycle, on voit de suite la distance ou degré de parenté qui sépare l'un et l'autre.

V. — DU NOM APPELÉ Tsé haó 字號。

Parmi les rares coutumes chinoises, tombées en désuétude, nous signalerons la collation solennelle du *bonnet viril*. Cette collation se faisait avec une solennité plus ou moins imposante, selon le rang de la famille, lorsqu'un homme avait atteint l'âge de vingt ans. On lui choisissait alors un surnom composé de deux mots ou de deux signes chinois, formant un sens complet. L'usage du surnom s'est conservé. On s'en sert dans les écrits publics, dans les actes importants. Si l'on adresse à quelqu'un une invitation, une pièce de quelque importance, c'est toujours par son Tsé haó 字號 qu'on le désigne, et jamais par son nom d'école. Ce nom n'est pas choisi au hasard; il doit avoir une analogie avec le nom d'école. Dans la langue ordinaire, on désigne ainsi ce nom : Tsě tchāng 次璋 ou *deuxième titre*. La politesse, la déférence chinoises obligent à employer ce titre en écrivant à quelqu'un. Ces titres étant composés de la même manière et dans le même sens que le précédent, nous n'en rapportons pas d'exemples ici.

VI. — DU NOM POSTHUME OU DU Hoúy 諱, EN CHINOIS.

Le hoúy 諱 est un nom posthume que l'on décerne aux hommes célèbres. Il rappelle en général les qualités, le talent, quelques circonstances remarquables de la vie de celui auquel on le décerne. Cet usage est fort ancien, puisqu'il remonte à l'époque de la dynastie Ȳn 殷, c'est-à-dire à l'an 1400 av. J.-C. Toutefois ce ne fut que sous la dynastie Tcheōu 周 (1122 av. J.-C.) qu'il fut confirmé par une loi. On se sert du houý pour nommer les ancêtres et les parents défunts. On l'inscrit sur la tablette, si célèbre en Chine, connue sous le nom de tablette de l'âme, Lîm paў 靈牌, et qui est exposée d'abord sur l'autel domestique de chaque famille, ensuite dans le temple des ancêtres, dit en chinois le Tsě tâng 祠堂。 C'est au moment où, pour la première fois, après que le défunt a été exposé dans la salle principale de la maison, revêtu de ses plus beaux habits, la famille se réunit en hémicycle autour de lui, qu'on décerne le nom posthume ou le hoúy, en pleurant sur ce défunt.

Quant aux gens de lettres, aux savants, aux magistrats de l'un ou de l'autre ordre civil ou militaire, le nom posthume ou le **hoúy** 諱 qu'on leur décerne est comme le reflet de la mémoire qu'ils laissent ici-bas. Cette coutume chinoise ressemble à celle par laquelle nous décernons, en Europe, un titre élogieux à quelque savant, en l'appelant, par exemple, un *nouveau Tacite*, un *nouvel Horace*, le *Racine*, le *Corneille français*. Voici quelques-uns de ces titres au génie toujours oriental : *fontaine d'éloquence*, *miroir de vérité*, *docteur de la doctrine lumineuse*, *docteur aussi pur que l'eau limpide*. Un des plus grands honneurs auxquels un Chinois puisse aspirer est celui d'un **hoúy** 諱 *décerné par la voix publique*, car il est comme un titre à l'immortalité humaine. Aucun sage, aucun savant de la Chine n'a reçu autant de titres honorifiques que le philosophe Confucius, qui, du reste, est sans contredit le seul sage qui ait eu véritablement une École, et une École sans exemple jusqu'ici. Depuis 2300 ans, les disciples de Confucius font une secte qui compte ses adeptes par dizaines de millions.

Les Empereurs de la Chine ont deux espèces de noms posthumes. L'un de ces noms est le **Chĕ** 謚. Par ce titre, on exprime, on énumère les qualités ou les actions remarquables du prince défunt. Ainsi, l'on dira, par exemple : *Le saint, le vertueux, le divin, l'héroïque, le savant et guerrier empereur* 聖德神公文武皇帝 **Chén tĕ chên kōng ouên où houâng tý.**

Le deuxième titre posthume des Empereurs est celui que l'on décerne dans le temple des ancêtres. Il porte le nom de **Miaó haó** 廟號, ou *titre du temple*. On inscrit ce titre honorifique sur la tablette des membres défunts de la famille impériale. Il se rapporte à la parenté. Ce titre devient proprement le *nom historique* de chaque Empereur. Le fondateur d'une dynastie porte, en général, le titre de **Ché tsoù** 世祖.

VII. — DES SOBRIQUETS CHINOIS OU Houén mîn 混名.

Les Chinois ont l'esprit très-observateur, mais aussi très-enclin à la censure, à la raillerie. Ils saisissent, à la première vue, les défauts corporels, les travers d'esprit de quelqu'un. Ils sont, pour ce motif, très-prompts à imposer un sobriquet, qui est toujours l'indice du défaut physique ou moral de la personne qui le reçoit. Ainsi, ils disent :

王麻子 **Ouâng mâ tsè.** Ouâng le grêlé.
文陀子 **Ouên tŏ tsè.** Ouên le bossu.
魯跰子 **Loŭ paý tsè.** Loù le boiteux.
風禿子 **Fōng toŭ tsè.** Fōng le chauve.

厭物 M. yén oŭ. Un tel l'ennuyeux.
蠢才 M. tchoŭn tsaў. Un tel l'imbécile.
老賊 M. laò tsĕ. Un tel le vieux fourbe.
多講的 M. tō kiàng tў. Un tel le bavard.
狗才 M. keòu tsaў. Un tel le maraud.
風子 M. fōng tsè. Un tel le braque.

Bien que cet usage soit principalement en vogue dans la classe populaire, la causticité chinoise ne se fait pas faute de décerner quelque nom de ce genre aux mandarins subalternes qui ont le malheur d'avoir un défaut saillant. Ils diront de lui: un tel le *cupide*, *l'avare*, le *gourmand*. Ils ont aussi un autre genre de sobriquet métaphorique, qui est très-sarcastique. En parlant d'un homme timide et inoffensif, ils diront: *c'est un tigre de papier*; à celui qui s'estime beaucoup trop, on donne le nom de *rat tombé dans une balance où il se pèse lui-même*. On compare malicieusement celui dont les manières sont trop affectées à un *bossu qui fait une courbette*. Les pièces de théâtre chinoises sont surtout remplies de ces sobriquets plaisants, ironiques et bien appliqués, desquels on peut dire le *castigat ridendo mores* du poëte latin.

VIII. — DU TITRE DES NÉGOCIANTS ET DES HOTELLERIES CHINOISES.

Tchaō paў 招牌。

Chaque famille de négociant, chaque hôtellerie a son enseigne particulière. On attache, en Chine, une grande importance à ces titres ou enseignes de commerce. Le jour où un nouveau négociant affiche, pour la première fois, le titre de sa maison, de son hôtellerie, c'est une fête de famille chez lui. Ses amis, ses connaissances lui apportent des cartes de félicitations sur lesquelles sont des distiques chinois, exprimant des vœux pour le succès de la nouvelle maison. La nouvelle enseigne est également ornée de guirlandes et de festons. Chacun fait un salut à la tablette en adressant un compliment au propriétaire. Un repas somptueux réunit une foule d'invités. L'usage ne permet pas, en Chine, de prendre, dans la même localité, le titre dont est déjà en possession une autre famille. Un procès en résulterait si on se le permettait. On conserve même avec soin l'enseigne primitive. Son antiquité est regardée comme un excellent titre de recommandation auprès de la clientèle. On désigne presque toujours, en Chine, une maison de commerce, une hôtellerie, comme on le fait chez nous, par le nom de l'enseigne: *au lion d'or*, *au cheval blanc*, *à la croix rouge*, etc. Les titres des négociants chinois, des hôtelleries, sont choisis avec soin et renferment toujours une pensée, un vœu assez expressifs.

I. — *Titres d'hôtelleries chinoises.*

日新店	Jĕ sīn tién. Hôtel de la Renaissance.	全德店	Tsuĕn tĕ tién. Hôtel de la Vertu parfaite.
中和店	Tchōng hô tién. Hôtel de l'Union générale.	慶榮店	Kĭn yûn tién. Hôtel de la Félicité et de la gloire.
樂安店	Lŏ gān tién. Hôtel de la Joie et de la paix.	隆盛店	Lông chén tién. Hôtel de la Grande abondance.
三合店	Sān hô tién. Hôtel des Trois unions.	興隆店	Hīn lông tién. Hôtel qui procure la prospérité.
恒義店	Hên ngý tién. Hôtel de la Justice perpétuelle.		

II. — *Titres de négociants chinois.*

乾盛號	Kiĕn chén haó. A la Grande abondance.	義盛號	Ný chén haó. A la Justice et à l'abondance.
廣濟號	Kouàng tsý haó. Au Grand succès.	萬全號	Ouán tsuĕn haó. Aux Dix mille perfections.
榮隆號	Yûn lông haó. A l'Éclatante prospérité.	恒德號	Hên tĕ haó. A la Vertu perpétuelle.
泰元號	Taý yuên haó. A la Grande origine.	大興號	Tá hīn haó. A la Grande paix.
廣興號	Kouàng hīn haó. A la Vaste forêt.	正順號	Tchén chuén haó. A l'Intègre prospérité.
德泰號	Tĕ taý haó. A la Vertu parfaite.		

IX. — DES NOMS GÉOGRAPHIQUES EN CHINOIS.

I. — *Empire.* Kouĕ 國。

1° Le mot *Chine* est inconnu des habitants de l'Empire que nous désignons sous ce nom. Il est d'origine européenne. Les Chinois ont quatre expressions pour désigner leur pays : 1° Tiĕn hiá 天下 (ce qui est sous le Ciel); 2° Tchōng kouĕ 中國 (Empire du milieu), ce nom est le plus usité; 3° Tchōng hoâ 中華 (la Fleur du milieu); 4° Hoâ hiá 華夏 (la Fleur des Hiá).

2° L'expression Houâng tý 黃帝 est affectée aux *Empereurs*; celle de Ouâng 王 aux Rois. Cette dernière implique chez les Chinois l'idée de la vassalité.

II. — *Dynasties.* Tchâ'o 朝。

Vingt-deux dynasties ou familles ont régné sur la Chine (1). Lorsque l'on parle d'une dynastie, on ajoute au nom propre de la dynastie celui de Tchâ'o. Ainsi, l'on dira :

宋朝 Sóng tchâ'o. La dynastie des Sóng.
元朝 Yuên tchâ'o. — Yuên.
明朝 Mîn tchâ'o. — Mîn.

Lorsque l'on parle de la dynastie régnante, on ajoute l'épithète : grande. Tá 大. On dira aujourd'hui : Tá tsīn tchâ'o 大清朝. La grande dynastie des Tsīn.

III. — *Provinces.* Sèn 省。

La Chine a subi de fréquentes mutations dans la division de ses provinces. On compte aujourd'hui *dix-huit* provinces dans la Chine proprement dite. Cette division est de date récente. La dynastie actuelle, ayant annexé les trois vastes provinces de son patrimoine, on porte à présent le nombre des provinces au chiffre de vingt et un.

Chaque province est divisée en deux, trois ou quatre grandes circonscriptions territoriales dont chacune porte le nom de Taó 道。 Un mandarin est à la tête du Taó.

La capitale ou métropole de chaque province est le siége d'un gouverneur que l'on désigne communément sous le nom de *vice-roi*, en chinois Tsòng toŭ 總督 ou Tché taў 制臺。 Quatre provinces ont à leur tête un sous-gouverneur foù taў, et relèvent d'une autre province.

Le Kouý tcheoū 貴州 relève du yûn nân.
Le Kouàng sў 廣西 — de Canton.
Le Hoû nân 湖南 — du hoû pĕ.
Le Kān sieōu 甘肅 — du Chèn sў.

On désigne communément la capitale de chaque province par ces mots : Sèn tchēn 省城, *ville par excellence de la province.* Pour exprimer qu'on se rend à la capitale, on se sert de l'une ou de l'autre de ces expressions, selon qu'il faut monter ou descendre pour s'y rendre : Cháng sèn 上省 ou Hià sèn 下省。 On peut aussi désigner la ville capitale en ajoutant à son nom propre le mot sèn 省。 Ainsi :

雲南省 Yûn nân sèn, capitale du Yûn nân.

(1) Voir le tableau de ces dynasties, au *Dictionnaire français-chinois*, tome Ier, page 150. Au tome II, pages 26 et suivantes, le tableau des Empereurs.

成都省 Tchĕn toū sèn, capitale du Su tuhuen.
西安省 Sȳ gān sèn, capitale du Chèn sȳ.

Chaque Taó 道 est divisé en départements ou préfectures Foù 府; en sous-préfectures Tcheoū 州; en chefs-lieux de canton Hién 縣。 Toutes les villes chinoises sont rangées sous ces trois catégories. Une préfecture a sous sa dépendance un certain nombre de villes du second et du troisième ordre. Le mandarin d'une ville se désigne souvent, en parlant de lui, par ce titre général de propre gouverneur du Foù : Pèn foù 本府; du Tcheoū : Pèn tcheoū 本州; du Hién : Pèn hién 本縣; ou Pèn tăng 本堂。

Nous avons lu, avec quelque surprise, dans les ouvrages de quelques sinologues européens, que les villes chinoises n'avaient pas de noms propres. C'est une erreur. Les Chinois désignent ordinairement les villes par leurs noms propres, composés, la plupart, de deux mots ou de deux caractères. Si l'on veut faire connaître le degré hiérarchique de la ville, on ajoute après le nom l'un de ces mots :

府 foù, pour les villes de premier ordre,
州 tcheoū, pour celles de deuxième ordre,
縣 Hién, pour celles de troisième ordre.

Ainsi, l'on dit :

重慶府 Tchŏng kĭn foù.
貴陽府 Koúy yâng foù.
安平州 Gān pĭn tcheōu.
會理州 Hoúy lỳ tcheōu.
麻里縣 Mâ lỳ hién.
保山縣 Paò chān hién.

X. — DES NOMS DE ROYAUMES ET DE PEUPLES ÉTRANGERS A LA CHINE.

Les royaumes qui ceignent la Chine ont tous un nom particulier, selon le génie chinois. Ainsi, le Japon est Jĕ pèn kouĕ 日本國, qui peut se traduire par : *regnum originis solis.*

La Corée est Kaō lỳ kouĕ 高麗國.
La Mandchourie est Màn tcheōu 滿州。
Le Leaò tōng est Leâo tōng 遼東。
La Mongolie est Mông koù 蒙古。
Le Thibet est Sȳ fān 西番 ou Sȳ tsáng 西藏。
L'Inde est Tiĕn tchoŭ kouĕ 天竺國。

Le royaume de Siam est Siēn lô kouĕ 鮮羅國。

Le royaume d'An-nam est Gān lân kouĕ 安南國。

Mais, pour désigner les pays lointains comme ceux de l'Occident, les Chinois n'ont pu leur donner des noms caractéristiques. Ils expriment aussi approximativement que possible, par leurs signes, les sons des noms et des pays étrangers. C'est pour ce motif que le récit des voyageurs chinois dans des contrées étrangères offre des difficultés assez grandes à un lecteur européen. Ainsi :

L'Europe	se dit :	Geoū-lô-pā	歐羅巴。
L'Asie	—	Yà-sȳ-yà	亞西亞。
L'Afrique	—	Yà feȳ lý kiā	亞非利加。
L'Amérique	—	Yà-mĕ-lý kiā	亞默利加。
L'Océanie	—	Ouō-să nŷ	鄂撒尼。
La France	—	Fă kouĕ	法國。
L'Angleterre	—	Ȳn kў lý	英吉利。
L'Espagne	—	Ȳ sȳ pā nŷ	依西巴尼。
Le Portugal	—	Pō eûl toŭ ouà	波爾土瓦。
L'Italie	—	Ý tá lỳ yà	意大里亞。
La Hollande	—	Hô lân kouĕ	活南國。
L'Allemagne	—	Jĕ eul ma ny	熱爾瑪尼。
La Russie	—	Ō lō sē kouĕ	鄂羅斯國。

Si l'on veut désigner un habitant de l'un de ces pays, il suffit d'ajouter le mot jên 人, homme, au nom du royaume dont est originaire celui que l'on veut désigner. La France se dit : Fă kouĕ 法國 ; un Français : Fă kouĕ jên 法國人。 Ainsi de tous les autres.

CHAPITRE VI.

DES PRONOMS

En chinois : **Tchè mîn** 指名 ou **Tỳ mîn** 替名。

1° Pronoms personnels. Leur usage en chinois. Leur variété. Manière de les remplacer dans le langage de la politesse. — 2° Pronoms relatifs ou conjonctifs. — 3° Pronoms démonstratifs. — 4° Pronoms possessifs. — 5° Pronoms indéfinis.

1. — DES PRONOMS PERSONNELS.

PREMIÈRE SÉRIE.

Singulier.	*Pluriel.*
我 **Ngò** (1). Je ou moi.	我們 **Ngò-mên**. Nous.
你 **Ngỳ**. Tu ou toi.	你們 **Ngỳ-mên**. Vous.
他 **Tā**. Il, elle, lui.	他們 **Tā-mên**. Ils, elles, eux.

Les pronoms personnels sont très-usités, surtout dans la langue parlée. Quand ils sont sujets, ils se placent régulièrement avant le verbe. S'ils sont régimes, ils se placent toujours *après* le verbe.

EXEMPLE :

我愛你 **Ngò gaý ngỳ**. Je vous aime, *ego amo te*.

Au lieu de la particule **mên** 們, qui sert ici à faire le pluriel comme dans les substantifs, on emploie très-souvent, dans les livres, l'une ou l'autre des trois particules suivantes : **tèn** 等, **tchaý** 儕, **choŭ** 屬。 Ainsi, l'on dira : **ngò tèn** 我等, **ngò tchaý** 我儕, au lieu de dire : **ngò-mên** 我們。 Chacune de ces particules emporte avec elle l'idée de *classe*, de *catégorie*, avec exclusion de ceux qui n'en sont pas.

Les dignitaires chinois, parlant d'eux-mêmes, disent communément : **ngò tchaý** 我儕, ou bien encore : **oû tchaý** 吾儕, nous, dans le même sens que le fait en Europe un supérieur qui parle de lui.

(1) Dans les provinces du nord de la Chine, au lieu du mot **Ngò** 我, on emploie souvent ces mots locaux : **tsâ** 咱 ou **yèn** 俺。

DEUXIÈME SÉRIE.

Riche en expressions qui rendent les formes de la pensée avec ses nuances, la langue écrite a d'autres termes pour exprimer les pronoms personnels. Voici les *neuf* termes qui reviennent souvent dans les livres :

1° Moi ou nous (au singulier) : yû 余, oû 吾, yû 予。

EXEMPLES :

吾見於夫子 Oû kién yû foū tsè. J'ai fait une visite à notre maître.
噫。天喪予天喪予 Ý tiēn sáng yû, tiēn sáng yû. Hélas! le Ciel m'accable de douleur; le Ciel m'accable de douleur.

2° Toi, tu, votre (au singulier) : eùl 爾, ou joù 汝。

EXEMPLES :

爾國臨格 Eùl kouĕ lîn kĕ. Que votre règne arrive. *Adveniat regnum tuum.*

3° Ils, eux, son, sa. Kŷ 其, ou ŷ 伊, ou kuĕ 厥, ou tchē 之。

Ce dernier mot est souvent régime du verbe actif.

EXEMPLES :

其心不死 Kŷ sīn poŭ sè. Son projet n'est pas mort.

Le philosophe répondit : (Nos parents) étant vivants, il faut les servir selon les règles des rites; morts, il faut les ensevelir selon les mêmes règles, et offrir pour eux des sacrifices de la même manière. Tsè yuĕ : Sēn sè tchē ỳ lỳ; sè sáng tchē ỳ lỳ; tsý tchē ỳ lỳ. 子曰生事之以禮。死喪之以禮。祭之以禮。— On voit ici le mot tchē 之 pris trois fois comme régime direct, *eux, ils.*

REMARQUES.

1° Dans le style élevé des ouvrages anciens, on trouve assez souvent cette expression-ci : tsoŭ hiá 足下 (le dessous des pieds) pour désigner le pronom *vous.*

2° Voici un idiotisme chinois aussi fréquent dans la langue *orale* que dans la langue *écrite*. Ainsi, au lieu de dire : la prudence de Chuén est grande, un Chinois dit : Chuén, sa prudence est grande. Chuén kŷ tá hiên 舜其大賢。

On emploie surtout cette tournure lorsque la phrase est admirative ou interrogative.

3° Lorsqu'un pronom personnel est suivi de l'adjectif *même*, il se rend invariablement en chinois par ces deux mots : tsé kỳ 自已。

On dira :

我自已 Ngò tsé kỳ. Moi-même.
你自已 Ngỳ tsé kỳ. Toi-même.

他自已 Tā tsé kỳ. Lui-même.
我們自已 Ngò-mên tsé kỳ. Nous-mêmes.
你們自已 Ngỳ mên tsé kỳ. Vous-mêmes.
他們自已 Tā mên tsé kỳ. Eux-mêmes.

4° L'adjectif français *propre*, indiquant la propriété exclusive à toute autre, se rend, en chinois, par le mot **Tsīn** 親, qui se place ainsi :

我親眼見了 **Ngò tsīn yèn kién leào.** J'ai vu de mes propres yeux.
親口 **Tsīn keoū.** De ma propre bouche.
親手 **Tsīn cheòu.** De ma propre main, ou 親筆 **Tsīn pỳ.**

Dans les livres, il est plus élégant de se servir soit du mot **chēn** 身, *corpus*, soit du mot kōng 躬, qui a le même sens.

EXEMPLES :

修已身 **Sieōu kỳ chēn.** Perfectionner sa propre personne.
身穿野服 **Chēn tchouān yè foŭ.** Il portait des habits grossiers.
躬自厚而溥責於人則遠怨矣 **Kōng tsé heóu eûl pŏ tsĕ yû jên tsĕ yuèn yuén ỳ.** Soyez sévère envers vous-même, indulgent envers les autres, alors vous éloignerez de vous le ressentiment.

5° La politesse chinoise exige que l'on n'emploie jamais seul le pronom personnel *je* ou *moi*, surtout en présence de personnes élevées en dignité. Elle défend également de *tutoyer*, même un égal. Nous indiquons au chapitre XIV, qui a pour titre : *De l'urbanité chinoise*, les expressions consacrées par l'usage.

II. — DES PRONOMS RELATIFS OU CONJONCTIFS.

Les pronoms relatifs ou conjonctifs sont les suivants : *qui*, *que*, *quoi*, *quel*, *lequel*, *laquelle*, *le*, *la*, *les*, *dont*, *en*. Qui, quæ, quod, quinam, quænam, is, ea, id, cujus, in.

Voici, par des exemples, leurs équivalents dans la langue chinoise.

1°

那个 **Lá kó**, au singulier, 那些 **Lá sў**, au pluriel. Qui, *quis*.
我不曉得是那个 **Ngò poŭ hiaò tĕ ché là kó.** Je ne sais qui. *Nescio quis.*
不論那个 **Poŭ lén là kò.** Qui que ce soit. *Quisquis ille sit.*
那个做這一件事 **Là kó tsoú tché ỳ kién sé.** Qui a fait cela? *Quis hoc fecit?*
那个人來 **Là kó jên laŷ.** Qui arrive? *Quis venit?*

2° Dans les livres, au lieu des mots **lá kó**, on emploie ceux-ci, qui sont plus relevés : **choûy** 誰 ou **choŭ** 孰. Qui.

誰造了天地 **Choûy tsào leào tiēn tý?** Qui a créé le monde? *Quis creavit cœlum et terram?*

子謂子貢曰汝與回也孰愈 **Tsè ouý tsè kóng yuĕ : joù yù hoûy ỳ choŭ yuĕ?** Le philosophe interpella **Tsè Kóng** : Lequel de vous ou de **Hoûy** surpasse l'autre en qualité?

子貢問師與商也孰賢 **Tsè Kóng ouén : sē yù chāng ỳ choŭ hiên. Tsè Kóng** demanda : Qui de **Sē** ou de **Chāng** est le plus sage?

3° Très-souvent, en chinois, on n'exprime pas le pronom *qui*, parce que la phrase chinoise se dispose autrement :

Dieu, qui est juste, punira les méchants.
Tournez ainsi : Dieu est juste, il punira les méchants.
天主公道。他要罰惡人 **Tiēn Tchoù Kōng taó ; Tā yaó fă ngŏ jên.**

2°

Que, pronom relatif, signifiant *lequel* et servant de régime au verbe qui suit, s'exprime en chinois par ces deux mots : **Sò** 所 et 的, que l'on place de la sorte :

EXEMPLES :

我所愛的書 **Ngò sò gaý tў choū.** Le livre que j'aime. *Ego quem amo librum.*

你所說的話 **Ngỳ sò chŏ tў hoá.** Les paroles que tu as dites. *Tu quæ dixisti verba.*

他所做的事 **Tā sò tsoú tў sé.** Les choses qu'il a faites. *Ille quas fecit res.*

Que signifiant *quelle chose* s'exprime par **chén mô** 甚麽 ou **chĕ mô** 什麽, *quid, quod; que* signifiant *quoi* : **tsèn yáng** 怎樣.

要做甚麽 **Yaó tsoú chén mô.** Que faire? *Quid agendum? Oportet facere quid?*

你怎樣想 **Ngỳ tsèn yáng siàng.** Que vous en semble? *Quid tibi videtur?*

3°

Quoi, quid, quæ, ne se dit qu'en parlant des choses. On le rend, en chinois, par **chĕ mô** 拾麽 ou **chén mô** 甚麽.

EXEMPLE :

我不知道他想甚麽 **Ngò poŭ tchĕ taó tā siàng chén mô.** J'ignore ce à quoi il pense. *Ego non scio illum cogitare quid.*

4°

Quel, quinam, interrogatif, s'exprime, en chinois, par là ỳ kó 那一个 s'il s'agit des personnes, et par chén mô 甚麽 s'il s'agit des choses.

EXEMPLES :

那个人肯 Là kó jên kĕn. Quel homme voudrait? *Quis vellet?*

他有甚麽事 Tā yeoù chén mô sé. Quelle affaire a-t-il?

5°

Lequel, laquelle? Quisnam, quænam? se traduisent comme dans les exemples précédents.

那个人來了 Là kó jên laŷ leào. Lequel est venu? *Quisnam venit?*

6°

Les pronoms personnels *le, la, les*, is, ea, id, se placent toujours, en chinois, après le verbe.

EXEMPLES :

我愛他 Ngò gaý tā. Je l'aime. *Ego amo illum.*

我恨他 Ngò hén tā. Je le déteste. *Ego detestor illum.*

我要他們 Ngò yaó tā mên. Je les veux. *Ego illa volo.*

我信他 Ngò sín tā. Je le crois. *Ego credo illum.*

7°

Dont, cujus, quorum, s'exprime absolument, comme le *que* relatif, par sò 所 et tỳ 的.

EXEMPLES :

我所用的書 Ngò sò yóng tỳ choū. Le livre dont je me sers. *Liber quo utor.*

我所恨的事 Ngò sò hén tỳ sé. Ce dont j'ai horreur. *Ego quæ abhorreo.*

8°

En, pronom relatif, se rend, en chinois, par ces mots : ȳn oúy 因爲. *Quia, propter id.*

EXEMPLES :

因爲莫得那个事 ȳn oúy mô tĕ lá kó sé. Il n'en est rien. *Nihil tale est.*

因爲有那个事。我更喜歡你 ȳn oúy yeoù lá kó sé, ngò kén hỳ houān ngỳ. Je vous en aime davantage. *Eò mihi carior es.*

III. — PRONOMS DÉMONSTRATIFS.

Ces pronoms se confondent la plupart du temps avec les adjectifs démonstratifs, et s'expriment de la même manière :

EXEMPLES :

Pour les personnes et les choses prochaines.

Singulier.	*Pluriel.*
這个人 Tché kó jên. Cet homme. *Hic homo.*	這些人 Tché sȳ jên. Ces hommes. *Hi homines.*
這一件事 Tché ȳ kién sé. Cette chose. *Hæc res.*	這些事 Tché sȳ sé. Ces choses. *Hæ res.*
這一本書 Tché ȳ pèn choū. Ce livre. *Hic liber.*	這些書 Tché sȳ choū. Ces livres. *Hi libri.*

Pour les personnes et les choses éloignées.

Singulier.	*Pluriel.*
那个人 Lá kó jên. Cet homme-là. *Ille homo.*	那些人 Lá sȳ jên. Ces hommes-là. *Illi homines.*
那一件事 Lá ȳ kién sé. Cette chose-là. *Ista res.*	那些事 Lá sȳ sé. Ces choses. *Illæ res.*
那一本書 Lá ȳ pèn choū. Ce livre. *Ille liber.*	那些書 Lá sȳ choū. Ces livres. *Hi libri.*

Le pronom *ce* devant le mot *que* se rend, en chinois, par sò 所. On place sò après le sujet chinois et avant le verbe.

EXEMPLES :

我所說的話 Ngò sò chŏ tў hoá. Ce que je dis. *Quæ ego dico.*
我所想的事 Ngò sò siàng tў sé. Ce que je pense. *Quæ cogito*

REMARQUES.

1° Dans la langue *écrite*, au lieu des expressions ci-dessus désignées, on se sert de préférence des trois mots suivants pour exprimer les pronoms démonstratifs *ce*, *ces*, savoir : tsè 此 et sē 斯 pour les personnes et les choses prochaines, et pỳ 彼 pour les personnes et les choses éloignées.

EXEMPLES :

從彼而來審判生死者 Tsŏng pỳ eûl laŷ chèn pán sēn sè tchè. Il viendra de là juger les vivants et les morts.

2° Pour exprimer, dans la langue écrite, les pronoms démonstratifs *celui*, *celle*, *qui*, les Chinois ont une tournure particulière. On ajoute au verbe de la phrase la particule tchè 者. Cette tournure est très-commune.

EXEMPLES :

愛人者 Gaý jên tchè. Celui qui aime les hommes.
敬人者 Kín jên tchè. Celui qui honore les hommes.

IV. — PRONOMS POSSESSIFS.

Les pronoms possessifs, en usage dans la langue orale, se forment en ajoutant la particule tў 的 au pronom personnel. Souvent on sous-entend cette particule tў, par euphonie, sans qu'il en résulte aucune équivoque.

Pronoms possessifs de la langue orale.

我的 **Ngò tў**. Mon, ma, mien. *Meus, a, um.*
你的 **Ngў tў**. Ton, ta, tien. *Tuus, a, um.*
他的 **Tā tў**. Son, sa, sien. *Suus, a, um.*
我們的 **Ngò mên tў**. Notre, nos. *Noster, ri.*
你們的 **Ngў mên tў**. Votre, vos. *Vester, ri.*
他們的 **Tā mên tў**. Leur, leurs. *Eorum.*

EXEMPLES :

我的父母 **Ngò tў foú moù**. Mon père et ma mère.
你的書 **Ngў tў choū**. Ton livre.
他的狗 **Tā tў keòu**. Son chien.
我們的田 **Ngò mên tў tiēn**. Notre champ.
你們的馬 **Ngў mên tў mà**. Votre cheval.
他們的房子 **Tā mên tў fâng tsè**. Leur maison.

Pronoms possessifs de la langue écrite.

Son, sien. **Tŏ** 宅.

宅父 **Tŏ foú** Son père.

Votre, vos. Vester, ri. **Eùl** 爾.

爾國臨格 **Eùl kouĕ lîn kĕ**. Que votre règne arrive.

Leur, de lui. **Kuĕ** 厥 ou **kў** 其.

其人品之美 **Kў jên pĭn tchē meў**. Sa figure est charmante.
修厥德 **Sieōu kiuĕ tĕ**. Retracez en vous leurs vertus.

L'urbanité chinoise ne permet guère d'employer le pronom possessif de la première personne. Les expressions consacrées par l'usage, pour remplacer ces pronoms, se trouvent au chapitre XIII : *De l'urbanité chinoise.*

V. — PRONOMS INDÉFINIS.

Bien que plusieurs grammairiens modernes ne rangent plus les mots suivants sous cette catégorie de pronoms, on nous permettra, pour plus de simplicité, de les réunir sous un même article. Les principaux pronoms indéfinis sont :

On, quiconque, quelqu'un, chacun, chaque personne, autre, autrui, nul, tel, tout, un tel, l'un et l'autre, l'un l'autre.

1° *On*, devant un verbe chinois se tourne presque toujours par : *il y en a qui*, sunt qui. Yeoù 有.

On dit. *Aiunt*. Yeoù jên chŏ 有人說. *Sunt homines dicentes.*

On m'aime. Yeoù jên gaý ngò 有人愛我.

On dit généralement, c'est-à-dire, chacun ou tous disent. Kó kó jên toū chŏ 個個人都說 ou Tchóng jên chŏ 衆人說. *Ferè omnes aiunt.*

Dans les livres, le pronom indéfini *on*, quelqu'un, se traduit par jên houăy 人或 ou 或 tout seul.

或問 houăy ouén. On demande.

2° *Quiconque*. Quicunque. Poŭ lén là kó 不論那个.

不論那人說 Poŭ lén là kó jên chŏ. Quiconque dira.

3° *Quelqu'un*. Aliquis. Yeoù jên 有人.

有人來 Yeoù jên laŷ. Quelqu'un arrive.

有人更我說個了 Yeoù jên kēn ngò chŏ kó leào. Quelqu'un m'a dit.

4° *Chacun*. Quisque. Kó kó 個個.

個個人愛我 Kó kó jên gaý ngò. Chacun m'aime.

各人各樣的本性 Kŏ jên kŏ yáng tỳ pèn sín. Chacun a son caractère, c'est-à-dire, autant d'hommes autant de caractères.

5° *Personne*, avec une négation. *Nemo*. Oŭ yeoù jên 無有人.

無有人不知道 Oŭ yeoù jên poŭ tchē taó. Personne n'ignore. *Nemo nescit. Non est homo non sciens.*

無有人信他 Oŭ yeoù jên sín tā. Personne ne le croit. *Nemo credit illi. Non est homo credens ei.*

ou encore :

莫得一个人信他 Mô tĕ ỳ kó jên sín tā. *Non est unus homo credens ei.*

6° *Autre*. Alius. Piĕ tỳ 別的.

Piĕ tỳ jên. Autre homme.

我們要說別的話 Ngò mên yaó chŏ piĕ tỳ hoá. Disons autre chose.

7° *Autrui*. Alienus. Jên kiā tỳ 人家的, ou Tā jên 他人.

人家的財物 Jên kiā tỳ tsaŷ oŭ. Les biens d'autrui.

毋貪他人的財物 Oŭ tān tā jên tỳ tsaŷ oŭ. Biens d'autrui ne désireras.

8° *Nul*. Nullus. Oŭ yeoù 無有.

無有人想 Oŭ yeoù jên siàng. Nul ne pense. *Non est homo putans.*
我無有事 Ngò oŭ yeoù sé. Je n'ai nulle affaire.

9° *Tel*. Talis. Yeoû joŭ 猶如, siáng 像, táng 當.

事情不是猶如你想 Sé tsîn poŭ ché yeoû joŭ ngỳ siàng. La chose n'est pas telle que vous pensez. *Res non est sicut tu putas.*

他像父 Tā siāng foú. Il est tel que son père. *Similis est patri. Ille similis (est) patri.*

他當一个豺狼 Tā táng ў kó tchaў lâng. Il est comme un loup. *Ille (est) sicut unus lupus.*

Un tel. Quidam. Mòng ou méy 某.

Dans les livres, on emploie souvent le mot houăy 或.

或曰 Houăy yuĕ. Un tel dit.

Dans les petits romans, que l'on nomme siào chŏ 小說, il n'est point rare de trouver des phrases où l'on emploie les premiers caractères du cycle de soixante ans pour rendre le sens de ces pronoms indéfinis : *tel, un tel, l'un l'autre.*

10° *Tout*. Totum, omne, peut se rendre, en chinois, de cinq ou six manières. L'usage apprend les cas où il faut, de préférence, employer l'une ou l'autre tournure.

樣樣 Yáng yáng. *Omne, omnia.*
一把連 Ў pà liên. *Unà simul omnia.*
不論甚麼 Poŭ lén chén mô. *Quodcunque.*
不句各樣 Poú kiú kŏ yáng. *Quolibet modo.*
無所不 Oŭ sò poŭ. *Nihil quod non.*

EXEMPLES :

樣樣他會做 Yáng yáng tā hoúy tsóu. Il sait tout faire.
一把連你都拿去 Ў pà liên, ngỳ toū lâ kiŭ. Emportez tout.
他無所不知 Tā oŭ sò poŭ tchē. Il sait tout.

11° *L'un et l'autre*. Uterque. Leàng kó 兩个.

兩个都不好 Leàng kó toū poŭ haò. Ils ne valent rien l'un et l'autre.

12° *L'un l'autre*. Ў kó ў kó 一個一個.

一個愛一個 Ў kó gaў ў kó. S'aimer l'un l'autre.
一个相帮一个 Ў kó siāng pāng ў kó. S'aider l'un l'autre.

Dans les livres, l'un l'autre se rend mieux par le mot kў 其 répété.

其一人美 Kў ў jên meỳ. L'une était belle.
其一人醜 Kў ў jên tcheŏu. L'autre était vilaine.

CHAPITRE VII.

DES VERBES CHINOIS.

Yên pién fă 言變法, ou tsăn yên 參言.

1° Facilité des conjugaisons chinoises. — 2° Noms des verbes en chinois. — 3° Espèces de verbes chinois. — 4° Du verbe substantif être ché 是. — 5° Des mots qui font l'office du verbe substantif. — 6° Deux sortes de verbes auxiliaires. — 7° Des verbes simples et composés. — 8° Manière de former, en chinois, les modes et les temps des verbes, ou des conjugaisons en chinois. — 9° Des différentes voix dans les verbes, voix active, passive, neutre, etc. — 10° Des mots chinois qui sont toujours *verbes*. — 11° Des verbes chinois devenant, par position, *substantifs*, *adjectifs verbaux*, *adverbes*. — 11° Règles pour traduire en chinois certaines classes de verbes français.

I. — FACILITÉ DES CONJUGAISONS CHINOISES. NOMS DES VERBES EN CHINOIS.

Un des chapitres de nos langues à flexion le plus bizarre pour un étranger est assurément celui des verbes. Sur quoi est fondée la théorie des différentes classes de verbes, et surtout les flexions si variées de chaque temps des verbes? Quelle règle a déterminé les rapports des verbes? L'usage seul a fixé tous ces points de grammaire. Pourquoi ces verbes régissent-ils tantôt l'accusatif, tantôt un autre cas? Pourquoi ceux-ci veulent-ils être suivis de telles ou telles prépositions? Un Asiatique qui étudie nos langues n'y voit qu'un véritable chaos.

En chinois, au contraire, rien de plus simple et de plus facile à retenir que le chapitre des *verbes*. En *une heure d'étude* on connaîtra tout le mécanisme régulier des verbes chinois; on sera à même de *conjuguer*, si je puis ainsi dire, tous les verbes chinois. Nos lecteurs savent déjà que *les mots de la langue orale* sont invariables dans leur forme; ils ne sont donc ni *déclinables* ni *conjugables*. Toutefois, malgré l'absence de flexion ou de désinences, on exprime, sans difficulté, en chinois, les divers temps, les divers modes, les nuances d'idées représentées par les désinences des verbes. En chinois, le pronom personnel, qui précède ordinairement le verbe, indique le *nombre*. Quelques particules, ou, si l'on veut, quelques affixes, constamment les mêmes pour tous les verbes, indiquent les temps, les modes, les voix des verbes chinois. Cette règle est si générale qu'il suffit d'en connaître l'application faite à un seul cas pour savoir s'en servir pour tous les autres.

II. — NOMS ÉQUIVALENTS EN CHINOIS DES DIFFÉRENTES ESPÈCES DE VERBES.

A cause du rôle qu'il joue dans le discours, les Chinois donnent au verbe, en général, un nom assez expressif. Ils l'appellent *mot vivant, caractère vivant*, sēn tsé 生字, ou bien, hô tsé 活字. Tout en distinguant dans la pratique le rôle des verbes, nous ne voyons nulle part que les Chinois aient établi entre eux des catégories, ni qu'ils désignent par des noms spéciaux les différentes espèces de *verbes*, comme nous le faisons dans nos langues modernes. Si, dans les pages suivantes, nous suivons l'ordre européen, c'est uniquement pour rendre plus accessibles au jeune sinologue nos observations. Les noms de nos différentes classes de verbes, tels que nous les classons dans les langues européennes, peuvent, quant à leur sens, être traduits en chinois de la manière suivante :

助言	Tsoú yên.	Verbes auxiliaires.
行言	Hîn yên.	— actifs.
被受言	Pý cheóu yên.	— passifs.
自行言	Tsé hîn yên.	— neutres.
似受言	Sé cheóu yên.	— déponents.
單三位之言	Tān sān ouý tchē yên.	— impersonnels.
出規之言	Tchoŭ kouȳ tchē yên.	— irréguliers.

Conjuguer un verbe. Yên pién fă 言變法, ou tsān yên 參言.

III. — ESPÈCES DE VERBES CHINOIS.

On trouve dans la langue chinoise les différentes espèces de verbes suivants : 1° le verbe *substantif être*, ché 是; 2° quatre ou cinq mots qui, dans un grand nombre de cas, sont employés en qualité de *verbes substantifs*; 3° une classe de mots qui jouent le rôle de *verbes auxiliaires*; 4° une autre classe de mots qui, par eux-mêmes, sont toujours *verbes*. C'est à cette classe notamment que s'applique l'expression de *mots vivants*, hô tsé 活字; 5° une nombreuse classe de noms communs qui, soit par position, soit par un simple changement de ton, ont le singulier privilége de devenir de véritables verbes. Ce mécanisme si simple de la langue chinoise n'est pas un de ses côtés les moins ingénieux.

La plupart des verbes chinois sont simples, c'est-à-dire qu'ils sont composés d'un seul mot. Cependant, de même qu'il y a des *substantifs*, des adjectifs composés de deux mots, il y a pareillement des verbes composés de deux mots. On en fait usage surtout dans la langue parlée, soit pour éviter l'équivoque, soit pour rendre la pensée avec plus de force, de grâce ou de variété.

IV. — DU VERBE SUBSTANTIF ÊTRE, *ESSE*, EN CHINOIS : Ché 是.

Le verbe substantif chinois *être*, esse, ché 是 exprime toujours une simple affirmation.

是那一个 Ché là ỳ kó. Qui est-ce?
是不是你 Ché poŭ ché ngỳ. Est-ce vous?
是不是他 Ché poŭ ché tā. Est-ce lui?
你是甚麼人 Ngỳ ché chén mô jên. Qui êtes-vous?
我是法國人 Ngò ché fă kouĕ jên. Je suis Français.
富與貴是人之所欲也 Foú yù koúy ché jên tchē sò yoŭ ỳ. Les richesses et les honneurs sont l'objet des désirs des hommes.
貧與賤是人之所惡也 Pĭn yù tsién ché jên tchē sò oú ỳ. La pauvreté et le mépris sont le sujet de la crainte des hommes.

On sous-entend le verbe substantif dans la plupart des cas où nous l'exprimons en *français*, particulièrement quand il s'agit seulement d'attribuer une qualité à un sujet. Cette suppression du verbe *être* ne cause aucune équivoque dans le langage.

EXEMPLES :

好不好 Haò poŭ haò. Est-ce bon? Littér. : *Bon non bon.*
好 Hào. C'est bon?
熱不熱 Jĕ poŭ jĕ. Est-ce chaud?
熱 Jĕ. C'est chaud.

天氣冷 Tiēn kỳ lèn. Le temps est froid.
火性上 Hò sín cháng. La nature du feu est de monter.

Dans la langue écrite, au lieu du verbe substantif ainsi sous-entendu, on met à la place une particule qui n'a pas de sens. Son rôle est d'attirer l'attention plus que ne le ferait le verbe *être* lui-même, par la suspension forcée que cette suppression impose à l'esprit.

EXEMPLES :

柴也愚 Tchaỳ ỳ yû. Tchaỳ est peu éclairé (1).
參也魯 Tsān ỳ loù. Tsān est lourd.
師也辟 Sē ỳ pỳ. Sē est léger.
由也喭 Yeôu ỳ yén. Yeôu est grossier.

V. — DES MOTS QUI FONT L'OFFICE DU VERBE SUBSTANTIF.

Cinq mots chinois font l'office du *verbe substantif*, dans un bon nombre de cas. Ces mots sont : oûy 爲, *être*; yeòu 有, *avoir*; tsaý 在, *être dans*, esse

(1) Ce sont les noms de quatre disciples de Confucius.

in; hý 係, *être*, esse; Laỳ 乃, *fieri*, versari, esse. Le premier s'emploie surtout quand il s'agit d'attribuer plus positivement une qualité qui ait l'idée d'action; le deuxième renferme l'idée de l'existence rapportée à un sujet avec un attribut déterminé; le troisième renferme l'idée d'existence avec une désignation de localité; les deux derniers ne s'emploient que dans les livres; ils renferment une simple idée d'affirmation.

I. — *Emploi du mot* Oûy 爲.

傲爲百罪之王 **Ngáo oûy pě tsouý tchē ouâng.** L'orgueil est le premier de tous les péchés. Littér. : *Superbia est centum peccatorum rex.*

謙爲萬德之根 **Kiēn oûy ouán tĕ tchē kēn.** L'humilité est la source de toutes les vertus. Littér. : *Humilitas est decem millium virtutum radix.*

天地之性人爲貴 **Tiēn tý tchē sín jên oûy koúy.** L'homme est ce qu'il y a de plus noble sur la terre.

他爲兄我爲弟 **Tā oûy hiōng ngò oûy tý.** Il est mon frère aîné, je suis le frère cadet.

II. — *Emploi du mot* Yeòu 有.

有幾個人 **Yeòu kỳ kó jên.** Combien sont-ils de personnes? Littér. : *Sunt quot homines?*

他有病麼 **Tā yeòu pín mô.** Est-il malade? *Ægrotat-ne?*

他有妻子不得 **Tā yeòu tsȳ tsè poŭ tĕ.** Est-il marié? *Est-ne uxoratus?*

III. — *Emploi du mot* Tsaý 在.

他在那裡 **Tā tsaý là lỳ.** Où est-il? Littér. : *Ille est in quo loco?*

他在屋裡麼 **Tā tsaý oŭ lỳ mô?** Est-il à la maison? Littér. : *Ille est domo nec ne?*

父母在不在 **Foú moù tsaý poŭ tsaý.** Vos parents existent-ils encore? Littér. : *Pater mater vivit non vivit?*

父母在 **Foú moù tsaý.** Mes parents vivent encore.

富貴在天 **Foú kouý tsaý tiēn.** Les richesses et les honneurs viennent du Ciel.

成事在天 **Tchēn sé tsaý tiēn.** Le succès dépend du Ciel.

這事在我身上 **Tchĕ sé tsaý ngò chēn cháng.** Cela est en mon pouvoir.

我不在其數 **Ngò poŭ tsaý kŷ soú.** Je ne serai pas des vôtres.

IV. — *Emploi du mot* Hý 係.

原係金陵人 Yuên hý kīn līn jên. Je suis de la ville de **Kīn līn.**

老先生既係親戚自然知道 Laò siēn sēn ký hý tsīn tsÿ tsé jân tchē taó. Puisque vous êtes son parent, vous devez savoir cela.

送書人係一老僕 Sóng choū jên hý ÿ laò poŭ. Le porteur de cette lettre est un vieux serviteur.

二人俱係古舊 Eúl jên kiú hý koù kieóu. Ces deux hommes sont d'anciennes connaissances.

原係眉山蘇之後 Yuên hý Meÿ chān Soū tchē heoù. Il est de la famille Soū de meÿ-chān.

V. — *De l'emploi du mot* Laỳ 乃.

Ce mot employé comme verbe substantif, dans la langue *écrite*, est très-gracieux et très-élégant. Le verbe déponent *versari* a quelque analogie avec le mot chinois laỳ 乃. Ce mot est employé de quatre manières :

Premier usage. — Laỳ employé seul.

婚姻乃人生第一件大事 Houēn ÿn laỳ jên sēn tý ÿ kién tá sé. Le mariage est la plus importante des affaires.

此二公乃金陵之望 Tsè eúl kōng laỳ kīn līn tchē ouáng. Ces deux seigneurs sont l'ornement de la ville de Kin-līn.

他乃第一人財主 Tā laỳ tý ÿ jên tsaÿ tchoù. Il est le seigneur le plus riche.

令公子乃文章魁首 Lín kōng tsè laỳ ouên tchāng koūï cheòu. Votre fils est un excellent littérateur.

此乃至美之事 Tsè laỳ tché meỳ tchē sé. C'est une bonne affaire.

Deuxième usage. — Laỳ répété.

EXEMPLES :

乃生乃王世世 Laỳ sēn laỳ ouáng ché ché. Qui vivez et régnez dans les siècles des siècles.

Dans le Choū kīn 書經, on trouve des textes tel que le suivant, où le mot laỳ est répété trois ou quatre fois :

乃聖乃神乃武乃文 Laỳ chén laỳ chên laỳ où laỳ ouên. Vous êtes saint, spirituel, pacifique et valeureux.

Troisième usage. — Le mot laỳ 乃 indique souvent la *suite*, la *conséquence*, l'*effet* d'une action accomplie. Ainsi, dans le symbole de la foi chrétienne, on dit, en chinois : Sè eùl laỳ maỳ 死而乃埋. Il est mort et a été enseveli.

Le philosophe Tchouāng tsè dit : Si je vis d'une manière vertueuse, ma mort sera aussi précieuse; en d'autres termes : Une bonne vie procure une bonne mort.

壯子曰善吾生乃所以善吾死也 Tchouāng tsè yuĕ : chán oû sēn laỳ sò ỳ chán oû sè ỳ.

Dans ces deux exemples, on voit le mot laỳ 乃 indiquant la *conséquence*, la *suite* d'une action accomplie.

Quatrième usage. — Dans certains auteurs chinois, le mot laỳ sert de pronom à la deuxième personne.

EXEMPLES :

乃父乃祖 Laỳ foú laỳ tsoù. Vos ancêtres. *Vestri majores.*
度乃心 Toú laỳ sīn. Sonder votre cœur. *Scrutare cor tuum.*

VI. — DEUX SORTES DE VERBES AUXILIAIRES.

Deux sortes de mots chinois font l'office de *verbes auxiliaires*, non pas quant à la *conjugaison*, mais quant au sens du mot. La première sorte sert à former les temps simples et composés des autres verbes, tels que le *passé*, le *futur*, et aussi à exprimer les différents modes du verbe.

Première sorte de verbes auxiliaires.

有 Yeoù. Avoir. *Habere.*	能 Lên. Pouvoir. *Posse.*
要 Yaó. Vouloir. *Velle.*	肯 Kĕn. Permettre. *Permittere.*

1° *Verbe* yeoù 有. Avoir.

EXEMPLES :

我莫有喫 Ngò mô yeoù tchĕ. Je n'ai pas mangé. *Non manducavi.* (Le mot *avoir* marque ici, comme en français, le prétérit; mais, dans ce cas, il est toujours accompagné d'une négation.)
我莫有說 Ngò mô yeoù chŏ. Je ne l'ai point dit. *Non dixi.*
我莫有睡 Ngò mô yeoù choúy. Je n'ai pas dormi. *Non dormivi.*
飯有了 Fán yeoù leào. Le riz est prêt. *Oryza parata est.*
我莫有笑 Ngò mô yeoù siáo. Je n'ai pas ri. *Non risi.*
我莫有看見 Ngò mô yeoù kăn kién. Je n'ai pas vu. *Non vidi.*

2° *Verbe* yáo 要. Vouloir.

On fait, dans la langue parlée, un très-fréquent usage du verbe auxiliaire yaó 要, vouloir. Ainsi, 1° il remplace presque habituellement notre *oui* affirmatif. Au lieu de dire *oui*, en chinois, on dit : *je veux, j'y consens*, yaó 要, tout simplement, sans pronom personnel. Par contre, le *non* chinois, ou le refus, se dit : poŭ yáo 不要, *nolo, non consentio.*

EXEMPLES :

要不要來 Yáo poŭ yáo laŷ. Voulez-vous venir?
要 Yáo. Oui. Littér. : Je veux.
要不要喫 Yáo poŭ yáo tchĕ̀. Voulez-vous manger?
不要 Poŭ yáo, ou poŭ tchĕ̀ 不喫. Non.

2° Le verbe auxiliaire yáo 要 sert à former le futur des verbes.

EXEMPLES:

我要說 Ngò yáo chŏ. Je parlerai. *Loquar.*
我要喫 Ngò yáo tchĕ̀. Je mangerai. *Manducabo.*
我要起身 Ngò yáo kỳ chēn. Je partirai. *Proficiscar.*
我要默想 Ngò yáo mĕ̀ siàng. Je méditerai. *Meditabo.*
他要來 Tā̀ yáo laŷ. Il viendra. *Veniet.*
他要死 Tā̀ yáo sè. Il mourra. *Morietur.*

3° Ce même verbe a souvent aussi dans la langue orale le sens de *falloir, oportet, etc.*

EXEMPLES :

不要說話 Poŭ yáo chŏ hoá. Il ne faut pas parler. *Non oportet loqui.*
不要喫 Poŭ yáo tchĕ̀. Il ne faut pas manger. *Non oportet manducare.*

4° *Du verbe* Lên 能. Pouvoir.

1° Ce verbe répond assez exactement au *possum* des Latins. Il ne se place pas après le verbe.

EXEMPLE :

我不能 Ngò poŭ lên. Je ne puis pas. *Non possum.*

2° Le mot lên 能 marque aussi la *puissance*, le *pouvoir.*

他是全能 Tā̀ ché tsuĕ̀n lên. Il est tout-puissant. *Est omnipotens.*

5° *Le mot* kĕ̀n 肯. Vouloir. *Velle.*

Ce mot implique l'idée d'une volonté très-ferme, très-accentuée.

EXEMPLES :

我不肯 Ngò poŭ kĕ̀n. Je ne veux pas. *Nolo.*
他全全不肯 Tā̀ tsuĕ̀n tsuĕ̀n poŭ kĕ̀n. Il ne veut pas absolument. *Absolute recusat.*

Deuxième sorte de verbes auxiliaires.

Placés après le verbe attributif, les verbes auxiliaires de cette classe font l'office des particules latines *in, sub, super*, etc. On met le complément entre le verbe principal et le verbe accessoire. Leur usage plus particulier est de former des idiotismes ou des expressions propres à la langue chinoise. Comme cette classe de *verbes auxiliaires* est d'un usage très-fréquent dans la langue parlée, nous allons, dans autant de paragraphes, montrer, par des exemples, la manière de les employer.

Voici d'abord ces verbes auxiliaires.

1° 可 Kŏ. Pouvoir. *Posse.*
2° 得 Tĕ. Pouvoir. *Posse.*
3° 來 Laŷ. Venir. *Venire.*
4° 去 Kiŭ. Aller. *ire.*
5° 出 Tchoŭ. Sortir. *Egredi.*
6° 打 Tà. Frapper. *Percutere.*
7° 把 Pà. Prendre. *Capĕre.*
8° 將 Tsiāng. Prendre. *Arripere.*
9° 罷 Pá. Suffire. *Sufficere.*
10° 請 Tsìn. Inviter. *Invitare.*
11° 着 Tchŏ. Se confier. *Inniti.*

1° *Du verbe* Kŏ 可. Pouvoir. *Posse.*

L'usage de ce verbe est fréquent et très-varié. Ainsi : 1° Ce mot sert à former des adjectifs verbaux, lorsqu'il est placé devant un verbe. Nous avons cité un bon nombre d'exemples de ce genre à la page 82. Il en est de même des adjectifs qui ont un sens passif.

EXEMPLES :

可得 Kŏ tĕ. Cela est passable. *Id tolerabile est.*
可以 Kŏ ỳ. Cela est faisable. *Id fieri potest.*
可聽的事 Kŏ tìn tỳ sé. Cela peut être entendu. *Id audiri potest.*

2° Ce verbe kŏ 可 sert à former des assertions ou des invitations mitigées, comme : *il se peut, vous pouvez.*

EXEMPLES :

你可知道麽 Ngỳ kŏ tchē taó mô. Se peut-il que vous le sachiez?
可以爲師也 Kŏ ỳ oûy sē ỳ. Vous pouvez devenir un instituteur des hommes.
詩可以興。可以觀。可以羣 Chē kŏ ỳ hīn, kŏ ỳ kouān, kŏ ỳ kiûn. Le livre des vers est propre à élever les idées, à former le jugement par la comparaison des choses, à réunir les hommes.

3° Souvent le verbe auxiliaire kŏ 可 devant un autre verbe donne à celui ci le sens de *verbe passif.*

EXEMPLES :

其知可及也 Kŷ tchē kŏ kỳ ỳ. Sa science peut être égalée.
三年無改於父之道可謂孝矣 Sān niên oû kaỳ yû foú tchē taó kŏ oûy hiáo ỳ. Ne pas s'écarter durant trois ans

de la doctrine de son père, voilà ce qui peut être appelé de la piété filiale.

泰伯! 其可謂至德也 Tay̆ pĕ! ky̆ kŏ oúy tché tĕ ỳ. Tay̆ pĕ! Voilà un homme qui peut être appelé vertueux.

可謂點鐵成金 Kŏ oúy tièn tiĕ tchĕn kīn. On peut dire que vous avez changé le fer en or.

不患莫已知。求爲可知也 Poŭ houán mô kỳ tchē, kieŏu oûy kŏ tchē ỳ. Ne vous affligez pas de n'être point connu, mais cherchez à devenir digne de l'être.

十世可知也 Chĕ ché kŏ tchē ỳ. Les événements de dix générations peuvent-ils être connus?

4° Le verbe auxiliaire kŏ 可 n'a souvent d'autre signification que celle de : Il convient, il est convenable. *Decet, convenit.*

EXEMPLES :

父母之年不可不知也 Foú moù tchē niên poŭ kŏ poŭ tchē ỳ. Il convient de ne pas ignorer l'âge de ses parents.

只可動口。不可動手 Tchè kŏ tóng keŏu, poŭ kŏ tóng cheŏu. Il est permis de remuer la langue, mais non pas d'en venir aux mains.

只可便他聞香。不可容他下筯 Tchè kŏ pién tā ouén hiāng, poŭ kŏ yông tā hiá tsoú. Il est permis de respirer ces parfums, mais non de goûter de ces fruits.

5° On trouve parfois le verbe auxiliaire kŏ 可 répété de suite. Il signifie alors *précisément, justement.* Eo ipso momento.

他可可來了 Tā kŏ kŏ lay̆ leaò. Il est arrivé précisément.

6° Le verbe kŏ 可 sert également à faire l'interrogation.

EXEMPLES :

你可冷 Ngỳ kŏ lèn? Sentez-vous le froid?
你可曉得 Ngỳ kŏ hiào tĕ? Savez-vous cela?

2° *Du verbe* Tĕ 得 *Obtenir, pouvoir, avoir,* etc.

L'usage de ce verbe auxiliaire est très-fréquent dans la langue chinoise, surtout dans la langue *orale*. Son acception est également fort variée; parfois, elle est presque imperceptible, mais alors le verbe tĕ remplit un rôle *euphonique* dont l'importance est telle qu'on ne saurait l'omettre. Voici, autant que possible, les dix principaux usages de ce verbe :

Premier usage. — Placé après le verbe attributif, le mot tĕ 得 sert à former une classe d'adjectifs verbaux, particulièrement les adjectifs dont la terminaison est able, *abilis*, ou ible, *ibilis*. (Voir pag. 82-84.)

EXEMPLES :

做得 **Tsoú tĕ**, ou 使得 **Chè tĕ**. Cela est possible. *Id possibile est.*
看得見的 **Kán tĕ kién tў**. Cela est visible. *Id visibile est.*
難得 **Lân tĕ**. Cela est difficile. *Hoc difficile est.*
喫得的 **Tchĕ tĕ tў**. Cela est mangeable. *Hoc manducari potest.*

Deuxième usage. — Le verbe auxiliaire tĕ 得 indique souvent la *possibilité* de faire une chose, ou la possibilité qu'une chose se fasse.

EXEMPLES :

免得 **Mièn tĕ**. On peut dispenser, c'est-à-dire accorder la dispense.
免不得 **Mièn poŭ tĕ**. On ne peut dispenser.
來得 **Laŷ tĕ**. Pouvoir venir.
來不得 **Laŷ poŭ tĕ**. Ne pouvoir venir.
說得 **Chŏ tĕ**. On peut dire.
我說不得 **Ngò chŏ poŭ tĕ**. Je ne puis dire, *sive physic. sive moral., impeditus.*
免不得死 **Mièn poŭ tĕ sè**. On ne peut se dispenser de mourir.
躲得 **Tò tĕ**. On peut éviter.
躲不得審判 **Tò poŭ tĕ chèn pán**. On ne peut éviter le jugement.
我走得 **Ngò tseòu tĕ**. Je puis marcher.
我走不得 **Ngò tseòu poŭ tĕ**. Je ne puis marcher.
他又死不得又活不得 **Tā yeóu sè poŭ tĕ yeóu hô poŭ tĕ**. Il ne peut ni vivre ni mourir.
我通得 **Ngò tōng tĕ**. Je comprends.
見不得 **Kién poŭ tĕ**. Je ne puis voir.

Troisième usage. — Le verbe auxiliaire tĕ 得, placé avant un nom commun ou substantif, forme un verbe qui a la signification active.

EXEMPLES :

得罪 **Tĕ tsoúy**. Pécher, commettre un péché, une faute, insulter quelqu'un. On se sert, en chinois, de ce mot pour demander excuse à quelqu'un. *Je vous demande pardon, excusez-moi* : **Tĕ tsoúy ngỳ**.
得空 **Tĕ kóng**. } Être libre, avoir le temps. *Vacare.*
得閒 **Tĕ hiên**. }
我不得空 ou 不得閒 **Ngò poŭ tĕ kóng** ou **poŭ tĕ hiên**. Je n'ai pas le temps.
得意 **Tĕ ý**. Atteindre son but. *Votum assequi.*
得中 **Tĕ tchóng**. Même sens.

Quatrième usage. — Placé après certains verbes, le verbe auxiliaire tĕ 得 ajoute à leur signification ordinaire un sens si délicat, que la connaissance seule de la langue permet de le sentir et de l'apprécier; mais c'est surtout lorsque ces verbes sont employés avec une négation que l'influence du mot tĕ 得 est plus sensible.

EXEMPLES :

Sans négation.	*Avec négation.*
記得 Ký tĕ. Se souvenir.	記不得 Ký poŭ tĕ. Oublier.
認得 Jén tĕ. Connaître.	認不得 Jén poŭ tĕ. Méconnaître.
曉得 Hiào tĕ. Savoir.	不曉得 Poŭ hiào tĕ. Ne pas savoir.
看得 Kān tĕ. Pouvoir voir.	看不得 Kān poŭ tĕ. Ne pouvoir voir.

Cinquième usage. — Le verbe auxiliaire tĕ 得 indique souvent le temps passé.

EXEMPLE :

他來得合時 Tā laŷ tĕ hô chê. Il est venu bien à propos.

Sixième usage. — Souvent le verbe auxiliaire tĕ 得 se place entre les deux mots d'un verbe composé, et modifie le sens de ce verbe composé.

EXEMPLES :

Verbes composés.	*Avec le verbe* tĕ.
看見 Kān kién. Voir, examiner, regarder.	看得見 Kān tĕ kién. Regarder et apercevoir.
聽見 Tīn kién. Entendre, ouïr.	聽得見 Tīn tĕ kién. Écouter et entendre.

Septième usage. — Le verbe auxiliaire tĕ 得 a très-souvent le sens du verbe *avoir*, habere.

EXEMPLES :

我不得喫的東西 Ngò poŭ tĕ tchĕ tŷ tōng sŷ. Je n'ai rien à manger.
我莫得 Ngò mô tĕ. Je n'ai pas cela. *Non habeo hoc.*

Huitième usage. — Le verbe auxiliaire tĕ 得 sert à marquer le temps passé.

EXEMPLES :

我不得說 Ngò poŭ tĕ chŏ. Je ne l'ai pas dit.
我不得喫 Ngò poŭ tĕ tchĕ. Je n'ai pas mangé.

Neuvième usage. — Le verbe tĕ 得 avec la négation, placé soit après la particule pā 巴, soit après hén 恨, exprime le *désir ardent*, et répond à ces mots : *Plaise à Dieu que!* Utinam!

EXEMPLES :

巴不得我發財 Pā poŭ tĕ ngò fā tsaŷ. Que ne suis-je riche! *Utinam sim dives!*

巴不得他來 Pā poŭ tĕ tā lay̑. Plaise à Dieu qu'il vienne!
恨不得我死 Hén poŭ tĕ ngò sè. Puissé-je mourir!
巴幸不得有那个事 Pā hín poŭ tĕ yeòu lá kó sé. Plaise à Dieu que cela soit!

Dixième usage. — Enfin, le verbe auxiliaire tĕ 得 sert à former le superlatif des adjectifs. (Voir page 90 et suiv.)

3° et 4° *Des verbes auxiliaires* lay̑ 來 venir, *et* kiŭ 去 aller.

Chacun de ces deux verbes auxiliaires, placé après un autre verbe ou rejeté à la fin d'une phrase, fait l'office de certaines particules usitées dans les langues modernes, par exemple, dans la langue latine, des particules *ab*, *ad*; dans la langue anglaise, *out*, *in*, *up*, *down*; dans la langue allemande, de *an*, *auf*. Ces deux verbes reviennent sans cesse dans la conversation, soit isolément l'un de l'autre, soit simultanément. Voici les principaux usages que l'on en fait.

Premier usage. — Lorsque l'on commande.

EXEMPLES :

拿來 Lâ lay̑. Apportez. *Affer*. Littéralement : *Cape et veni*.
拿茶來 Lâ tchă lay̑. Apportez du thé. *Affer theum*.
拿酒來 Lâ tsieòu lay̑. Apportez du vin. *Affer vinum*.
上來 Cháng lay̑. Montez ici. *Ascende hùc*.
下來 Hiá lay̑. Descendez. *Descende*.
起來 Kỳ lay̑. Levez-vous. *Assurge*.
回來 Hoûy lay̑. Revenir.
拿去 Lâ kiŭ. Emportez cela. *Aufer*. Littér. : *Cape et exeas*.
出去 Tchoŭ kiŭ. Sortez. *Egredere*.
去泡茶來 Kiŭ paó tchă lay̑. Allez préparer le thé.
回去 Hoûy kiŭ. Repartir.

Deuxième usage. — Les deux verbes lay̑ 來 et kiŭ 去 ont souvent la signification de *pouvoir*, posse. Mais alors la phrase chinoise forme un idiotisme particulier, assez curieux, dans lequel le sens opposé de ces deux verbes ressort très-bien.

EXEMPLES :

我想不來 Ngò siàng poŭ lay̑. Je ne puis penser. Littér. : *Mihi cogitatio non advenit*.
我學不來 Ngò hiŏ poŭ lay̑. Je ne puis étudier. Littér. : *Studio impar sum*.
我通不來 Ngò tŏng poŭ lay̑. Je ne puis comprendre.

我說不來 Ngò chŏ poŭ laŷ, ou Ngò chŏ poŭ tchoŭ laŷ 說不出來. Je ne puis dire.

答應不來 Tă ŷn poŭ laŷ. Je ne puis répondre.

我賣不去 Ngò maý poŭ kiŭ. Je ne puis vendre.

我說不去 Ngò chŏ poŭ kiŭ. Je ne puis exprimer.

Troisième usage. — Les deux verbes auxiliaires laŷ 來 et kiŭ 去 sont souvent réunis dans une même phrase où ils font une antithèse qui ne manque pas d'élégance.

EXEMPLES :

想來想去 Siàng laŷ siàng kiŭ. Agiter son esprit en tout sens, c'est-à-dire penser beaucoup à une chose. Littér. : *Cogitatio venit, cogitatio redit.*

說來說去 Chŏ laŷ chŏ kiŭ. Discourir de choses et d'autres, sans ordre.

走來走去 Tseòu laŷ tseòu kiŭ. Aller et venir.

翻來覆去再睡不着 Fân laŷ foŭ kiŭ tsaý choúy poŭ tchŏ. Ne faire que s'agiter sur son lit sans pouvoir dormir.

去泡茶來 Kiŭ paó tchă laŷ. Allez préparer du thé et apportez-le.

去趕場來 Kiŭ kàn tchăng laŷ. Il revient du marché.

Quatrième usage. — Les verbes laŷ 來 et kiŭ 去, joints à un nom commun, indiquent, l'un le temps *futur, l'avenir*, l'autre, le temps *passé.*

EXEMPLES :

來年 Laŷ niên. L'an prochain. *Anno venturo,*

來世 Laŷ ché. Le siècle futur. *Sæculo futuro.*

將來 Tsiàng laŷ. Désormais, à l'avenir. *Deinceps, in futurum.*

去年 Kiŭ niên. L'an passé. *Anno elapso.*

去世 Kiŭ ché. Il est mort. Littér. : Il a quitté le siècle.

Cinquième usage. — Le verbe laŷ 來 est souvent joint au verbe tchoŭ 出 Sortir de. *Egredi.*

EXEMPLES :

說不出來 Chŏ poŭ tchoŭ laŷ. Je ne puis exprimer ma pensée. Littéralement : *Verbum exire non potest.*

痘子出來了 Teoù tsè tchoŭ laŷ leào. Il a la petite vérole.

露出馬脚來 Loŭ tchoŭ mà kiŏ laŷ. Il a montré le bout de l'oreille, c'est-à-dire ses finesses sont dévoilées. *Ros cadens equi pes apparet.*

發出來你的信德 Fă tchoŭ laŷ ngŷ tŷ sín tĕ. Manifestez votre foi. *Ostende fidem tuam.*

Sixième usage. — Le verbe laŷ 來 précédé du verbe kŷ 起, *assurgere,* correspond au mot français *commencer*, incipere, ou bien encore il marque la *réitération d'un acte, l'effort pour faire une chose.*

EXEMPLES :

想不起來 Siàng poŭ kỳ laŷ. J'ai beau faire, je ne puis me souvenir.
說起來 Chŏ kỳ laŷ. Commencer à parler.
哭將起來 Koŭ tsiàng kỳ laŷ. Il se mit à pleurer.
把起來 Pà kỳ laŷ. Se lever. *Assurgere.*
不覺大笑起來 Poŭ kiŏ tá siáo kỳ laŷ. Il ne put s'empêcher de rire aux éclats.
衆人都大笑起來 Tchóng jên toū tá siáo kỳ laŷ. Tous se mirent à rire très-haut.
忽然想起來 Hoŭ jân siàng kỳ laŷ. Une pensée soudaine lui vint.

Septième usage. — Le verbe laŷ 來 est souvent, dans les livres, précédé de yuên 原, ou yuên 元, *origine, principe.* Il signifie alors *originairement, dans le principe, à la vérité, certainement.* Equidem, certòquidem ; *en somme*, summatim.

EXEMPLES :

原來命中原該如此 Yuên laŷ mîn tchōng yuên kaȳ joŭ tsè. Cela était certainement dans mes destinées.
原來無此禮 Yuên laŷ oŭ tsé lỳ. Il n'y a jamais eu cette coutume.
元來就是你 Yuên laŷ tsieóu ché ngỳ. C'était vraiment vous !
兄弟原來也是一个才子 Hiōng tý yuên laŷ ỳ ché ỳ kó tsaŷ tsè. Notre frère est vraiment un homme de talent.
原來如此 Yuên laŷ joŭ tsé. Cela est-il bien possible?
原來你是甚麼人 Yuên laŷ ngỳ ché chén mô jên. En somme, qui êtes-vous?

5° *Du verbe* tchoŭ 出. Sortir de. *Egredi.*

Ce verbe est souvent employé dans la langue *orale* avec les deux autres verbes laŷ 來, venir, et kiŭ 去, aller. Nous venons de le voir. Mais, en outre, il entre dans une foule d'expressions chinoises, qui sont des espèces d'*idiotismes* et qui font image.

EXEMPLES :

出頭 Tchoŭ teŏu. Se mettre en avant pour une affaire. Littér. : Montrer, sortir la tête.
若肯出一言 Jŏ kèn tchoŭ ỳ yên. S'il vous plaisait de dire un seul mot.
喜出望外 Hỳ tchoŭ ouáng ouáy. La joie dépasse mes espérances.
如何做得出 Joŭ hô tsoú tĕ tchoŭ. Comment pourrais-je faire cela?
弗便做不出 Foŭ pién tsoú poŭ tchoŭ. Est-ce que je puis faire cela?

怎敢說年兄做不出 Tsèn kàn chŏ niên hiōng tsoú poŭ tchoŭ. Qui oserait dire que vous ne pouvez faire cela?

6° *Du verbe auxiliaire* Tà 打. Frapper. *Percutere.*

Le verbe auxiliaire Tà 打 signifie *battre, frapper*, percutere. Mais, par antonomase, on lui attribue un grand nombre de significations différentes, comme au verbe *faire*, facere, de la langue française. Voici les acceptions les plus usuelles du verbe tà. L'usage fera connaître les autres.

Verbe tà au sens naturel.

EXEMPLES :

打人 Tà jên. Frapper quelqu'un *Percutere aliquem.*

打三百毛板 Tá sān pĕ maô pàn. Donner trois cents coups. *Trecentis ictibus cædere.*

拷打 Kaò tà. Mettre à la question. *Tormentis quærere.*

你打我我也打你 Ngỳ tà ngò, ngỳ tà ngỳ (1). Si vous me frappez, je vous frapperai à mon tour. *Si verberas me, etiam ictibus petam te.*

重打 Tchóng tà. Frapper gravement. *Graviter percutere.*

輕打 Kīn tà. Frapper légèrement. *Leviter percutere.*

打倒人 Tà taò jên. Renverser quelqu'un à terre. *Humi sternere aliquem.*

一拳打倒人 Ў kiuĕn tà taò jên. D'un coup de poing renverser quelqu'un à terre. *Pugno aliquem humi sternere.*

打破 Tà pŏ. Briser quelque chose. *Frangere aliquid.*

打碎 Tà soúy. Réduire en poudre. *In pulverem reducere.*

Verbe Tà, au sens figuré.

打發人 Tà fă jên. Envoyer quelqu'un. *Mittere aliquem.*

打發一奉信 Tà fă ў fōng sín. Envoyer une lettre. *Epistolam mittere.*

打火 Tà hò. Faire du feu. *Ignem elicere.*

打水 Tà choùy. Puiser de l'eau. *Aquam haurire.*

打酒 Tà tsieòu. Acheter ou puiser du vin. *Emere vinum.*

打印 Tà ýn. Mettre son sceau. *Sigillum imponere.*

打呼 Tà hoū. Ronfler en dormant. *Rhonchos edere.*

打噴 Tà pén. Éternuer. *Sternutare.*

打雷 Tà loûy. Tonner. *Tonare.*

打結 Tà kiĕ. Faire un nœud. *Nodum connectere.*

打劍 Tà kién. Faire une épée. *Gladium conficere.*

---

(1) On ne traduit presque jamais en chinois la particule conditionnelle *si.*

打罷子 Tà paý tsè. Avoir la fièvre. *Febri laborare.*
打動人 Tà tòng jên. Émouvoir quelqu'un. *Movere aliquem.*
打主意 Tà tchoù ý. Faire un projet. *Consilium inire.*
打鞭 Tà piēn. Donner les étrivières. *Loris cædere.*
打家 Tà kiā. Se quereller. *Jurgium habere.*
打仗 Tà tchāng. Se battre. *Inter se rixare.*
打牌 Tà paỳ. Jouer aux cartes. *Foliis ludere.*
打扮 Tà pān. Faire sa toilette. *Ornare se.*
打點 Tà tièn. Faire une note. *Aliquid notare.*
打一恭 Tà ỳ kōng ou 打禮 tà lỳ. Faire une révérence. *Salutem præbere.*
打點 Tà tièn. Prendre un parti. *Consilium capere.*
打睡 Tà choúy. Dormir. *Dormire.*
打鞦韆 Tà tsicōu tsiēn. Jouer à l'escarpolette.
打鑼鑼 Tà lô lô. Battre la cymbale. *Cymbalum quatere.*
打算 Tà souán. Supputer. *Numerare.*
打箒 Tà saò. Balayer. *Verrere.*
打聽 Tà tīn. Explorer. *Explorare.*
打篷 Tà pōng. Rendre les voiles. *Vela attollere.*
打一課 Tà ỳ kò. Faire une prière aux idoles. *Idola invocare.*
打刼 Tà kiě. Pirater. *Prædari.*
打夥 Tà hò. S'unir en société. *Societatem inire.*
打市 Tà ché. Parler artificieusement. *Verbis artificiosis loqui.*
打卦 Tà kouá. Jeter les sorts. *Sortes ducere.*
打後手 Tà heóu cheòu. Frauder sur les achats. *Asserere impensa pluriora quàm de facto fuerint.*
打華拳 Tà hoâ kiuēn. Jouer à la mourre. *Digitis micare.*
打敗 Tà paý. Tailler en pièces. *Profligare.*
打斷 Tà touàn. Décréter, définir. *Statuere.*
打更 Tà kēn. Battre les veilles. *Excubias agere* (1).
打槳 Tà tsiàng. Manier la rame. *Remigare.*
打平水 Tà pîn choùy. Prendre le niveau avec de l'eau. *Ex aquâ libellam exigere.*

---

(1) Les Chinois divisent la nuit en cinq veilles de deux heures chacune. La première commence à huit heures du soir. Alors un homme parcourt les rues de la localité en frappant *un* coup sur le tam-tam. A la deuxième veille, il frappe *deux* coups, et ainsi de suite.

7° *Du verbe auxiliaire* Pà 把. Prendre. *Arripere, capere.*

Ce verbe a des usages assez variés. Les principaux sont les suivants :

Premier usage. — Il est employé comme *particule numérale*, devant tous les noms d'objets qui ont un manche. (Voir page 101.)

EXEMPLES :

一把刀 Ỳ pà taō. Un couteau. *Unum cultrum.*
一把鎖 Ỳ pà sò. Un cadenas. *Una sera.*
一把傘 Ỳ pà sàn. Un parapluie. *Unum umbellum.*
一把扇 Ỳ pà chán. Un éventail. *Unum flabellum.*
一把火 Ỳ pà hò. Une torche allumée. *Una fax.*

Deuxième usage. — Il sert à faire un idiotisme chinois très-figuratif de l'action accomplie.

EXEMPLES :

把門關 Pà mên kouān. Fermez la porte. Littér. : Prenez, saisissez la porte et fermez-la.
把那一本書抬來 Pà lá ỳ pèn choū taŷ laŷ. Apportez-moi ce livre. Littér. : Prenez ce livre et apportez-le.
把索子縣綁了 Pà sŏ tsè foŭ pàng leào. Il le lia avec une corde. Littér. : Il prit une corde et le lia.
把這些燈都砍了 Pà tché sȳ tēn toū tchoŭy leào. Éteignez toutes ces lampes. Littér. : Prenez ces lampes à la main et éteignez-les.

Troisième usage. — Le verbe Pà 把 a souvent la signification de *prendre pour, regarder comme, faire cas.*

EXEMPLES :

把人看得輕賤 Pà jên kán tĕ kīn tsién. Faire peu de cas de quelqu'un.
不要把富貴看得重。才學轉看輕 Poŭ yáo pà foŭ koúy kán tĕ tchóng tsaŷ hiŏ tchouàn kán kīn. N'accordez pas une si grande estime aux honneurs et aux biens, et ne faites point si peu de cas des hommes de talent.
把銀子放在後 Pà ŷn tsè fáng tsaý heóu. Regarder l'argent comme peu de chose.

Quatrième usage. — Le verbe pà 把 entre dans un bon nombre de locutions vulgaires où son rôle est particulièrement euphonique ou pausatif. Ces locutions étant déterminées, l'application n'offre pas d'embarras.

EXEMPLES :

一百把銀子 Ỳ pĕ pà ŷn tsè (au lieu de dire simplement ỳ pĕ ŷn tsè). Cent taëls. *Centum taëlia.* La première locution est plus élégante.

一個把掌打在臉上 Ỳ kó pà tchàng tà tsaý lièn cháng. Il lui donna un soufflet. *Impegit illi alapam.*

該打幾個把掌 Kaȳ tà kỳ kó pà tcháng. Il faut lui donner quelques soufflets.

做把戲 Tsoú pà hý. Faire des tours de passe-passe.

8° *Du verbe* **tsiàng** 將. Prendre. *Capere.*

Ce verbe est employé de préférence dans les livres, au lieu du verbe **pà** 把, usité dans la langue *orale*. Il est plus élégant et plus expressif que ce dernier. Il sert, en outre, à marquer le temps futur.

EXEMPLES :

Premier usage.

將功折罪 Tsiàng kōng tsĕ tsoúy. Effacer sa faute par un service. Littéralement : Prendre ses mérites pour effacer ses fautes.

將我全交付于主 Tsiàng ngò tsuĕn kiāo foú yū tchoù. Se donner tout à Dieu. Littér. : Prendre sa personne et la livrer à Dieu.

將禮物呈上 Tsiàng lỳ oŭ tchĕn cháng. Ils offrirent les présents dont ils étaient chargés.

將人前程黜退 Tsiàng jên tsiĕn tchĕn tchoŭ toúy. Oter à quelqu'un son grade de lettré.

他將此話報與楊御史 Tā tsiàng tsé hoá paó yù yâng yù chè. Il alla rendre compte de ces paroles à l'inspecteur Yâng.

Deuxième usage. — Le verbe **tsiàng** 將 fait le futur des autres verbes, mais en marquant la chose comme très-prochaine.

EXEMPLES :

將來 Tsiàng laŷ. Il viendra. *Jàm venturus est.*

將來主日 Tsiàng laŷ tchoù jĕ. Le dimanche de l'avent. *Dominica adventûs.*

將死 Tsiàng sè. Il va mourir. *Jàm jàm moriturus est.*

將入門 Tsiàng joŭ mên. Il va entrer. *Ingressurus januam.*

9° *Du verbe* **pá** 罷.

Ce verbe, placé après un autre verbe, ou rejeté à la fin de la phrase, sert, en chinois, à marquer la cessation, l'interruption de l'action marquée par le verbe.

EXEMPLES :

明做一做罷 **Mîn tsoú ỳ tsoú pá.** Agir franchement et voilà.
說罷就叫人收拾行李 **Chŏ pá tsieóu kiáo jên cheòu chĕ hîn lỳ.** Cela dit, il appela quelqu'un pour ramasser les effets.
這都罷了只是還有一件 **Tchĕ toū pá leào tchè ché houân yeòu ỳ kién.** Tout cela n'est plus rien, mais voici encore une autre chose.
旣不肯便也罷了 **Kaý poŭ kĕn pién ỳ pá leào.** Puisqu'il refuse, c'est bien, n'en parlons plus.
今日有客在此放一日學罷 **Kīn jĕ yeòu kĕ tsaý tsé, fáng ỳ jĕ hiŏ pá.** Aujourd'hui il y a un hôte ici, il n'y aura pas de classe.
年兄之言不聽再有何人可往也罷 **Niên hiōng tchē yên poŭ tīn tsaý yeòu hô jên kŏ ouàng ỳ pá.** Vos paroles, mon cher frère, n'ont pas été reçues; qui pourrais-je encore envoyer? Cela suffit.
看罷菊花 **Kán pá kiŏu hoā.** Elle cessa de regarder les reines-marguerites.
說罷 **Chŏ pá.** Ayant fini de parler.
旣情願喫酒這就罷了 **Kaý tsîn yuén tchĕ tsieòu tchĕ tsieòu pá leào.** Puisque vous aimez mieux boire, soit, n'en parlons plus.

10° *Du verbe* **tsìn** 請. Inviter, prier.

L'urbanité chinoise exige que l'on emploie ce verbe chaque fois que l'on adresse la parole à un supérieur, à un égal ou à un étranger que l'on respecte.

EXEMPLES :

請進 **Tsìn tsín.** Veuillez, daignez entrer.
請坐 **Tsìn tsó.** Veuillez vous asseoir.
請茶 **Tsìn tchâ.** Veuillez prendre du thé.
請酒 **Tsìn tsieòu.** Veuillez prendre du vin.
請飯 **Tsìn fán.** Veuillez prendre le riz.

11° Tchŏ 着. Se confier. *Inniti.*

Dans la langue écrite, ce mot placé après le verbe lui donne de la force et marque surtout que le but désigné par le verbe a été atteint. Ce mot *suit* toujours le nom ou le verbe auquel il est adjoint.

EXEMPLES :

睡不着 Choúy poŭ tchŏ. Je ne puis dormir.
尋不着 Siûn poŭ tchŏ. Je ne trouve pas ce que je cherche.
遇着人 Yú tchŏ jên. Rencontrer quelqu'un en route.
尋訪着了 Siûn fàng tchŏ leào. Je l'ai enfin trouvé.
収留着我 Cheōu lieôu tchŏ ngò. Il m'a retenu chez lui.
背着母親 Peý tchŏ moù tsiʼn. En cachette de sa mère.
慢些着 Mán sȳ tchŏ. Ne vous pressez pas autant.
三人說着話 Sān jên chŏ tchŏ hoá. Tous trois en parlant ainsi.

VII. — DES VERBES SIMPLES ET COMPOSÉS.

1° *Des verbes simples.*

Chaque verbe de cette classe n'est composé que d'un seul mot chinois. Les verbes suivants, à sens opposé, sont donnés comme exercices parmi les plus usuels de la langue *orale*.

EXEMPLES :

加 Kiā. Augmenter. *Augere.*	缺 Kiuĕ. Diminuer. *Minuere.*
買 Maý. Acheter. *Emere.*	賣 Maý. Vendre. *Vendere.*
愛 Gaý. Aimer. *Amare.*	恨 Hén. Haïr. *Odisse.*
長 Tchàng. Croître. *Crescere.*	消 Siāo. Décroître. *Decrescere.*
信 Sín. Croire. *Credere.*	疑 Ngŷ. Douter. *Dubitare.*
遮 Tchē. Couvrir. *Cooperire.*	開 Kaȳ. Découvrir.
醫 Guérir. *Sanare.*	殺 Chă. Tuer. *Occidere.*
問 Ouén. Interroger. *Interrogare.*	答 Tă. Répondre.
走 Tseòu. Marcher. *Ambulare.*	坐 Tsó. S'asseoir. *Sedere.*
上 Cháng. Monter. *Ascendere.*	下 Hiá. Descendre. *Descendere.*
生 Sēn. Naître. *Nasci.*	死 Sè. Mourir. *Mori.*
開 Kaȳ. Ouvrir. *Aperire.*	關 Kouān. Fermer. *Claudere.*
許 Hiù. Permettre. *Permittere.*	誡 Kiày. Défendre. *Prohibere.*
賞 Chàng. Récompenser. *Remunerare.*	罰 Fă. Punir. *Punire.*
受 Cheóu. Recevoir. *Accipere.*	付 Foú. Livrer. *Tradere.*
穿 Tchouān. Revêtir. *Induere.*	脱 Tŏ. Oter. *Exuere.*
笑 Siáo. Rire. *Ridere.*	哭 Koŭ. Pleurer.
活 Hô. Vivre. *Vivere.*	死 Sè. Mourir.

2° *Des verbes composés.*

Cette classe de verbes forme, comme celle des substantifs composés, une double série. La première comprend les verbes formés de deux mots synonymes ou à peu près synonymes. Ces verbes *composés* rendent la pensée avec plus de force, plus de clarté, surtout dans la langue orale; avec eux l'équivoque n'est pas possible. La deuxième série comprend les verbes chinois qui forment une espèce d'idiotisme propre à la langue chinoise. Ainsi, le verbe *parler*, loqui, dicere, se dit en chinois : *dire des paroles*; *lire* se dit : *étudier un livre*; *écrire*..... se dit : *écrire des caractères*, etc.

Première série des verbes composés.

EXEMPLES :

喜歡 Hỳ houān. Se réjouir. *Gaudere.*	跺避 Tò pý. Fuir. *Fugere.*
幫助 Pāng tsoú. Aider. *Auxiliari.*	起身 Kỳ chēn. Partir. *Proficisci.*
教訓 Kiáo hiún. Instruire. *Docere.*	起身 Kỳ chēn. Se lever. *Surgere.*
恭慶 Kōng kín. Adorer. *Adorare.*	看見 Kán kién. Voir. *Videre.*
聽見 Tīn kién. Écouter. *Audire.*	選擇 Siuên tsĕ. Choisir. *Eligere.*
聽見 Tīn kién. Entendre. *Audire.*	推辭 Toūy tsĕ. Refuser. *Recusare.*
聽見 Tīn kién. Ouïr. *Audire.*	催逼 Tsoūy pў. Presser. *Urgere.*
答應 Tă ȳn. Répondre. *Respondere.*	

Deuxième série des verbes composés.

說話 Chŏ hoá. Parler. *Loqui.*	許願 Hiù yuén. Faire un vœu. *Votum emittere.*
讀書 Toŭ choū. Lire. *Legere.*	說道 Chŏ taó. Dire. *Dicere.*
寫字 Sié tsé. Écrire. *Scribere.*	稟道 Pìn taó. Répliquer.
喫飯 Tchĕ fán. Manger. *Manducare.*	出門 Tchoŭ mên. Sortir.
出汗 Tchoŭ hán. Suer. *Sudorem emittere.*	

VIII. — MANIÈRE DE FORMER EN CHINOIS LES MODES ET LES TEMPS DES VERBES.

Dans la langue chinoise, soit *orale* soit *écrite*, certaines particules ou *affixes* servent à désigner d'une manière régulière les temps et les modes des verbes. Pour l'*euphonie* de la phrase on supprime souvent ces affixes, sans que cette suppression donne lieu aux amphibologies.

I. — De l'INDICATIF, en chinois : Tchĕ chŏ tchē tsē 眞說之辭 (1).

1° Le PRÉSENT DE L'INDICATIF. Hién tsaý tchē chê 現在之時.

En règle générale, le pronom personnel précède seul le présent de l'indicatif. Lorsque l'on veut, en chinois, exprimer d'une manière sensible que l'action est au temps *présent*, on fait précéder immédiatement le verbe de l'une des expressions suivantes, à volonté : joŭ kīn 如今, à présent, *nunc*; tsaý 纔, maintenant, *hoc ipso momento*, ou enfin, tsieóu 就, *hic et nunc*.

EXEMPLES :

我愛 Ngò gaý, ou 如今我愛 joŭ kīn ngò gaý. J'aime. *Amo.*
你愛 Ngỳ gaý. Tu aimes. *Amas.*
他愛 Tā gaý, Il aime. *Amat.*
我們愛 Ngó-mên gaý. Nous aimons. *Amamus.*
你們愛 Ngỳ-mên gaý. Vous aimez. *Amatis.*
他們愛 Tā-mên gaý. Ils aiment. *Amant.*

II. — L'IMPARFAIT. Hiáng chê 向時.

On le forme, en chinois, en plaçant avant le verbe ces mots : lá chê 那時, qui veulent dire : *alors, en ce temps-là*, tunc, illo tempore.

EXEMPLES :

那時我愛 Lá chê ngò gaý. J'aimais. *Amabam.*
那時你愛 Lá chê ngỳ gaý. Tu aimais. *Amabas.*
那時他愛 Lá chê tā gaý. Il aimait. *Amabat.*

Dans la langue écrite, très-souvent l'imparfait n'est indiqué par aucune particule. Il se déduit du sens même de la phrase, qui commence alors presque toujours par un de ces adverbes : *autrefois, anciennement, auparavant*, et autres de ce genre. Il est évident qu'il faut traduire, dans ces cas, au temps de l'imparfait.

EXEMPLES :

連日也要來 Liên jĕ ỳ yáo laŷ. Ces jours derniers je voulais venir.

III. — Le PARFAIT ou PRÉTÉRIT. Kó kiŭ tchē chê 過去之時.

Première règle. — On forme le parfait ou prétérit en faisant suivre le verbe de l'une de ces particules : leào 了 ou kó 過, dont le rôle est uniquement de marquer l'*action passée, accomplie*. Pour marquer avec plus de force l'*ac-*

(1) Nous donnons la traduction équivalente des mots qui expriment les temps et les modes des verbes, en faveur de ceux qui enseignent nos langues aux Chinois. Un jeune sinologue n'a pas à se préoccuper de ces expressions, qui ne sont pas en usage dans le langage chinois.

tion passée, on emploie quelquefois les deux particules ensemble. Ces deux particules, ayant le même sens, c'est l'*euphonie* qui détermine les cas où il faut employer l'une de préférence à l'autre. Si le verbe a un régime, la particule se place, en général, *avant* ce régime.

EXEMPLES :

我愛了 **Ngò gaý leào.** J'ai aimé. *Amavi.*
你愛了 **Ngỳ gaý leào,** etc. Tu as aimé. *Amavisti.*
我喫了 **Ngò tchĕ leào.** J'ai mangé. *Manducavi.*
你喫了 **Ngỳ tchĕ leào.** Tu as mangé. *Manducavisti.*
我笑了 **Ngò siáo leào.** J'ai ri. *Risi.*
你笑了 **Ngỳ siáo leào.** Tu as ri. *Risisti.*

Ainsi pour tous les verbes simples ou composés.

Avec la *double particule :*

我說過了 **Ngò chŏ kó leào.** J'ai parlé. *Dixi.*
我父親亡過了 **Ngò foú tsīn ouâng kó leào.** Mon père est mort. *Pater meus mortuus est.*

Deuxième règle. — Lorsque le parfait ou prétérit est précédé du pronom relatif *que, qui,* au lieu des deux affixes **kó** 過 et **leào** 了, on emploie, dans la langue *orale,* pour une *plus agréable euphonie,* la particule **tỷ** 的.

EXEMPLES :

我所說的話 **Ngò sò chŏ tỷ hoá.** Ce que j'ai dit. *Quæ dixi.*
我所穿的衣裳 **Ngò sò tchouān tỷ ȳ châng.** Les vêtements que j'ai mis. *Quæ ego indui vestimenta.*
我所許的事 **Ngò sò hiù tỷ sé.** Ce que j'ai promis. *Quæ ego spopondi.*
我所想的事 **Ngò sò siàng tỷ sé.** Ce que j'ai pensé. *Quæ cogitavi.*
是誰做的 **Ché choûy tsoú tỷ.** Qui les a faits?

Troisième règle. — Si l'on veut exprimer la *conclusion,* la *fin absolue* d'une action, on place de suite après le verbe, avant la particule **leào** 了, le mot chinois **ouân** 完, qui marque ce sens-là.

EXEMPLES :

我做完了 **Ngò tsoú ouân leào.** J'ai terminé, j'ai achevé cela. *Omninò finivi.* Littér. : *Ego faciens finivi.*
我讀完了 **Ngò toŭ ouân leào.** J'ai tout étudié. *Integriter studui.* Littér. : *Ego studens finivi.*
我說完了 **Ngò chŏ ouân leào.** J'ai tout dit. *Omnia dixi.* Littér. : *Ego dicens finivi.*

我寫完了 Ngò siè ouân leào. J'ai tout écrit. *Omnia scripsi*. Littér. : *Ego scribens perfeci*.

看完了 Kán ouân leào. Avoir fini de lire.

Quatrième règle. — Quand le verbe est accompagné d'une négation, au lieu des particules kó 過 et leào 了, on se sert, comme en français, du verbe auxiliaire *avoir*, yeòu 有, avec la négation.

EXEMPLES :

我莫有喫 Ngò mô yeòu tchě. Je n'ai pas mangé. *Non manducavi*.
我莫有說 Ngò mô yeòu chŏ. Je n'ai pas dit. *Non dixi*.
我莫有讀 Ngò mô yeòu toŭ. Je n'ai pas étudié. *Non studui*.
他莫有來 Tā mô yeòu laŷ. Il n'est pas venu. *Non venit*.
他莫有起來 Tā mô yeòu kỳ laŷ. Il n'est pas levé. *Non surrexit*.
他莫有死 Tā mô yeòu sè. Il n'est pas mort. *Non mortuus est*.

Cinquième règle. — Au lieu des particules ou affixes kó 過 et leào 了, usitées surtout dans la langue *orale*, on emploie plus élégamment dans la langue *écrite* les quatre ou cinq adverbes suivants, qui indiquent alors le temps passé et se placent toujours *avant* le verbe. Ces adverbes sont tsēn 曾, ỳ 已, kīn 經, ký 既 et châng 嘗. Chacun de ces mots veut dire *déjà*, jàm.

EXEMPLES :

未曾見他 Ouý tsēn kién tā. Je ne l'ai pas vu encore.

他曾說先生幾時到此 Tā tsēn chŏ siēn sēn kỳ chê taó tsè. Vous a-t-il dit à quelle époque ce maître arrivera?

已定了人家 Ỳ tín leào jên kiā. Elle était déjà fiancée.

小的已說出門拜客 Siào tў ỳ chŏ tchoŭ mên paý kě. Moi, votre serviteur, j'ai bien dit que vous étiez en visite.

不知兄弟爲何就經行了 Poŭ tchē hiōng tý ouý hô tsieóu kīn hîn leào. Je ne sais pourquoi mon frère est parti.

予既烹魚而食之 Yú ký pēn yû eûl chě tchē. J'ai fait cuire les poissons et je les ai mangés.

Sixième règle. — Dans la langue écrite, le texte suffit pour faire reconnaître, la plupart du temps, le parfait ou prétérit. C'est, par exemple, lorsque l'écrivain rapporte des événements passés, antérieurs à l'époque où il vivait. Il est évident que, dans ce cas, lors même que le verbe chinois n'est précédé ou suivi d'aucun des signes ordinaires du parfait, il faut entendre et traduire au temps passé.

已有成命 Ỳ yeòu tchēn mín. Le décret est déjà rendu.
已有言在先 Ỳ yeòu yên tsaý siēn. On avait déjà réglé.
曾許家人否 Tsēn hiù kiā jên feòu? Est-elle déjà fiancée?

IV. — Le PLUS-QUE-PARFAIT. Hiáng chê ỳ siēn 向時已先.

Premier mode. — On forme ce temps en plaçant tout simplement avant le verbe le mot : **siēn** 先, *auparavant*, antè, anteà. Dans la langue écrite, c'est le contexte qui indique presque toujours ce temps du verbe.

EXEMPLES :

我先愛了 Ngò siēn gaý leào. J'avais aimé. *Amaveram.*
我先讀了 Ngò siēn toŭ leào. J'avais étudié. *Studueram.*
我先說個了 Ngò siēn chŏ kó leào. J'avais dit. *Dixeram.*

Deuxième mode. — Dans les livres, on fait un fréquent usage de la tournure suivante pour former le plus-que-parfait ; elle consiste à commencer la phrase par ces mots : **ȳn oúy**, ou simplement **ȳn**, parce que. *Quia, ideò, eò quod.*

EXEMPLES :

因一門人送了十二盆菊花 Ȳn ỳ mên jên sóng leào chĕ eúl pĕ̀n kioŭ hoā. Un de ses clients lui avait envoyé douze vases de reines-marguerites.

因平日來往慣了 Ȳn pĭ̀n jĕ laŷ ouàng kouán leào. Ils avaient l'habitude de passer ensemble la journée.

Troisième mode. — Certains adverbes de temps et de qualité qui accompagnent le verbe, dans la *langue écrite*, servent à marquer le plus-que-parfait.

EXEMPLES :

昨日正要來拜 Tsŏ jĕ tchén yáo laŷ paý. Hier j'avais justement formé le projet de venir vous voir.

前天我要起身 Tsiĕ̀n tiĕ̀n ngò yáo kỳ̀ chēn. Avant-hier je voulais partir.

V. — Le FUTUR. Tsiāng lâŷ 將來.

Le futur peut se former de plusieurs manières en chinois.

Première manière. — Dans la langue *orale*, le mot le plus usuel pour former le futur est yáo 要, vouloir, que l'on place *immédiatement* avant le verbe de la phrase (1).

EXEMPLES :

我要起身 Ngò yáo kỳ̀ chēn. Je partirai. *Proficiscar.*
我要愛 Ngò yáo gaý. J'aimerai. *Amabo.*

---

(1) Si l'on plaçait le mot yáo 要 avant le pronom ngò, le sens de chacun des exemples ci-dessous serait *tout autre*. On aurait ce sens-ci : Il veut que je parte, que j'aime, que je mange, que je lise, etc.

我要喫 Ngò yáo tchĕ. Je mangerai. *Manducabo.*
我要讀 Ngò yáo toŭ. Je lirai. *Legam.*
他要來 Tā yáo laŷ. Il viendra. *Veniet.*
他要死 Tā yáo sè. Il mourra. *Morietur.*
我要去 Ngò yáo kiŭ. J'irai. *Ibo.*

Deuxième manière. — Certains adverbes de temps, comme *demain,* mîn tiēn 明天, *après-demain,* heóu tiēn 後天; ensuite, heóu laŷ 後來, etc., marquent suffisamment le futur. Dans ce cas, on n'accompagne le verbe d'aucune expression particulière.

EXEMPLES :

我明天去 Ngò mîn tiēn kiŭ. Je partirai demain. *Cras ibo.*
我後天趕塲 Ngò heóu tiēn kàn tchăng. Après-demain j'irai au marché. *Postridiè forum frequentabo.*
我後來看 Ngò heóu laŷ kăn. Je verrai ensuite. *Posteà videbo.*
我慢慢想 Ngò mán-mán siàng. J'y penserai peu à peu. *Paulatim cogitabo.*
明天我做完了 Mîn tiēn ngò tsoú ouân leào. J'aurai fini demain. *Cràs finiam.*

Troisième manière. — Le mot tsiāng 將 sert surtout, dans la langue écrite, à indiquer le futur.

EXEMPLES :

他將死 Tā tsiāng sè. Il mourra. *Morietur.*
將來主日 Tsiāng laŷ tchoù jĕ. Dimanche prochain. *Dominicâ proximâ.*

Quatrième manière. — On rencontre, dans les livres, le mot hoúy 會 servant à faire le futur.

EXEMPLE :

善人會升天 Chán jên hoúy chēn tiēn. Les justes iront au ciel. *Boni ascendent in cœlum.*

Cinquième manière. — Dans la langue *écrite,* le futur se déduit très-souvent de l'ensemble, du contexte de la phrase, sans que le verbe y soit accompagné d'aucune des particules précitées. Lorsque la phrase chinoise est interrogative, le temps futur apparaît davantage.

EXEMPLES :

天下紛紛何時定乎 Tiēn hiá fēn fēn, hô ché tín hoû. L'Empire est tout troublé, quand sera-t-il pacifié?
雖你來我不去 Siū ngỳ laŷ ngò poŭ kiŭ. Quoique vous veniez, je n'irai pas. *Etsi veneris, ego non ibo.*

VI. — L'IMPÉRATIF. Mín tchē tsē 命之辭.

L'urbanité chinoise ne permet pas d'employer le commandement à l'égard des supérieurs ou même des égaux que l'on honore. En chinois, c'est surtout le *ton de la voix* qui, dans la langue orale, fait sentir que le verbe est à l'impératif, puisqu'*en réalité* il n'y a aucune particule distinctive pour marquer l'*impératif*. On emploie à volonté le pronom personnel; mais, ni ce pronom à la deuxième personne, ni les particules négatives ou prohibitives qui accompagnent souvent le verbe à l'impératif, ne sont des *signes distinctifs* de ce temps du verbe, ainsi qu'un sinologue moderne annonce l'avoir découvert le premier.

EXEMPLES :

來 Laŷ ou 你來 ngỳ laŷ. Viens. *Veni.*
去 Kiŭ ou 你去 ngỳ kiŭ. Va. *Exi.*
喫 Tchĕ ou 你喫 ngỳ tchĕ. Mange. *Manduca.*
出去 Tchoŭ kiŭ ou 你出去 ngỳ tchoŭ kiŭ. Sors d'ici. *Abeas.*
說 Chŏ ou 你說 Ngỳ chŏ. Dis. *Dic.*

VII. — Le PROHIBITIF.

Le prohibitif s'exprime, en chinois, par les particules négatives oŭ 勿, oŭ 無, mô 莫, poŭ 不, poŭ yáo 不要.

EXEMPLES :

不要說 Poŭ yáo chŏ. Ne dites pas. *Ne dicas.*
不哄我 Poŭ hòng ngò. Ne me trompez pas. *Noli fallere me.*
莫要說這等風流話 Mô yáo chŏ tchè tèn fōng lieôu hoá. Ne tenez pas le langage d'une homme de plaisir.
勿偷盜 Oŭ teōu táo. Tu ne voleras pas. *Non furaberis.*
毋貪他人財物 Oŭ tān tā jên tsaŷ oŭ. Bien d'autrui ne prendras ni ne désireras injustement.

VIII. — Le CONDITIONNEL. Jŏ kān tchē chê 若干之時.

La tournure de la phrase, le contexte servent surtout à faire connaître que le temps du verbe est conditionnel.

EXEMPLES :

要開口又閉不得 Yáo kaŷ keŏu yeóu kaŷ poŭ tĕ. Quand on voudrait parler, il faut se taire.
要閉口又閉不得 Yaó pý keŏu, yeóu pý poŭ tĕ. Quand on voudrait se taire, il faut parler.
你我既樂看花飲酒自當隱藏山中 Ngỳ ngò ký lŏ kān hoā ỳn tsieòu tsé tāng ỳn tsāng chān tchōng. Puisque nous n'avons de plaisir qu'à boire et à jouir des fleurs, nous n'aurions rien de mieux à faire qu'à nous retirer dans les montagnes.

IX. — L'OPTATIF. Hín chŏ tchē tsĕ 幸說之辭.

L'optatif s'exprime, en chinois, par cette tournure : *Plaise à Dieu, plût à Dieu que!* Utinam! Pā poŭ tĕ 巴不得, pā hín poŭ tĕ 巴幸不得, Hén poŭ tĕ 恨不得.

EXEMPLE :

巴不得我愛 Pā poŭ tĕ ngò gaý. Puissé-je aimer! *Utinam amem!*

X. — L'INFINITIF PRÉSENT. Poŭ tín oúy tchē tsĕ 不定位之辭.

1° En chinois, l'infinitif n'est distingué par aucun signe distinctif. Comme dans les langues à flexion, l'infinitif chinois est souvent employé comme *sujet de la phrase*, surtout dans les adages, les proverbes, les maximes populaires.

EXEMPLES :

說是說，做是做 Chŏ ché chŏ, tsoú ché tsoú. Dire c'est dire, faire c'est faire.

有意栽花花不發 Yeòu ý tsaÿ hoā, hoā poŭ fă. Avoir l'intention de planter une fleur, celle-ci ne poussera pas.

知巳知彼 Tchē kỳ tchē pỳ. Se connaître soi-même c'est connaître les autres.

將心比心 Tsiāng sīn pỳ sīn. Prendre son cœur pour mesurer celui des autres.

2° Le parfait et le plus-que-parfait de l'infinitif se rendent, en chinois, comme le parfait ordinaire.

EXEMPLES :

愛了 Gaý leào. Avoir aimé. *Amavisse.*

讚美了 Tsán meỳ leào. Avoir loué. *Laudavisse.*

3° L'infinitif futur peut se faire par ces mots : Kaÿ tāng 該當. *Il convient, il faut.* Oportet.

XI. — Le PARTICIPE PRÉSENT. Hién tsaý tchē mîn 現在之名.

Première manière. — Il se forme, en général, dans le langage parlé, en ajoutant au verbe ces mots : chê heóu 時候, *maintenant, à présent.*

EXEMPLES :

他喫飯時候說話 Tā tchē fán chê heóu chŏ hoá. Il parlait en mangeant. *Manducans loquebatur.*

念經時候他睡瞌睡 Nién kīn chê heóu tā choúy kŏ choúy. Il dormait en priant. *Orans dormiebat.*

他走路時候發汗 Tā tseòu loú chê heóu fă hán. Il suait en marchant. *Ambulans sudorem emittebat.*

Deuxième manière. — Le participe présent se forme aussi en ajoutant au verbe la particule **tў** 的, comme pour les adjectifs, ou, dans la langue écrite, le mot **tchĕ** 者.

EXEMPLES :

愛的 **Gaý tў**. Aimant. *Amans.*
好學的 **Haó hiŏ tў**. Aimant l'étude. *Studio deditus.*
好色的 **Haó sĕ tў**. Aimant la volupté. *Voluptati deditus.*

Troisième manière. — En plaçant avant le verbe, soit le mot **kŏ** 可, soit le mot **ouŷ** 爲, on obtient un participe présent.

EXEMPLES :

可愛 **Kŏ gaý**. Aimant, ou pour aimer. *Ad amandum.*
爲讚美 **Ouŷ tsán meỳ**. Louant, ou pour louer. *Ad laudandum.*

Quatrième manière. — En se servant du mot **laý** 賴, s'appuyer, se confier, *inniti*, on fait, dans la langue écrite, un participe présent très-commun et élégant.

EXEMPLES :

賴天主的恩 **Laý Tiēn Tchoù tў gēn**. Confiant en la grâce de Dieu.
賴人之力 **Laý jên tchē lў**. Espérant en la protection de quelqu'un.

XII. — Le PARTICIPE PASSÉ.

Le participe passé se forme, de même que les adjectifs, en ajoutant au verbe le mot **tchĕ** 者.

忘者 **Ouàng tchĕ**. Les choses oubliées.
記者 **Ký tchĕ**. Les choses dont on se souvient.
昔者 **Sў tchĕ**. Les choses passées.
解者 **Kiaỳ tchĕ**. Les choses dont on s'est accusé.

XIII. — Le PARTICIPE PASSÉ PASSIF.

Le participe passé passif se forme en ajoutant au parfait du verbe le mot **tў** 的. Quelquefois même ce mot **tў** 的, ajouté seul au verbe, suffit à cause du contexte.

EXEMPLES :

殺了的 **Chă leào tў**. Tué. *Occisus.*
薦了的 **Tsién leào tў**. Protégé. *Alicujus cliens.*
愛的 **Gaý tў**. Aimé. *Amatus.*
爲他喜的是銀子愛的是酒盃 **Oûy tā hỳ tў ché ŷn tsè, gaý tў ché tsieòu peў**. Pour lui, l'argent était sa joie, le vin l'objet de ses vœux. *Argento et vino tantùm gaudet.*

XIV. — Le GÉRONDIF.

Le gérondif se forme de la même manière que le temps précédent.

EXEMPLES :

他把去的念頭去在一後 Tā pà kiű tỳ nién teőu kiű tsaý ỳ heóu. Il renvoya à un autre temps sa pensée de partir. *Profectum in aliud tempus distulit.*

IX. — DES DIFFÉRENTES VOIX DANS LES VERBES.

I. — VOIX ACTIVE, OU DES VERBES ACTIFS. Hîn yên 行言.

Les mots chinois étant invariables, il n'y a pas, dans la langue chinoise, différentes classes de conjugaisons. Les mots chinois, pris dans le sens de verbes actifs, se reconnaissent aisément par le régime qui les suit. Dans la langue écrite, le verbe actif est souvent précédé d'une particule et de son régime.

EXEMPLES :

我打你 Ngò tà ngỳ. Je vous bats. *Ego percutio te.*
我學道理 Ngò hiŏ taó lỳ. J'étudie la doctrine. *Studeo doctrinæ.*
我喫飯 Ngò tchĕ fán. Je mange le riz. *Manduco oryzam.*
我看書 Ngò kān choū. Je lis un livre. *Librum lego.*
告病 Kaó pín. Prétexter une maladie. *Valetudinem excusare.*
安慰病人 Ngān ouý pín jên. Consoler les malades.
㮚德 Tsōng tĕ. Accumuler les vertus. *Cumulare virtutes.*
辨惑 Pién houây. Dissiper les erreurs. *Errores depellere.*
醫病人 Ȳ pín jên. Guérir les malades. *Ægros sanare.*

II. — VOIX PASSIVE, OU VERBES PASSIFS. Pý cheóu yên 被受言.

La forme passive directe des verbes est peu employée dans la langue *orale*. Lorsque l'on veut donner à un verbe chinois la forme passive, on se sert de l'un des six modes suivants :

Premier mode. — On tourne la phrase de manière à lui donner la tournure active. Par exemple : *être injurié, être maudit*, se tourneront par : recevoir des injures, des malédictions. Cette forme est la plus usuelle dans la langue orale.

EXEMPLES :

受人的愛 Cheóu jên tỳ gaý. Être aimé. *Amari.*
受人的勸 Cheóu jên tỳ kiuén. Être averti. *Moneri.*
受罰 Cheóu fă. Être puni. *Puniri.*
受造 Cheóu tsáo. Être créé. *Creari.*

受人的駡 **Cheóu jên tŷ má.** Être maudit. *Maledici.*

受打 **Cheóu tà.** Être battu. *Cædi.*

受人之托 **Cheóu jên tchē tŏ.** Être chargé d'une commission. *Alicui mandatum tradere.*

他父親打了他 **Tā foú tsīn tà leào tā.** Il a été battu par son père. *A patre fuit percussus.*

好不受用 **Haò poŭ cheóu yóng.** N'être bon à rien.

Deuxième mode. — Lorsque la phrase n'est pas susceptible de prendre la tournure précédente, au lieu du mot **cheóu** 受, *recevoir*, on emploie le mot **tĕ** 得, *contracter, prendre.*

EXEMPLE :

得病 **Tĕ pín.** Être malade. *Ægrotari.* Littér. : contracter une maladie.

Troisième mode. — La forme passive d'un verbe se rend très-souvent, dans les livres, par le mot **pý** 被, placé avant le verbe. Cette manière est plus concise et plus énergique dans les livres.

EXEMPLES :

被定十字架上 **Pý tín chĕ tsé kiá cháng.** Être crucifié. *Crucifigi.*

被老爺駡了幾句 **Pý laò yê má leào kỳ kiú.** Être maudit par le mandarin. *A præfecto maledici.*

途中被搶 **Toŭ tchōng pý tsiăng.** Être arrêté sur le grand chemin. *In viâ comprehendi.*

恐怕被人見 **Kŏng pá pý jên kién.** Craignant d'être vu par quelqu'un.

Quatrième mode. — Le mot **kién** 見, voir, *videre*, placé *devant* un verbe lui donne la forme passive.

EXEMPLES :

爾名見聖 **Eùl mîn kién chén.** Que votre nom soit sanctifié. *Sanctificetur nomen tuum.*

遯世不見知而不悔 **Tén ché poŭ kién tchē eûl poŭ hoùy.** Fuir le siècle, être méconnu des hommes et n'en avoir aucun chagrin.

願不見知於人 **Yuén poŭ kién tchē yû jên.** Désirer n'être pas connu des hommes.

可見有眞才者。處處見賞 **Kŏ kién yeòu tchēn tsaý tchĕ, tchoŭ tchoŭ kién chàng.** Cela montre que celui qui a un vrai mérite en est toujours récompensé.

Cinquième mode. — Dans la langue *écrite*, les particules yû 於, yû 于, hoû 乎, ỳ 以, placées entre un verbe actif et son complément direct donnent à ce verbe actif le sens passif.

EXEMPLES :

治於人者食人 **Tché yû jên tchĕ chĕ jên.** Ceux qui sont gouvernés par les hommes nourrissent les autres hommes.

有三年之愛於父母 **Yeòu sān niên tchē gaý yû foú moù.** A l'âge de trois ans nous sommes chéris par nos parents.

子華使於齊 **Tsè hoâ ché yû tsў̌.** Tsè hoâ ayant été envoyé dans le royaume de **Tsў̌.**

Sixième mode. — Une espèce d'idiotisme chinois sert souvent, dans la langue écrite, à donner au verbe le sens passif. La construction de la phrase, dans ces cas-là, est telle qu'on ne pourrait traduire autrement que par le passif.

EXEMPLES :

他的怒息了 **Tā́ tў̌ loŭ sў̌ leào.** Sa colère s'est apaisée.

道其不行 **Taó kў̌ poŭ hîn.** La voie n'est pas parcourue.

德之不修。學之不講 **Tĕ́ tchē poŭ sieōu, hiŏ tchē poŭ kiàng.** La vertu n'est pas cultivée, l'étude n'est pas recherchée.

舜有臣五人而天下治 **Chuén yeòu tchĕ̂n où jên eûl tiĕ́n hiá tché.** Chuén avait cinq ministres, et l'Empire était bien gouverné.

上焉者。雖善無徵。無徵不信。不信民弗從。 **Cháng yēn tchĕ̆, siū chán oŭ tchēn, oŭ tchēn poŭ sín, poŭ sín mîn foŭ tsŏ́ng.** Les règles des anciens, quoique bonnes, ne sont pas authentiques; ne l'étant pas, on n'y ajoute pas une pleine foi; la foi manquant, le peuple ne les suit plus.

汪貴妃冊封皇后 **Ouāng koúy feȳ tsĕ̌ fōng houâng heóu.** La reine **Ouāng koúy** va être élevée au rang d'impératrice.

III. — VOIX NEUTRE OU DES VERBES NEUTRES.

1° En chinois on connaît aisément à la position qu'il occupe dans la phrase qu'un verbe doit être pris dans le sens neutre.

EXEMPLES

魚活 Yû hô. Le poisson est vivant.
人死也 Jên sè ỳ. L'homme est mort.

2° La plupart du temps les verbes neutres chinois sont formés par un adjectif ou même un substantif, qui deviennent tels par leur position. Les livres classiques de la Chine sont remplis d'exemples de verbes neutres ainsi formés.

EXEMPLES :

人性善 Jên sín chán. La nature de l'homme est bonne.
房子大 Fâng tsè tá. La maison est grande.
人窮智短 Jên kiǒng tché touàn. La prudence du pauvre est courte.
馬瘦毛長 Mà seóu maô tchǎng. Les poils du cheval maigre sont longs.
這个人大方 Tché kó jên tá fāng. Cet homme est généreux.
只怕言輕 Tchè pá yên kīn. Je crains seulement que mes paroles soient de peu de poids.

IV. — VERBES PRONOMINAUX.

Ces verbes se forment, en chinois, par le mot tsé 自, *se, soi-même*, se, sui, que l'on place avant le verbe actif.

EXEMPLES :

自辱 Tsé joǔ. Se déshonorer.
自量 Tsé leáng. S'examiner. *Examinare se.*
自誇 Tsé kouā. Se vanter.
自娛 Tsé oú. Se réjouir. *Gaudere.*
自大 Tsé tā. Se vanter. *Jactare se.*
自居 Tsé kiū. Bien penser de soi. *Optimè de se cogitare.*
自得 Tsé tě. Content de soi. *Esse contentus sui.*
自用 Tsé yóng. Vivre à sa guise. *Suo arbitratu agere.*
自經 Tsé kīn. Se tuer. *Seipsum suspendere.*
自在 Tsé tsaý. Se bien porter. *Benè valere.*
自訟 Tsé sóng. S'accuser soi-même. *Se accusare.*

V. — VERBES CAUSATIFS.

Cette classe de verbes se forme, en chinois, de plusieurs manières : 1° par l'emploi du mot lìn 令, qui implique l'idée du commandement; 2° par le mot chè 使, qui a le même sens; 3° la *position* d'un substantif ou d'un verbe neutre en font souvent un verbe causatif.

EXEMPLES :

他做了一首清新秀美。使我輩老詩人動手不得 Tā tsoú leào ỳ cheòu tsīn sīn sieòu meỳ chè ngò peý laò chē jên tóng cheòu poŭ tĕ. Elle composa une pièce de vers les plus beaux qu'on puisse imaginer, si bien qu'elle nous obligea, nous autres vieux poëtes, à ne pas en composer.

使民敬忠 Chè mîn kíu tchōng. Faire que le peuple soit respectueux et fidèle.

悅於人 Yuĕ yû jên. Réjouir les autres.

和於神 Hô yû chên. S'accorder avec les esprits.

VI. — VERBES IMPERSONNELS.

Ces verbes sont fort peu nombreux dans la langue chinoise. Nous n'en connaissons que les cinq ou six exemples qui suivent.

EXEMPLES :

下雨 Hiá yù. Il pleut. *Pluit.*

落雪 Lŏ suĕ. Il neige. *Ningit.*

下雹 Hiá paó. Il grêle. *Grandinat.*

起風 Kỳ fōng. Il fait du vent. *Surgit ventus.*

起毬 Kỳ kieôu. Lancer un ballon. *Folle ludere.*

X. — DES MOTS CHINOIS QUI SONT TOUJOURS VERBES.

La plupart des noms communs et des adjectifs peuvent, selon leur position dans la phrase, devenir tantôt *adjectifs*, tantôt *verbes*, et quelquefois *adverbes*. En règle générale, tous les noms communs qui deviennent verbes changent de *tons*; ils passent, comme on dit en chinois, au quatrième ton, qui se nomme kiú chēn 去聲, *lequel est l'accent du mouvement* Nous ne connaissons d'exception que pour un mot ou deux, savoir : cháng 上, *sur, au-dessus, monter*, et hiá 下, *au-dessous*, infrà, lesquels passent au troisième ton. Un très-grand nombre de mots chinois ont le privilége de changer de prononciation, en changeant de sens. Ainsi, yŏ 樂, musique, deviendra lò 樂, se réjouir, etc. — La phrase chinoise est si régulière qu'on reconnaît aisément le nom commun devenu verbe, de même qu'on reconnaît aisément la voix de ce verbe. Le mécanisme chinois est simple, dès qu'on l'a compris; mais il s'éloigne de toutes nos idées grammaticales. La langue anglaise voit souvent ses noms communs devenir verbes, comme dans le chinois.

Cependant, une classe de verbes chinois conserve toujours sa signification *verbale*, de même que certains substantifs demeurent toujours noms communs. Ces verbes ne sont sujets à aucune règle particulière.

Exemples de verbes demeurant toujours verbes.

來 Laŷ. Venir. *Venire.*	陷 Hán. Tomber. *Cadere in.*
去 Kiŭ. Aller. *Ire.*	克 Kĕ. Vaincre. *Vincere.*
作 Tsŏ. Faire. *Facere.*	砍 Kăn. Couper. *Cædere.*
做 Tsoú. Faire. *Facere.*	弄 Lóng. Jouer. *Ludere.*
催 Tsoūy. Presser. *Urgere.*	擄 Liŭ. Enlever. *Rapere.*
俟 Sé. Attendre. *Exspectare.*	犯 Fán. Violer. *Violare.*
有 Yeòu. Avoir. *Habere.*	耕 Kēn. Labourer. *Arare.*
在 Tsaý. Être. *Esse in.*	趕 Kàn. Poursuivre. *Insequi.*
加 Kiā. Augmenter. *Augere.*	辨 Pién. Discerner. *Distinguere.*

XI. — DES VERBES CHINOIS DEVENANT, *PAR POSITION, SUBSTANTIFS, ADJECTIFS, ADVERBES,* ET QUELQUEFOIS *VERBES ACTIFS*, DE NEUTRES QU'ILS ÉTAIENT.

La richesse et l'abondance de la langue chinoise consistent principalement dans le mécanisme à la fois simple et ingénieux par lequel le même mot change de rôle dans le discours. Les verbes chinois ont particulièrement ce privilége avec les noms communs.

I. — *Verbes devenant*, par position, *substantifs.*

EXEMPLES :

打 Tà. Frapper. *Percutere.*	受打 Cheóu tà Recevoir des coups.
生 Sēn. Naître. *Nasci.*	草木有生 Tsào moŭ yeoù sēn. Les plantes ont la vie.
知 Tchē. Connaître. *Noscere*	禽獸有知 Kîn cheóu yeoù tchē. Les animaux ont la connaissance.
拜 Paý. Saluer. *Salutare.*	拜四拜 Paý sé paý. Faire quatre saluts.
是 Ché. Être. *Esse.*	年兄之言最是 Niên hiōng tchē yên tsoúy ché. Les paroles de mon frère sont très-vraies.
治 Tché. Régir. *Regere.*	夫狄不可以中國之治治也 Foū tŷ poŭ kŏ ỳ tchōng kouĕ tchē tché tché ỳ. On ne peut régir les Barbares comme on régit les Chinois.

盡 Tsín. Épuiser. *Exhaurire*.	謝不盡 Sié poŭ tsín. Remercier sans fin.
差 Tchaў. Députer. *Legare*.	要討個外差 Yáo taŏ kó ouáy tchaў. Je veux demander une ambassade au dehors.
喜 Hỳ. Se réjouir. *Gaudere*.	我是來報喜的 Ngò ché laŷ paó hỳ tў. Je suis une messagère de joie.
慶 Kín. Honorer.	一人有慶兆民賴之 Ўjên yeòu kín, tchaó mîn laý tchē. Un seul cultive la vertu, des millions de cœurs volent vers elle.
疑 Nŷ. Soupçonner. *Suspicari*.	恐白老生疑 Kŏng Pĕ laò sēn nŷ. Je crains que le vieux Pĕ n'ait des soupçons.

II. — *Verbes devenant, par position, adjectifs verbaux.*

En ajoutant au verbe la particule **tchĕ** 者, on obtient une classe nombreuse d'*adjectifs verbaux*.

EXEMPLES :

生 Sēn. Naître. *Nasci*.	生者 Sēn tchĕ. Vivant. *Vivens*.
死 Sè. Mourir. *Mori*.	死者 Sè tchĕ. Mort. *Mortuus*.
事 Sé. Servir. *Servire*.	事者 Sé tchĕ. Servant. *Serviens*.
知 Tchē. Savoir. *Scire*.	知者 Tchē tchĕ. Ceux qui savent. *Scientes*.

III. — *Verbes devenant, par position, adverbes.*

On ne peut lire une page de chinois sans rencontrer des verbes qui, accompagnant un autre verbe, jouent le rôle d'adverbes.

EXEMPLES :

偷看 Teōu kán. Regarder furtivement. *Furtim aspicere*.
錯聽 Tsŏ tīn. Entendre de travers. *Malè audire*.
令人羞死 Lín jên sieōu sè. Faire mourir quelqu'un de honte. *Pudore aliquem afficere*.
忍忽 Jèn cheóu. Supporter patiemment. *Patienter sufferre*.
死亡 Sè ouâng. Mourir éternellement. *Æterniter mori*.

IV. — *Verbes neutres devenant*, par position, *verbes actifs*.

EXEMPLES :

陷 Hán. Tomber. *Cadere in.*

彼陷溺其民 Pỳ hán nỳ kỳ mîn. Ils précipitèrent leurs peuples dans un abîme de maux.

凍 Tóng. Avoir froid. *Frigescere.*

餒 Loùy. Avoir faim. *Esurire.*

凍餒其妻子則如之何 Tóng loùy kỳ tsỳ tsè tsĕ joŭ tchē hô? S'il a exposé au froid, à la faim, sa femme, ses propres enfants, que sera-ce des autres?

Dans ces trois exemples, le verbe est suivi d'un régime direct, et prend nécessairement la signification active.

XII. — RÈGLES GÉNÉRALES POUR TRADUIRE EN CHINOIS CERTAINES CLASSES DE VERBES FRANÇAIS.

Première règle. — Tous les verbes français qui dérivent du latin et sont formés de la préposition *cum*, avec, *simul*, ensemble, se traduisent par le verbe chinois ordinaire, précédé du mot Tŏng 同, *avec.*

EXEMPLES :

同樂 Tŏng lŏ. *Congaudere.*

同苦 Tŏng koŭ. *Compati.*

Deuxième règle. — Tous les verbes français dérivés du latin, ayant l'affixe *re*, rursùm, se traduisent communément par le verbe ordinaire, précédé soit du mot foŭ 復, qui indique *la répétition, la réitération*, soit du mot yeóu 又, qui a le même sens.

EXEMPLES :

復見 Foŭ kién. Revoir. *Iterùm videre.*

復活 Foŭ hô. Ressusciter. *Resurgere.*

復入 Foŭ joŭ. Rentrer. *Reingredi.*

復新 Foŭ sīn. Renouveler. *Renovare.*

復生 Foŭ sēn. Renaître. *Renasci.*

CHAPITRE VIII.

DES ADVERBES, Tchouāng tsĕ 壯辭 ou Kín yên 近言.

1° Adverbes de temps. — 2° Adverbes de lieu et de distance. — 3° Adverbes de quantité. — 4° Adverbes de qualité. — 5° Adverbes de rang. — 6° Adverbes de comparaison. — 7° Adverbes d'affirmation, de négation et de doute. — 8° Adverbes d'interrogation. — 9° Manière de faire les interrogations en chinois. — 10° Locutions adverbiales. — 11° Des adverbes devenant, *par position*, adjectifs, verbes, etc.

La langue chinoise n'a pas, à proprement parler, de mots qui soient *adverbes*. Les mots chinois le deviennent, soit par leur position dans la phrase, soit par l'usage. En général, tous les mots chinois pris *adverbialement* se placent avant le verbe. Dans la langue écrite, le contraire a lieu quelquefois. Il n'y a aucune règle à donner ici à un jeune sinologue, sinon à retenir par cœur ces expressions.

I. — DES ADVERBES DE TEMPS.

今天 **Kīn tiēn**, ou 今日 **Kīn jĕ**. *Aujourd'hui.* Hodiè.
昨天 **Tsŏ tiēn.** *Hier.* Heri.
前天 **Tsiēn tiēn.** *Avant-hier.* Nudius tertius.
上前天 **Cháng tsiēn tiēn.** *Le jour d'avant-hier.* Nudius quartus.
明天 **Mîn-tiēn**, ou 明日 **mîn jĕ.** *Demain.* *Crás.*
後天 **Heóu tiēn.** *Après-demain.* Postridiè.
第二天 **Tý eúl tiēn.** *Le lendemain.* Postero die.
第三天 **Tý sān tiēn.** *Le surlendemain.* Tertio die.
天天 **Tiēn tiēn.** *Journellement.* Quotidiè.
過了六天 **Kó leào loŭ tiēn.** *Dans six jours.* Post sex dies. Littér. : Transactis sex diebus.
今年 **Kīn niên**, ou 本年 **Pèn niên.** *Cette année.* Hoc anno.
今月 **Kīn yuĕ**, ou 本月 **Pèn yuĕ.** *Ce mois.* Hâc lunâ.
明年 **Mîn niên**, ou 來年 **laŷ niên.** *L'an prochain.* Anno futuro.
去年 **Kiŭ niên.** *L'an passé.* Elapso anno.
如今 **Joŭ kīn.** } *Maintenant. Présentement. A présent.* Nunc.
此時 **Tsè chê.** }
到如今 **Taó joŭ kīn.** *Jusqu'à présent.* Ad hanc diem.

那時 Lá chê, ou 那个時侯 Lá kó chê heóu. *Alors.* Tùm, tunc.
到那時 Taó lá chê. *Jusqu'alors.*
當時 Táng chê, ou 就 tsieóu. *Aussitôt.* Extemplò.
先 Siēn, ou 昔 sỹ. *Autrefois.* Olim.
有時 Yeòu chê. *Quelquefois.* Aliquotiès.
一次 Ỹ tsé, ou 一回 ỹ hoûy. *Une fois.* Semel.
二次 Eúl tsé, ou 二回 eúl hoûy. *Deux fois.* Bis.
第一次 Tý ỹ tsé. ou 第一回 tý ỹ hoûy. *La première fois.*
第五次 Tý où tsé, ou 第五回 tý où hoûy. *La cinquième fois.*
一樣 Ỹ yáng, ou 一般 ỹ pān. *De même.* Pariter.
一定 Ỹ tín, ou 必定 pỹ tín. *Certainement.* Certò quidem.
一齊 Ỹ tsỹ, ou 一路 ỹ loú. *Ensemble.* Unà, simul.
後來 Heóu laŷ, 一後 ỹ heóu, 然後 jân heóu, ou 後然 heóu jân. *Ensuite.* Deinceps.
自今一後 Tsé kīn ỹ heóu. *Désormais.* Posthàc.
不久 Poŭ kieòu, ou 不多時 poŭ tō chê. *Bientôt.* Brevi.
先 Siēn, ou 前頭 tsiēn teŏu. *Jadis.* Olim.
有時 Yeòu chê. *Jamais* (sans négation). Unquàm.
全不 Tsuēn poŭ, 總不 tsòng poŭ, ou 萬萬不 ouán ouán poŭ. *Jamais* (avec négation). Nunquàm.
忽然 Hoŭ jân. *Subitement.* Subitò.
單 Tān, ou 單單 tān tān. *Seulement.* Solùm.

Tantôt se rend par le mot ỹ 一 répété avec le nom. *V. g.*

一上一下 Ỹ cháng ỹ hiá. *Tantôt en haut, tantôt en bas.*
一來一往 Ỹ laŷ ỹ ouàng. *Tantôt en allant, tantôt en venant.*
一下他要一下他不要 Ỹ hiá tā yaó ỹ hiá tā poŭ yaó. *Tantôt il veut, tantôt il ne veut pas.* Modò ait, modò negat.
常常 Châng châng, ou 不斷 poŭ touán. Toujours. *Semper.*
遠多久 Yuèn tō kieòu. *Longtemps.* Diù.
永遠久 Yùn yuèn kieòu. *Depuis longtems.* Jàm pridem.
多久 Tō kieòu, *Depuis fort longtemps.* Perdiù.
許久 Hiù kieòu. *Depuis longtemps.*
多久 Tō kieòu. *Longuement.* Perdiù.

II. — ADVERBES DE LIEU ET DE DISTANCE.

在 Tsaý. *Où* (sans mouvement interrogat.). Ubì.
在那裡 Tsaý là lỳ. *Où* (avec interrogat.). Ubinàm.
他在那裡 Tā tsáy là lỳ. *Où est-il?* Ubinàm est?

到那裡去了 Taó là lỳ kiű leào. *Où sont-ils allés?*

不拘那裡 Poŭ kiū là lỳ. *Où.* Quò (avec mouvem. et sans interrogat.).

不論那裡 Poŭ lén là lỳ.

到那裡 Taó là lỳ. *Où.* Quò (avec interrogation).

你到那裡去 Ngỳ taó là lỳ kiű, ou 往那裡去 ouàng là lỳ kiű? *Où allez-vous?* Quò vadis?

從那裡 Tsŏng là lỳ, *D'où.* Undenàm.

從那裡來 Tsŏng là lỳ laŷ. *D'où venez-vous?* Undè venis?

你是那裡人 Ngỳ ché là lỳ jên. *D'où êtes-vous?* Undè gentium es?

怎樣 Tsèn yáng. *Quomodò?*

那裡. Là lỳ *Par où?* Quo loco?

這裡 Tché lỳ. *Ici.* Hìc (avec ou sans mouvement)

他在這裡 Tā tsaý tché lỳ. Il est ici.

你這裡來 Ngỳ tché lỳ laŷ. Viens ici.

他是本方人 Tā ché pèn fāng jên. Il est d'ici. *Hinc natus est. Ille est proprii loci homo.*

到如今 Taó joŭ kīn. Jusqu'ici. *Hùc usquè.*

過了幾天 Kó leào kỳ tiēn. D'ici à quelques jours. *Post aliquot dies.*

這裡 Tché lỳ. *Là.* Hìc (sans mouvement)

那裡 Lá lỳ *Là.* Hìc (avec mouvement).

那邊 Lá piēn. Là-bas.

在上 Tsaý cháng. Là-dessus. *Desuper.*

在下 Tsaý hiá. Là-dessous. *Infrà.*

到那時 Taó lá chê. Jusque-là. *Usquè ad*

那邊 Lá piēn. Par-là. *Per hàc.*

你走那邊 Ngỳ tseòu lá piēn. Allez par-là.

底 Tỳ, ou 矮底 Gaỳ tỳ. *Bas.* Demissè.

底下 Tỳ hiá. . . . . } En bas.
在下 Tsaý hiá. . . . }

矮點 Gaỳ tièn. Plus bas. *Demissiùs.*

矮得狠 Gaỳ tĕ hèn. Très-bas.

在世上 Tsaý ché cháng. Ici-bas. *In terris.*

在內 Tsaý loúy. . . }
在裏頭 Tsaý lỳ teōu. . } *Dedans.* Intrà.
裏頭 Lỳ teōu. . . }

裡 Lỳ se place après le mot.

心裡 Sīn lỳ. Dedans le cœur.

家裡 Kiā lỳ. Dedans la maison.

裏頭 Lỳ teōu . . . . } *En dedans.*
內 Loúy . . . . . }

在外 Tsaý ouáy. . . }
外面 Ouáy mién. . . } *Dehors*. Foris.
外頭 Ouáy teŏu. . . }

他在外頭 Tā tsaý ouáy teŏu. Il est dehors. *Est foris.*

出去在外頭 Tchoŭ kiŭ tsaý ouáy teŏu. Sortir dehors. *Exire foràs.*

趕人出去 Kàn jên tchoŭ kiŭ. Mettre quelqu'un dehors. *Foràs aliquem exturbare.*

外面 Ouáy mién. Par dehors. *Extrinsecùs.*

先 Siēn, ou 前頭 Tsiēn teŏu. *Devant.* Antè, anteà.

先我們說過了 Siēn ngò-mên chŏ kó leào. Nous en avons parlé ci-devant. *De his antè diximus.*

你先去 Ngỳ siēn kiŭ. Va, cours devant. *Abi, præcurre.*

先王 Siēn ouâng. Le ci-devant roi.

去接人 Kiŭ tsiĕ jên. Au-devant. Aller au-devant de quelqu'un.

後頭 Heóu teŏu. *Derrière.* Retrò.

高的 Kaō tỹ. *Haut.* Altè.

高點 Kaō tièn. . . . }
高些 Kaō sỹ. . . . . } Plus haut.

高得狠 Kaō tĕ hèn. Très-haut.

先 Siēn. Plus haut, c'est-à-dire auparavant. *Anteà.*

先我說過了 Siēn ngò chŏ kó leào. Je l'ai dit plus haut. *Anteà jàm dixi.*

遠 Yuèn. *Loin.* Procul.

遠點 Yuèn tièn. . . }
遠得狠 Yuèn tĕ hèn. . } *Plus loin.* Longiùs.

好多遠 Haò tō yuèn. Est-ce loin d'ici? *Quàm longè est hinc?*

這裡到城有好多遠 Tché lỳ taó tchĕn yeòu haò tō yuèn. Ya-t-il loin d'ici à la ville? *Quàm longè est hinc in urbem? Hoc loco usquè ad urbem est quanta distantia?*

遠處來 Yuèn tchoŭ laŷ. Venir de loin. *E longinquo venire.*

不久他要死 Poŭ kieòu tā yaó sè. Il n'ira pas loin. *In propinquo mors est.*

不遠 Poŭ yuèn, ou 近 Kín. *Près.* Propè.

他不遠 Tā poŭ yuèn. Il est près d'ici.

不遠 Poŭ yuèn. C'est près d'ici.

近點 Kín tièn. Plus près.

近得狠 Kín tĕ hèn. Très-près.

III. — ADVERBES DE QUANTITÉ

多 Tō. *Beaucoup.* Multùm.

更多 Kén tō, ou 多點 tō tièn. Beaucoup plus. *Multò magis*

少些 Chaò sỹ. Beaucoup moins. *Multò minùs.*
多得狠 Tō tĕ hèn. Beaucoup, au superlatif absolu.
好多 Haò tō, ou 好幾个 haò kỳ kó. *Combien?* Quantùm.
至少 Tché chaò. *Au moins.* Ad minùs.
都 Toū, ou 全的 tsuên tỹ. *Tout.* Omninò.
一樣的 Ỹ yáng tỹ. Tout de même. *Pariter.*
不久 Poŭ kieòu, ou 就是 tsieóu ché. Tout à l'heure. *Modò.*
忽然 Hoû jân. Tout à coup. *Subitò.*
合時的 Hô chê tỹ. Tout à propos. *In tempore.*
一齊 Ỹ tsỹ. Tout à la fois. *Simul.*
不拘那時 Poŭ kiū là chê. Toutes les fois que.
更多 Kén tō, ou 多狠 tō hèn. *Trop.* Nimis.

IV. — ADVERBES DE QUALITÉ.

Les adverbes français de cette classe ont ordinairement leur terminaison en *ment*, qui n'est autre chose que le mot latin *mente, avec un esprit, une disposition, d'une manière.* Cette classe d'adverbes est la plus nombreuse. Comme les adjectifs, elle est susceptible de divers degrés de qualification. En chinois, on les forme en ajoutant à l'adjectif tantôt le mot yáng 樣, qui répond exactement au *mente* des latins, tantôt le mot jân 然, qui exprime l'*élan*, la *soudaineté* et l'*affirmation.*

Le comparatif et le superlatif de ces adverbes-ci se forme, en général, comme ceux des adjectifs, en ajoutant avant l'adjectif au positif les mots kén 更 ou tché 至.

EXEMPLES

惛迷樣 Houēn mỹ yáng. *Aveuglément.* Cæciter.
隸然 Lỹ jân. *Abjectement.* Abjectè.
果然 Kò jân. . . . . }
自然 Tsé jân. . . . . } *Certainement.* Certè.
其然 Kŷ jân. . . . . }
清然 Tsīn jân. *Clairement.* Clarè.
全然 Tsuên jân. *Communément.* Communiter.
合式然 Hô ché jân. *Conformément.* Conformiter.
慨然 Kăy jân. *Courageusement.* Fortiter.
容易樣 Yông ý yáng. *Facilement.* Faciliter.
偶然 Ngeòu jân. . . . . . }
適然 Chĕ jân. . . . . } *Fortuitement.* Fortuitò.
驕傲然 Kiāo gaó jân. *Hautement.* Superbè.
讓樣 Jáng yáng. *Humblement.* Humiliter

公道樣 Kōng táo yáng. *Justement.* Justè.
貴樣 Kouý yáng. *Magnifiquement.* Magnificè.
了然 Leaò jân, ou 的然 tў jân. *Manifestement.* Manifestè.
天然 Tiēn jân. *Naturellement.* Naturaliter.
攝然 Chĕ jân. *Pacifiquement.* Pacificè, quietè.
速然 Sioŭ jân. *Promptement.* Promptè.
聖樣 Chén yáng. *Saintement.* Sanctè.
忽然 Hoŭ jân. . . . . } *Subitement.* Subitò.
乍然 Tchá jân. . . . . }
晏然 Yên, ou gán jân. *Tranquillement.* Tranquillè.
傫然 Louý jân. *Tristement.* Tristè.
亂然 Louán jân. *Tumultueusement.* Tumultuosè.
惘然 Ouàng jân. *Vainement.* Inaniter.

V. — ADVERBES DE RANG.

頭一宗 Teŏu ў tsōng, ou 第一宗 tý ў tsōng. *Premièrement.* Primò.
第二宗 Tý eúl tsōng. *Secondement.* Secundò.
第三宗 Tý sān tsōng. *Troisièmement.* Tertiò, etc.
先 Siēn. *D'abord.* Primùm.
後 Heóu. *Après.* Post. Se place avant l'adjectif.
先 Siēn. *Auparavant.* Priùs.
後來 Heóu laў. *Ensuite.* Deinceps.
前 Tsiēn. *Avant.* (Avant l'adjectif.)

VI. — ADVERBES DE COMPARAISON.

這樣 Tchĕ yáng, ou 這般 Tchĕ pān. *Ainsi.* Sic, ità.
事情是這樣 Sé tsîn chó tchĕ yáng. Les choses sont ainsi.
是他的本性 Ché tā tў pèn sín. Il est ainsi fait. *Ità ingenio est.*
巴不得 Pā poŭ tĕ. *Utinam.* . . . . . } Ainsi soit-il.
亞蒙 Yà mông. *Amen.* }
又 Yeóu, 又如 yeóu joŭ, ou 一樣 ў yáng. *Aussi.* Etiam.
你們兩个人都是一樣窮乏 Ngў mên leàng kó jên toū ché ў yáng kiŏng fă. Il est aussi pauvre que vous. *Vos duo homines omninò estis eodem modo pauperes.*
一樣的 Ў yáng tў. . . }
一樣多 Ў yáng tō. . . } *Autant.* Tantùm.
一樣大 Ў yáng tá. . . }
如 Joŭ. . . . . . }

那兩本書價錢是一樣的 Lá leàng pèn choū kiá tsiēn ché ў yáng tў. Le prix de ces deux livres est le même. *Istorum duorum librorum pretium est simile.*

各人各意 Kŏ jên kŏ ý. Autant de têtes, autant d'avis. *Quot homines, tot sententiæ.*

一回半 Ў hoûy pán. Une fois autant. *Alterum tantùm.*

兩回半 Leàng hoûy pán. Deux fois autant. *Bis tantùm.*

吾未見好德如好色者也 Oû ouý kién haó tĕ joŭ haó sĕ tchĕ ў. Je n'ai encore vu personne aimer autant la vertu que la beauté du corps.

怎樣 Tsèn yáng. *Comme* (de quelle manière). Quo modo.

你曉得他怎樣做 Ngỳ hiào tĕ tā tsèn yáng tsoú. Vous savez comment il s'est conduit. *Tu scis illum quomodò egisse.*

論 Lén. *Comme* (En tant que). Quoad.

論天主耶穌受不得苦 Lén Tiēn Tchoù, Yê-Soū cheóu poŭ tĕ koŭ. Comme Dieu, Jésus était impassible.

猶如 Yeôu joŭ. *Comme.* Sicut.

翰林們猶如歐陽修 Hán lîn mên yeôu joŭ Geoū Yâng Sieōu. Les académiciens comme Geoū Yâng Sieōu.

又 Yeóu. Quamvis. 雖然 Siū jân. *Même.* Etiam.

雖然他說過了 Siū jân tā chŏ kó leào. Quand même il l'aurait dit.

猶如 Yeôu joŭ, ou 當 táng. De même que. *Sicut.*

當强盜一樣的 Táng kiâng táo ў yáng tў. De même qu'un voleur.

能 Lên ou 得 tĕ. A même de. *Posse.*

他能說話 Tā lên chŏ hoá, ou 他說得話 Tā chŏ tĕ hoá. Il est à même de parler.

更好 Kén hào, ou 好些 Hào sў. *Mieux.* Meliùs.

好得多 Hào tĕ tō. Beaucoup mieux. *Multò meliùs.*

好一些些的 Haó ў sў sў tў. } Un peu mieux. *Meliusculè.*

好一點點的 Haó ў tièn tièn tў. } Un peu mieux. *Meliusculè.*

好得狠 Haò tĕ hèn. Tout au mieux. *Optimè.*

論流 Lén lieôu. A qui mieux mieux. *Certatim.*

少的 Chaò tў. *Moins.* Minùs.

少些 Chaò sў. } Un peu moins. *Paulò minùs.*

少點 Chaò tièn. } Un peu moins. *Paulò minùs.*

少多點 Chaò tō tièn. } Beaucoup moins.

少多些 Chaò tō sў. } Beaucoup moins.

越少 Yuĕ chaò répété, se dit moins répété.

他比你更才學 Tā pỳ ngỳ kén tsaý hiŏ. Il est plus savant que vous. *Tu æquiparatus illi magis* (*est*) *doctus.*

多 Tō, 餘 yû. *Plus.* Plùs.

兩百多人 Leàng pĕ tō jên. Plus de deux cents hommes.

一千多 Ỳ tsiēn tō. Plus de mille. *Super mille.*

我說過十多回 Ngò chŏ kó chĕ tō hoûy. J'ai dit plus de dix fois. *Suprà deciès dixi.*

一年多 Ỳ niên tō. Plus d'un an. *Diutiùs anno.*

他有六十多歲 Tā yeòu loŭ chĕ tō soúy. Il a plus de soixante ans.

越多越好 Yuĕ tō yuĕ haò. Plus il y en a, plus cela vaut *Eò plus, eò meliùs.*

沒法子 Mô fă tsè. Il n'y a plus moyen. *Non est remedium.*

更不好 Kén poŭ haò. *Pis.* Pejùs.

他更不好 Tā kén poŭ haò. Aller de mal en pis. *In pejùs ruere.*

差不多 Tchā poŭ tō. *Presque.* Fermè, propè. Distare non multùm.

差不多他做完了 Tchā poŭ tō tā tsoú ouân leào. Il a presque fini.

差不多要黑 Tchā poŭ tō yaó hĕ. Il est presque nuit.

狠	Hèn.	*Très.* Admodùm. Fait le superlatif des adjectifs et des adverbes.
得狠	Tĕ hèn.	
多得狠	Tō tĕ hèn. . .	

苦得狠 Koŭ tĕ hèn. Très-amer. *Amarissimus.*

好得狠 Haò tĕ hèn. Très-bon. *Optimus.*

高得狠 Kaō tĕ hèn. Très-élevé. *Altissimus.*

VII. — ADVERBES D'AFFIRMATION, DE NÉGATION ET DE DOUTE.

Absolument. Omninò, prorsùs, integriter. En chinois : 都 toū. 全全 Tsuĕn tsuĕn, 總不 tsòng poŭ, ou 萬萬不 Ouán ouán poŭ.

我都不要	Ngò toū poŭ yáo.	Je n'en veux pas absolument.
我全全不要	Ngò tsuĕn tsuĕn poŭ yáo. . .	
我總不要	Ngò tsòng poŭ yáo.	
萬萬我不要	Ouán ouán ngò poŭ yáo. . .	

我的父毋都不在 Ngò tỳ foú moù toū poŭ tsaý. Je n'ai absolument plus ni père ni mère.

果然 Kò jân. *Certainement.* Certissimè.

一定的 Ў tín tў. . . . } *Certes.* Certè quidem.
必定 Pў tín. . . . . }

果然是 Kò jân ché. Oui, certes. *Ità, sanè.*

算 Souán, 可以 kŏ ў. *D'accord.* Annuo, esto.

算。我許 Souán, ngò hiù. D'accord; je le veux bien.

Oui. Ità, etiam. — Les Chinois emploient peu ce mot comme particule affirmative, en réponse à une interrogation. Ils répètent plus volontiers le verbe de la demande.

EXEMPLES :

Voulez-vous venir? — Oui. Un Chinois répond : Je veux.
Avez-vous mangé? — Oui. — — J'ai mangé.
Croyez-vous? — Oui. — — Je crois.

Si l'on ne répond pas à une demande, l'affirmation *oui* se rend, en chinois, par le verbe substantif ché 是, cela est, que l'on répète, si l'on veut mieux affirmer : ché ché 是是. *Ità, ità.*

Dans une phrase, *oui* se rend par le verbe vouloir. Yaó 要.

又他要又他不要 Yeóu tā yáo yeóu tā poŭ yáo. Tantôt il dit oui, tantôt il dit non. *Modò ait, modò negat. Modò ille vult, modò ille non vult.*

果然 Kò jân, ou 一定 ў tín. *Sans doute.* Haud dubiè.

果然他做好 Kò jân tā tsoú hào. Sans doute il a bien agi.

多半 Tō pán. Sans doute. *Probabiliter.*

多半他明天來 Tō pán tā mîn tiēn laŷ. Il arrivera sans doute demain.

恐防 Kŏng fâng. . . } Sans doute (peut-être). *Forsàn.*
恐怕 Kŏng pă. . . . }

恐防你莫有想 Kŏng fâng ngỳ mô yeòu siàng. Sans doute vous n'avez pas pensé que.

En chinois aussi deux négations valent une affirmation très-énergique.

言不可不愼也 Yên poŭ kŏ poŭ tchĕn ў. Il faut bien veiller sur ses paroles.

隨你 Soûy ngỳ. . . }
隨便 Soûy pién. . . } *Soit.* Esto, ità, ad libitum tuum.
隨意 Soûy ý. . . . . }
算。隨意 Souán, soûy ý. }

隨你做 Soûy ngỳ tsoú. Soit, faites cela. *Facias, licet.*

算得。我說過了 Souán tĕ, ngò chŏ kó leào. Eh bien! soit, je l'ai dit. *Esto, dixerim.*

算。我許 Souán, ngò hiù, ou 我肯 Ngò kĕn. Soit, j'y consens. *Esto, annuo.*

甘心 Kān sīn. . . . .
情願 Tsîn yuén. . . } *Volontiers.* Libenter.
喜歡 Hỳ houān. . .

情願得狠 Tsîn yuén tĕ hèn. Très-volontiers. *Lubentissimè.*

莫奈何 Mô láy hô. Peu volontiers. *Invitè, œgrè.*

容易 Yông ý. Volontiers (facilement). *Facilè.*

我容易信 Ngò yông ý sín. Je le crois volontiers.

一定 Ȳ tín. *Vraiment.* Sanè, profectò.

一定是他做的 Ȳ tín ché tā tsoú tў. Il a vraiment fait cela

怎樣你信這些事 Tsèn yáng? ngỳ sín tché sў sé. Ah! oui vraiment, vous croyez cela? (Ironiq.) *Quomodò? tu credis istas res?*

不 Poŭ. *Ne.* Haud.

後來一句話我都不說 Heóu lay̆ ȳ kiú hóa ngò toū poŭ chŏ. Je ne dirai plus un seul mot. *Deinceps unum verbum ego, prorsùs non dicam.*

不怕 Poŭ pá. Ne craignez pas.

不消 Poŭ siāo. Cela n'est pas nécessaire.

Ne (interrogatif) ou non?

我說過莫有 Ngò chŏ kó mô yeòu? Ne l'ai-je pas dit?

毋。勿 Oŭ. *Ne* (prohibitif).

毋偷盜 Oŭ teōu táo. Vous ne volerez point. *Non furaberis.*

毋殺人 Oŭ chă jên. Vous ne commettrez pas d'homicide.

不 Poŭ. Non. . . . } *Ne pas.* / *Ne point.*

我不怕你 Ngò poŭ pá ngỳ. Je ne vous crains point.

你不要怕 Ngỳ poŭ yaó pá, ou 不怕得 poŭ pá tĕ. Ne craignez point.

不可多言 Poŭ kŏ tō yên. Il ne faut pas beaucoup parler.

Ne pas, précédé ou suivi de ces mots : *personne, nul, aucun,* se tourne, en chinois, de la manière suivante :

無有一个人不知道 Oŭ yeòu ȳ kó jên poŭ tchē taó. Personne ne l'ignore. *Nemo hoc nescit. Non est unus homo non sciens.*

人人, ou 个个人都曉得 Jên jên, ou kó kó jên toū hiào tĕ. *Omnes, quilibet homo, prorsùs scit.*

一邊我都不顧 Ȳ piēn ngò toū poŭ koú. Je ne suis d'aucun parti. *Nullius partis sum. Uni parti ego absolutè non faveo.*

寸男尺女皆無 Tsĕn lân tchĕ niù kiāy oŭ. (Idiotisme chinois.) Il n'a ni fils ni fille.

不	Poŭ.	Non, minimé.
不是	Poŭ ché. . . .	
莫	Mô.	
莫得	Mô tĕ.	
不得	Poŭ tĕ.	
莫有	Mô yeoù. . . .	

Les Chinois répondent *rarement* par le seul mot *non*. Ils répètent le verbe de la demande, avec sa négation.

EXEMPLES :

要不要 Yaó poŭ yaó. Voulez-vous? Non. Les Chinois disent :

不要 Poŭ yaó. Je ne veux pas. *Nolo.*

你做個莫有 Ngỳ tsoú kó mô yeòu, Avez-vous fait cela? Non. 莫有 Mô yeòu. Je ne l'ai pas fait.

是不是他 Ché poŭ ché tā̒. Est-ce lui ou non? *Is-ne est an non? Est, non est ille?*

不是他 Poŭ ché tā̒. Non. *Non est ille.*

你肯不肯 Ngỳ kĕn poŭ kĕn. 我不肯 Ngò poŭ kĕn. Non. Dites oui ou non. *Vel ait vel negat.*

要死。不怕得。你不得死 Yaó sè poŭ pá tĕ ngỳ poŭ tĕ sè. Je suis perdu! Non, non, ayez courage. *Perii! Noli timere, non morieris.*

萬萬我都不許 Ouán ouán ngò toū poŭ hiù. Non, non, je ne consentirai jamais. *Deciès, deciès, non consentiam.*

萬萬我都不背眞教 Ouán ouán ngò toū poŭ peý tchēn kiáo. Non, non, je n'abjurerai jamais la vraie religion!

La particule négative **mô** 莫 implique souvent, en chinois, l'idée de la défense, de la prohibition :

莫笑 Mô siáo. Ne riez pas. *Ne rideas.*

莫管 Mô kouàn. Ne vous mêlez pas. *Ne cures.*

Dans les livres on rencontre encore ces mots : hieōu 休, piĕ 別, feȳ 非, qui jouent le rôle de particules négatives.

未曾 Ouý tsēn. *Non, pas encore.* Nondùm.

他未曾説 Tā̒ ouý tsēn chŏ. Il n'a pas encore dit.

不單單另外 Poŭ tān tān lín ouaý. *Non-seulement, mais encore.* Non solùm, sed etiam.

奉教人不單單要愛朋友另外要愛仇人 Fóng kiáo jên poŭ tān tān yáo gaý pŏng yeòu, lín ouáy yáo gaý tcheōu jên. Un chrétien doit non-seulement aimer ses amis, mais encore ses ennemis.

雖然 Siū jân. *Non pas même.* Quamvis, licet.

雖然我肯 Siū jân ngò kèn. Non pas même quand je le voudrais.

全全不 Tsuên tsuên poŭ. *Nullement.* Nequaquàm.

我全全都不知道 Ngò tsuên tsuên toū poŭ tchē taó. Je ne le sais nullement.

Peut-être. Forsàn. Les jeunes sinologues font un usage abusif de ce mot dans la langue parlée. Les Chinois tournent la réponse sous une forme dubitative, qui, pour eux, équivaut au mot *peut-être.*

恐怕 Kŏng pā.

恐防 Kŏng fâng.

不得一定 Poŭ tĕ ỳ tín. *Non est certum.*

彷彿 Fàng foŭ. (Cette expression marque un doute plus prononcé.)

要落雨麽 Yáo lŏ yù mô? Pleuvra-t-il? *Pluet-ne?*

不得一定 Poŭ tĕ ỳ tín. Peut-être.

彷彿有人在那邊 Fàng foŭ yeòu jên tsaý lá piēn. Il y a peut-être quelqu'un là-bas.

VIII. — ADVERBES D'INTERROGATION.

La manière la plus ordinaire de faire les interrogations, en chinois, est de répéter le verbe en plaçant la négation après le premier.

Au lieu de : Voulez-vous venir? on dit : Voulez-vous ou ne voulez-vous pas venir? Si le verbe était au parfait, l'interrogation se ferait par ces mots : 莫有 mô yeòu, à la fin de la phrase.

喫了莫有 Tchĕ leào mô yeòu. Avez-vous mangé? 喫了 Tchĕ leào. Oui. 莫有 Mô yeòu. Non. Sous-entendu : tchĕ.

他來不來 Tā laŷ poŭ laŷ? Viendra-t-il? *Veniet-ne?*

好多 Haò tō. 幾多 Kỳ tō. *Combien?* Quot?

你有好多錢 Ngỳ yeòu haò tō tsiên? Combien avez-vous de sapèques?

他要好多錢 Tā yáo haò tō tsiên? Combien demande-t-il de sapèques?

有幾天 Yeòu kỳ tiēn? Combien y a-t-il de jours?

好多回數 Haò tō hoûy soú. } *Combien de fois?* Quoties?
幾多回數 Kỳ tō hoûy soú. }

好久 Haò kieòu. *Combien de temps?* Quandiù?

En combien de se tourne souvent, en chinois, par *employer* 用 yóng ou 費 féy.

EXEMPLES :

你用 ou 費了幾天做那一件事 Ngỳ yóng ou féy leào kỳ tiēn tsoú lá ỳ kién sé. En combien de jours avez-vous fait cela?

天主造天地萬物用了幾天 Tiēn tchoù tsaó tiēn tý ouán oŭ yóng leào kỳ tiēn. En combien de jours Dieu a-t-il créé le monde? *Deus creans cœlum, terram, mille res, adhibuit quot dies?*

你在路上幾天 Ngỳ tsaý loú cháng kỳ tiēn? En combien de jours avez-vous fait ce trajet?

怎樣 Tsèn yáng. . .
怎麼樣 Tsèn mô yáng.
如何 Joŭ hô. . . . .
} *Comment?* Quomodò?

怎樣做得來 Tsèn yáng tsoú tĕ laŷ? Comment peut-il se faire? *Qui fit ut?*

爲甚麼緣故 Oúy chén mô yuên koú. *Comment?* signifiant *pour quelle cause?* Ob quam causam?

我不曉得爲甚麼緣故他這樣說過了 Ngò poŭ hiào tĕ oúy chén mô yuên koú tā tohé yáng chŏ kó leào. Je ne sais comment il a pu dire cela.

爲甚麼緣故 Oúy chén mô yuên koú. .
甚麼意思 Chén mô ý sé.
爲何 Ouý hô. . . . .
} *Pourquoi?* Cur?

所以 Sò ỳ. . . . . .
因爲 Īn oúy. . . . .
} *C'est pourquoi.* Quapropter.

全全不 Tsuēn tsuēn poŭ.
萬萬不 Ouán ouán poŭ.
總不 Tsòng poŭ. . .
不論甚麼緣故 Poŭ lén chén mô yuên koú.
} *Pour quoi que ce soit. Nullà de causà.*

那个時侯 Là kó chê heóu.
甚麼時侯 Chén mô chê heóu. . . .
} *Quand?* Quandò?

那裡 Là lý. *Où?* Ubinàm?

你在那裡 Ngỳ tsaý là lỳ? Où êtes-vous?

你走那裡 Ngỳ tseoù là lỳ? Où allez-vous?

你到那裡去 Ngỳ taó là lỳ kiŭ? Où allez-vous?

甚麼 Chén mô. *Que* (interrogatif). Quid, quæ.

是甚麼 Ché chén mô? Qu'est-ce? *Quid est hoc?*

甚麼事 Chén mô sé. Quelle affaire? *Quæ res?*

他做甚麼 Tā tsoú chén mô. Que fait-il? *Quid rerum agit?*

IX. — MANIÈRE DE FAIRE LES INTERROGATIONS EN CHINOIS.

Il y a différentes particules qui servent à faire, en chinois, les interrogations, de même qu'il y a des tournures de phrases destinées au même but Voici les huit manières principales de faire les interrogations en chinois.

Première manière. — Cette manière d'interroger est la plus fréquente, surtout dans la langue parlée. Elle consiste à placer la particule négative poŭ 不, *non*, non, après le verbe, et à répéter celui-ci après la négation.

EXEMPLES :

要不要 **Yáo poŭ yáo?** Voulez-vous? *Velle, non velle?*

On ne refuse presque jamais par la négation seule. On joint celle-ci au verbe de la demande. 不要 **Poŭ yáo.** Je ne veux pas.

他來不來 **Tā laŷ poŭ laŷ?** Viendra-t-il? *Ille veniet, non veniet?*

你許不許 **Ngỳ hiù poŭ hiù?** Permettez-vous? *Tu permittis, non permittis?*

下不下雨 **Hiá poŭ hiá yù?** Pleut-il?

落不落雪 **Lŏ poŭ lŏ siuĕ?** Neige-t-il?

Deuxième manière. — On emploie la particule là 那, que l'on joint au numéral **kó** 個 s'il s'agit des personnes ou des choses, et au mot lỳ 裡 s'il s'agit de noms de lieux. Dans les livres, on se sert surtout du mot **choûy** 誰. Qui? *Quis?*

EXEMPLES :

是那個人說 **Ché là kó jên chŏ?** Qui dit cela?

Ou bien :

有那個人說 **Yeòu là kó jên chŏ?**

是那個人寫的 **Ché là kó jên siè tŷ.** Qui a écrit cela?

誰造了天地萬物 **Choûy tsáo leào tiēn tŷ ouán oŭ?** Qui a créé le monde?

你那裡去 **Ngỳ là lỳ kiŭ?** Où allez-vous?

Troisième manière. — **Tsèn yáng** 怎樣, ou **Tsèn mô yáng** 怎麼樣 *Comment?* Quomodò?

你是怎樣說 **Ngỳ ché tsèn yáng chŏ?** Comment dites-vous?

怎樣做得來 **Tsèn yáng tsoú tĕ laŷ?** Comment cela peut-il se faire?

Quatrième manière. — Lorsque l'interrogation commence par le pronom *que*, quid, quod, on la traduit, en chinois, par ces mots : **chén mô** 甚麼, ou **chĕ mô** 什麼, qui se placent à la fin de la phrase.

你說甚麼 **Ngỳ chŏ chén mô?** Que dites-vous?

你要甚麼 **Ngỳ yáo chén mô?** Que voulez-vous?

有甚麼事 **Yeòu chén mô sé?** Qu'y a-t-il? *Est quænam res?*
莫得甚麼事 **Mô tě chén mô sé.** Il n'y a rien.

Cinquième manière. — Dans quelques provinces, on se sert de l'une ou l'autre de ces tournures: **莫不 mô poŭ** ou **莫非 mô feÿ**, placées au commencement de la phrase.

莫非是他見了鬼 **Mô feÿ ché tā kién leào koùy.** *Nunc fortè vigilans somniat.*

Sixième manière. — Le mot 何 **hô** est une particule toujours interrogative, mais on l'emploie surtout dans les livres.

天何言哉 **Tiēn hô yên tsaÿ?** Qu'est-il besoin que le Ciel parle? *Quid opus est ut loquatur Cœlum?*

Septième manière. — **Tō chaō?** *Combien?* Quot?

有多少人 **Yeòu tō chaò jên.** Combien sont-ils de personnes? *Quot sunt ibi homines?*

Huitième manière. — Dans les livres, on trouve souvent le mot **kỳ** 豈 pour particule négative. **Kỳ kàn** 豈敢. *Nùm auderem?*

豈不羞死 **Kỳ poŭ sieōu sè?** Ne devraient-ils pas mourir de confusion? *An non præ confusione emori deberent?*

X. — LOCUTIONS ADVERBIALES.

就是 **Tsieóu ché.** *C'est-à-dire.* Scilicet, nempè.

一邊 **Ў piēn.** { D'une part. . . . . . / D'un côté. . . . . } *Ex unâ parte.*

Que l'on répète pour exprimer *de l'autre part.*

這一邊 **Tché ў piēn.** *De ce côté.* Ex hâc parte.

兩邊 **Leàng piēn.** *De part et d'autre.*

合時 **Hô chê.** *A point.*

來得合時 **Laŷ tě hô chê.** Il est venu à point.

一句一句 **Ў kiú ў kiú.** *De point en point.*

一句一句他都說道 **Ў kiú ў kiú tā toū chŏ taó.** Il a raconté de point en point.

Sur le point.

他要死得狠 **Tā yáo sè tě hèn.** Il est sur le point de mourir.

一面 **Ў mién**, ou **一邊 ў piēn**, que l'on répète. *En partie.* Partim.

偶然 **Ngeoù jân.** *Par hasard.* Fortuitò.

XI. — ADVERBES DEVENANT, PAR POSITION, ADJECTIFS.

今 *Aujourd'hui*. Hodiè devient *hodiernus*. 今者 **Kīn tchĕ.**

今之孝 **Kīn tchē hiáo.** La piété de ce jour.

昔 **Sÿ.** *Autrefois*. Olìm.

昔者 **Sÿ tchĕ.** Passé. *Præteritus.*

前 **Tsiĕn.** *Auparavant*. Antè.

前朝 **Tsiĕn tchaŏ.** La dynastie précédente.

前年 **Tsiĕn niên.** L'année précédente.

前人 **Tsiĕn jên.** Les hommes du temps passé.

後 **Heóu.** *Après*. Posteà.

後母 **Heóu moù.** Mère postérieure.

上 **Cháng.** *Au-dessus*. Suprà.

上者 **Cháng tchĕ.** Les supérieurs.

上下無怨 **Cháng hiá oŭ yuèn.** Les supérieurs et les inférieurs sont en paix.

上 **Hiá.** *Au-dessous*. Infrà.

下者 **Hiá tchĕ.** Les inférieurs.

外 **Ouáy.** *Au dehors, en dehors*. Extrà, foris.

要討外差 **Yáo taŏ ouáy tchaÿ.** Je veux solliciter une mission extérieure.

先 **Siēn.** *Auparavant*. Anteà.

先王 **Siēn ouâng.** Les anciens rois.

然 **Jân.** *Certes*. Certò.

雍之言然 **Yŏng tchē yên jân.** Les paroles de Yông sont vraies.

XII. — ADVERBES DEVENANT, PAR POSITION, VERBES.

Un bon nombre d'adverbes, changeant de ton, deviennent de véritables verbes. Ainsi, **siēn** 先, auparavant, devient **sién**, précéder, aller en avant, *progredi, antè ire*; **cháng** 上 devient **chàng**, monter, *ascendere*; **hiá** 下 devient descendre, tomber, *descendere, cadere*. — Cette série de mots, du reste peu nombreuse, n'offrant aucune difficulté, il suffit de la signaler au lecteur.

CHAPITRE IX.

DES PRÉPOSITIONS ET DES POSTPOSITIONS.

Siēn ouên 先文 et Heóu ouên 後文.

1° Des prépositions simples. — 2° Des postpositions. — 3° Prépositions prises substantivement. — 4° Prépositions devenant verbes.

Les Chinois donnent à cette classe de mots un nom assez bien choisi : ils la nomment classe des *mots vides*, **hiū tsé** 虛字, parce qu'en effet, tous ces mots ont besoin d'un complément.

Les mots de la langue chinoise n'ayant pas les désinences qui marquent, dans les langues à flexion, les rapports des mots entre eux, on y supplée, en chinois, par un certain nombre de particules qui font l'effet de nos prépositions. Il est important de saisir nettement le rôle de ces particules, c'est-à-dire le genre de rapports qu'elles déterminent dans le discours. Dans la langue écrite, ces particules perdent quelquefois leur signification ordinaire et deviennent de simples *phonétiques* de régime.

Les particules chinoises, dont nous allons parler, se placent, en général, avant le complément. Cependant, un certain nombre d'entre elles se placent après ce même complément. De là leur nom de *postpositions*. La langue turque offre une classe semblable de postpositions. Ce sont ces mots qui causent le plus d'embarras à un jeune sinologue qui étudie la langue parlée. Pour ce motif, nous prenons pour point de départ les prépositions françaises.

PREMIÈRE SECTION.

I. — DES PRÉPOSITIONS.

A, marquant un rapport de *mouvement*, de *tendance*, de *direction*, ne s'exprime presque jamais en chinois par une particule spéciale.

EXEMPLE

到北京 Taó pĕ kīn. Aller à Pékin.
做當兵 **Tsoú tāng pīn.** Aller à l'armée.
上船 **Cháng tchouân.** Aller à bord.
走右邊 **Tseòu yeóu piēn.** Tourner à droite.
會他 **Hoúy tā.** Aller à lui.

A, marquant un rapport de *terme*, de *but*, de *fin*, ne s'exprime presque jamais en chinois.

EXEMPLES :

請喫飯 **Tsìn tchĕ fán.** Inviter *à* manger.
要死得狠 **Yáo sè tĕ hèn.** Tirer *à* sa fin.
凌辱人 **Lîn joŭ jên.** En venir *à* des injures.
中意 **Tchóng ý.** Atteindre *au* but.
趕人出去 **Kàn jên tchoŭ kiŭ.** Obliger quelqu'un *à* partir.

A, marquant un rapport de *destination*, d'*application*, de *production*, s'exprime fort rarement en chinois

EXEMPLES :

出米田 **Tchoŭ mỳ tiēn.** Terre *à* riz.
甘蔗 **Kān tchĕ.** Canne *à* sucre.
麥磨子 **Mĕ mó tsè.** Moulin *à* farine.
磨石 **Mó chĕ.** Pierre *à* aiguiser.
讀書 **Toŭ choū.** S'adonner *à* l'étude.
拜人 **Paý jên.** Faire un salut *à* quelqu'un.
教人格文 **Kiáo jên kĕ ouên.** Enseigner *à* q. q. la philosophie.
慶賀人 **Kín hó jên.** Boire *à* la santé.

A, marquant un rapport d'*attribution*, de *possession*, s'exprime en chinois par le pronom possessif mon, ton, sien, *meus, tuus, suus*, etc.

EXEMPLES :

是我的書 **Ché ngò tў choū.** Ce livre est à moi. *Meus est liber iste.*
是他的刀 **Ché tā tў taō.** Ce couteau est *à* lui. *Illius est culter.*
是我的意思 **Ché ngò tў ý sē.** C'est mon opinion *à* moi. *Hæc est mea opinio.*
是他的怪意 **Ché tā tў kouáy ý.** C'est sa manie *à* lui. *Hoc est ingenium ejus.*
是我們衆人的本分 **Ché ngò mên tchóng jên tў pèn fén.** C'est notre devoir *à* tous. *Officium hoc nobis commune est.*

A, marquant un rapport de *situation*, de *position*, de manière d'être ou d'agir, de moyen, s'exprime par la particule **tsaý** 在, dans, *in, intrà.*

EXEMPLES :

在南京坐 **Tsaý lân kīn tsó.** Demeurer *à* **Nân kin.**
在店房喫 **Tsaý tién fâng tchĕ.** Manger à l'auberge.
銀子在手上 **Ŷn tsè tsaý cheòu cháng.** L'argent *à* la main.

A, marquant un rapport d'*état*, de *qualification*, ne s'exprime pas en chinois.

EXEMPLES :

可怕的人 Kŏ pă tỳ jên. Homme *à* craindre.
風鎗 Fōng tsiāng. Fusil *à* vent.
水船 Hò tchouān. Bateau *à* vapeur.
風船 Fōng tchouān. Navire *à* voile.
火機子 Hò kȳ tsè. Machine *à* vapeur.
喫得的 Tchĕ tĕ tỳ. Bon *à* manger.
會哄人 Hoúy hòng jên. Habile à séduire.

Au, dans, à l'intérieur, *in, intrà,* tsáy 在 ou cháng 上.

EXEMPLES :

在天 Tsaý tiēn. Au ciel.
在窰內 Tsaý yâo loúy. Au four.
在床上 Tsaý tchouāng cháng. Au lit.

De, exprimant le rapport de *relation,* que les Latins rendent par leur génitif, se rend en chinois par la particule tỳ 的, qui est souvent sous-entendue par euphonie. Nous avons dit ailleurs qu'en chinois, le complément du sujet se plaçait toujours avant celui-ci :

EXEMPLES :

天主的仁慈 Tiēn Tchoù tỳ jên tsê. La clémence de Dieu.
一句話的意思 Ȳ kiú hoá tỳ ý sē. Le sens d'un mot.
伯多祿的書 Pĕ tō loū tỳ choū. Le livre de Pierre.
人的手 Jên tỳ cheòu. La main de l'homme.

De, exprimant le sens ou le rapport de *relation* rendu, en latin, par l'ablatif, s'exprime en chinois par tsŏng 從, si le rapport est de comparaison.

EXEMPLES :

從城內到這裡 Tsŏng tchĕn louý táo tché lỳ. De l'intérieur de la ville ici.
從北京到廣東 Tsŏng pĕ kīn taó kouàng tōng. De Pékin à Canton.

Lorsque le mot *de* exprime un rapport *absolu*, sans comparaison, on ne le rend pas en chinois.

EXEMPLES :

全靈愛天主 Tsuĕn lîm gaý Tiēn Tchoù. Aimer Dieu de toute son âme.
全心 Tsuĕn sīn. De tout son cœur.
全力 Tsuĕn lỳ. De toutes ses forces.

En, marquant le *lieu*, l'*endroit*, s'exprime par tsaý, *in, intrà.*

EXEMPLES :

他在城內 Tā tsaý tchên loúy. Il est en ville.
他在路上 Tā tsaý loú cháng. Il est en route.

En, marquant le *temps*, se rend comme le participe présent des verbes, par les mots chê heóu 時候.

EXEMPLES :

做夢時候 Tsoú móng chê heóu. En songe.
合時的時候 Hô chê tў chê heóu. En temps et lieu.

En, marquant la *matière* dont une chose est faite, se rend en chinois par tў 的, comme pour les adjectifs.

EXEMPLES :

木的象 Moŭ tў siáng. Statue en bois.
金的聖爵 Kīn tў chén tsiŏ. Calice en or.

En, marquant *la manière*, se rend en chinois par tў 的, lorsque le mot peut se tourner par un adverbe en *ment* :

EXEMPLES :

悄悄的 Tsiào tsiào tў. En secret. — Tournez : secrètement.
外面的 Ouáy mién tў. En apparence. — Tournez : apparemment.
明明的 Mîn mîn tў. En public. — Tournez : publiquement.

Lorsque *en*, marquant la manière, ne peut se tourner par un adverbe en *ment*, il s'exprime soit par le mot tsiên 前, soit par le mot tāng 當 ou le mot cháng 上, qui se placent après le mot, et sont ici postposition.

EXEMPLES :

面前 Mién tsiên. En présence de.
當面 Tāng mién. En face de.
父親在上 Foú tsīn tsaý cháng. En présence de mon père.
外面 Ouaý mién. En apparence.
當皇帝 Tāng houâng tý. En roi.

En, marquant la cause, s'exprime par ouý 爲 ou par tĕ ouý 得爲, *Propter, quia, ad*, à cause de, pour, parce que. Littér. : à cause de vous.

EXEMPLES :

得爲你 Tĕ ouý ngỳ. En votre considération.
爲罰他的罪 Ouý fă tā tў tsoúy. En punition de son péché. Littér. : Pour punir son péché.
爲賞他 Ouý chàng tā. En récompense de. Littér. : Pour le récompenser.

En, précédant un participe présent, se rend par chê heóu 時候, qui indique le temps présent.

EXEMPLES :

喫飯的時候 Tchě̆ fán tў chê heóu. En mangeant.
睡的時候 Choúy tў chê heóu. En dormant.
耍的時候 Choà tў chê heoú. En jouant.
笑的時候 Siáo tў chê heoú. En riant.

Avec. *Simul.* Tǒ̆ng 同.

EXEMPLES :

同我 Tǒ̆ng ngò. Avec moi.
你許的時候 Ngỳ hiù tў chê heoú, Avec votre permission. *Pace tuâ.*
天主相幫時候 Tiē̆n Tchoù siāng pāng chê heōu. Avec l'aide de Dieu. *Deo juvante.*
到底 Taó tỳ, Avec tout cela. *Et tamen.*

Avec..., devant un nom d'instrument ou de matière se tourne par employant, *adhibens*; en chinois yóng 用, ou par ỳ 以, qui a le même sens.

EXEMPLE :

他用一把刀子打人 Tā̆ yóng ў pà taō tsè tà jên. Il frappe avec un couteau. Littér. : il emploie un couteau pour frapper. *Ille adhibens unum cultrum percutit alios.*

S'il y a commandement, on tourne la phrase de la manière suivante :

把竹子打他 Pà tchoŭ tsè tà tā̆. Frappe-le avec un bambou. Littér. : prends un bambou et frappe-le. *Arripe arundinem, cæde illum.*
你把篙子打他 Ngỳ pà kiāo tsè tà tā̆. Frappe-le avec un aviron.

Autour. *Circà.* { 一週 Ў tcheōu. / 一對 Ў toúy. }

EXEMPLES :

江週城 Kiāng tcheōu tchē̆n. La rivière passe autour de la ville. Tournez : la rivière tourne la ville.
賊子圍倒城 Tsĕ̆ tsè oûy táo tchē̆n. L'ennemi est autour de la ville.

Chez, *apud*, s'exprime par tsaý 在. A la question, *ubi*; à la question *quò* il ne s'exprime pas, non plus qu'à la question *undè*.

EXEMPLES :

他在屋裡 Tā̆ tsaý oŭ lỳ. Il est chez lui.

我們到你的屋裡去 Ngò mên taó ngỳ tỹ oŭ lỳ kiŭ. Allons chez vous.

他纔出門 Tā tsāy tchoŭ mên. Il sort de chez lui.

DANS, *in*, tsáy 在, s'exprime de la manière suivante :

EXEMPLES :

在他屋頭 Tsáy tā oŭ teŏu. Dans sa maison.

不久 Poŭ kieòu. Dans peu de jours.

過了三天 Kó leào sān tiēn. Dans trois jours.

他睡着時候 Tā choúy tchŏ chê heóu. Dans le sommeil.

DÈS. *A*, *ab*. Tsŏng 從.

EXEMPLES :

從小 Tsŏng siào. Dès l'enfance.

從如今 Tsŏng joŭ kīn. Dès à présent.

他見我當時他來會我 Tā kién ngò, táng chê tā laŷ hoúy ngò. Dès qu'il me vit, il vint à moi.

DÈS LORS. *Jàm, tùm*. Tsŏng lá chê 從那時.

ENVERS. *Erga, in*. Lén 倫 ou hiáng 向.

EXEMPLES :

倫天主我們本分 Lén Tiēn Tchoù ngò mên pèn fén. Nos devoirs envers Dieu.

EXCEPTÉ. *Præter, extrà*. Tchoŭ 除.

EXEMPLES :

除了他 Tchoŭ leào tā. Excepté lui.

除了主日 Tchoŭ leào tchoù jĕ. Excepté le dimanche.

HORS. *Foris, foràs*. Ouáy teŏu 外頭.

EXEMPLES :

他不在屋裡 Tā poŭ tsáy oŭ lỳ, ou 他在外頭 Tā tsáy ouáy teŏu. Il est hors de la maison.

MALGRÉ. *Licet, quamvis*. Siū jân 雖然.

EXEMPLES

雖然他的年紀不大 Siū jân tā tỹ niên ký poŭ tá. Malgré sa jeunesse. *Licet ejus ætas non magna*.

MOYENNANT. *Modò, si*. Jŏ 若, jŏ ché 若是.

EXEMPLES :

若他有工錢 Jŏ tā yeoù kōng tsiēn. Moyennant qu'il reçoive un salaire.

天主相幫時侯我要做 Tiēn Tchoù siāng pāng chê heóu, ngò yaó tsoú. Moyennant la grâce de Dieu, je ferai cela.

NONOBSTANT. *Nihilominùs.* Siū jân 雖然.

EXEMPLES :

雖然有凶險他起身了 Siū jân yeoù hiōng hièn tā kỳ chēn leào. Nonobstant le danger il est parti.

PAR. *Per.* Ỳ 以, laý 賴.

EXEMPLE :

賴天主仁慈 Laý Tiēn Tchoù jên tsê. Par la clémence de Dieu. *Fretus Dei clementiâ.*

POUR... *Causâ.* Ouý 為, tĕ ouý 得為.

EXEMPLES :

得為我 Tĕ ouý ngò. Pour moi. *Propter me.*

我怕為你 Ngò pá ouý ngỳ. Je crains pour vous.

POUR, à cause de. *Quià, eà de causâ.* Ȳn ouý 因為.

EXEMPLES :

貴重人因為他發才 Kouý tchóng jên ȳn ouý tā fă tsâý. Estimer quelqu'un pour ses richesses.

他死了因為他喫酒多狠 Tā sè leào ȳn ouý tā tchĕ tsieòu tō hèn. Il est mort pour avoir trop bu.

POUR, marquant la fin, se rend tantôt par oúy 為, tantôt par ỳ 以.

EXEMPLES :

為笑 Ouý siáo. Pour rire.

以愛還愛 Ỳ gáy houân gáy. Rendre amour pour amour.

以命還命 Ỳ mín houân mín. Rendre vie pour vie.

JUSQUE. *Usquè.* Taó 到.

EXEMPLES :

到北京 Taó Pĕ Kīn. Jusqu'à Pékin.

到法國京城 Taó Fă kouĕ kīn tchên. Jusqu'à Paris.

到如今 Taó joŭ kīn. Jusqu'ici.

這樣 Tché yáng, ou 這般 tché pān. Jusqu'à ce point.

到死不變 Taó sè poŭ pién. Être inébranlable jusqu'à la mort.

SAUF, sans blesser. Poŭ tĕ tsoúy 不得罪.

EXEMPLE :

雖然我不要得罪他。到底我要說 Siū jân ngò poŭ yaó tĕ tsoúy tā, taó tỳ ngò yaó chŏ. Sauf le respect que je lui dois, je dirai.

SANS. *Sine.* Oŭ 無.

EXEMPLES :

無疑惑	Oŭ nỳ hoây.	Sans doute.
一定的	Ў tín tў. . .	
果然	Kò jân. . .	
不費力	Poŭ féy lў.	Sans peine. *Facilè.*
容易的	Yông ý tў. .	
不躭閣	Poŭ tān kŏ. Sans différer.	
不笑	Poŭ siáo. Sans rire.	
莫奈何	Mô laý hô. Sans le vouloir. *Invitè.*	
無數的	Oŭ sóu tў. Sans nombre.	
無比的	Oŭ pỳ tў. Sans comparaison.	
無限的	Oŭ hién tў. Sans bornes.	

SANS, privatif. Mô yeòu 莫有.

EXEMPLES :

莫有錢 Mô yeoù tsièn. Sans argent.

莫頭莫腦 Mô teŏu mô laò. Sans tète, sans cervelle.

SOUS, indiquant l'*époque,* le *temps* sous lequel une chose s'est faite, se rend par chê heóu 時候.

EXEMPLES :

同治在位的時候 Tŏng tché tsaý ouý tў chê heóu, Sous le règne de Tŏng tché. *Dum regnaret* Tŏng tchè.

安大人居官時候 Gān tá jên kiū kouān chê heóu. Sous le mandarinat de Gān tá jên.

SELON. *Secundùm, juxtà.* Ў 依.

EXEMPLES :

依我的規矩 Ў ngò tў koūy kiù. Selon ma coutume. *Pro more meo.*

依理 Ў lỳ. Selon la raison.

VIS-A-VIS. *Ex adverso.* 相對 Siāng toúy.

A VOLONTÉ. *Ad libitum.* Soûy ý 隨意, soûy piēn 隨便.

VOICI. *En, eccè.*

EXEMPLES :

有計在此. Yeòu ký tsáy tsè. Voici mon affaire, voici le bon moyen.

要落雨 Yáo lŏ yù. Voici la pluie. *Impendet pluvia.*

我在 Ngò tsaý. Me voici. *Adsum.*

DEUXIÈME SECTION.

DES POSTPOSITIONS.

Les prépositions françaises qui suivent se rendent en chinois par une particule que l'on place après le substantif, comme dans les mots latins *mecum, tecum, ipse-met.* Elles sont peu nombreuses et faciles à retenir.

AVANT, devant. *Antè, anteà.* Siēn 先, Tsiēn 前, ou tsiēn teŏu 前頭.

EXEMPLES :

先王 Siēn ouâng. Le roi qui régnait avant celui-ci.
他前頭 Tā tsiēn teŏu. Avant lui.

APRÈS. *Post.*

EXEMPLES :

他後頭 Tā heóu teŏu. Après lui.
死後 Sè heóu, ou 身後 chēn heóu. Après la mort.

AU BAS. *Infrà.*

EXEMPLE :

擺在書房堦下也 Pày tsaý choū fâng kiaȳ hiá ỳ. Il les fit placer au bas de l'escalier de sa bibliothèque.

DANS. *In, intrà, intrò.* Lỳ 裡, ou loúy 內, lỳ teŏu 一頭.

EXEMPLES :

心裡 Sīn lỳ, ou 心內 sīn loúy, ou 心一頭 sīn lỳ teŏu. Dans le cœur.
海內 Haỳ loúy. Dans la mer.
急急走到書房中 Kỳ kỳ tseòu táo choū fâng tchōng. Il courut bien vite dans la bibliothèque.
心下想一想 Sīn hiá siàng ȳ siàng. Au dedans de son cœur il pensa.
正統年間 Tchén tŏng niên kiēn. Dans les années de la droiture universelle (de 1436-50).
這村中 Tché tsēn tchōng. Dans ce village.
山中有此花 Chān tchōng yeoù tsè hoā. C'est dans les montagnes qu'on trouve cette fleur.

DANS, signifiant après.

EXEMPLE :

過了四天我起身 Kó leaò sé tiēn ngò kỳ chēn, ou 第四天我起身 Tý sé tiēn ngò kỳ chēn. Je partirai dans quatre jours.

DESSUS. *Super, suprà.* Cháng 上 cháng teŏu. Tsaý cháng 在上.

EXEMPLES :

桌子上 Tchŏ tsè cháng. Dessus la table.
放在上 Fáng tsáy cháng. Placer dessus.
超過別人 Tchaō kó piĕ jên. Être au-dessus des autres. Tournez : surpasser les autres.

Placer les jouissances intellectuelles au-dessus des jouissances corporelles.

把神樂放在先。把快樂放在後 Pà chên lŏ fáng tsaý siēn, pà kouáy lŏ fáng tsaý heóu. *Arripere intellectualia gaudia, ponere (ea) in primo loco, accipere corporalia gaudia, ponere (ea) in ultimo loco.*

LA-DESSUS. *Interim.* Lá chê 那時, ou lá kó chê heóu 那个時侯.

DESSOUS. *Sub, infrà.* Hiá 下, hiá teŏu 下頭, tỳ hiá 底下.

EXEMPLE :

放在桌子下 Fáng tsaý tchŏ tsè hiá. Placer dessous la table.

DEVANT. Mién tsiēn.

EXEMPLE :

門前 Mên tsiên. Devant la porte.

ENTRE. *Inter.* Tchōng 中.

EXEMPLE :

女中爾爲讚美 Niù tchōng eùl oûy tsán meỳ. Vous êtes bénie entre toutes les femmes.

HORS. *Extrà.* Ouáy. Ouáy teŏu 外頭.

EXEMPLES :

他在外頭 Tā tsaý ouáy teŏu. Il est hors de la maison.
凶險之外 Hiōng hièn tchē ouáy. Hors de danger. *Extrà periculum.*
不合時 Poŭ hô chê. Hors de saison ou de propos. *Intempestivus.*
不興 Poŭ hīn. Hors d'usage. *Obsoletum.*
已出望外. Ỳ tchoŭ ouáng ouáy. Cela est hors de mes espérances.

PENDANT. *Inter.* Tchōng 中, kiēn 間.

EXEMPLE :

夜中 Yé tchōng, ou 夜間 yé kiēn. Pendant la nuit.

SOUS. *Sub.* Hiá 下.

EXEMPLE :

地下 Tý hiá. Sous terre.

SUR. *Suprà*. Cháng 上.

EXEMPLE :

他在樹上 Tā tsaý choú cháng. Il est sur l'arbre.
放在桌子上 Fáng tsaý tchŏ tsè cháng. Placez sur la table.

TROISIÈME SECTION.

PRÉPOSITIONS PRISES SUBSTANTIVEMENT.

Quelques prépositions ou postpositions chinoises deviennent des espèces de substantifs.

EXEMPLES :

居上 Kiū cháng. Occuper le rang suprême.
居下 Kiū hiá. Occuper le rang inférieur.

QUATRIÈME SECTION

PRÉPOSITIONS DEVENANT VERBES.

EXEMPLES :

上路 Cháng loú. Faire route. *Iter aggredi.*
上省 Cháng sèn. Aller à la capitale.
下馬 Hiá mà. Descendre de cheval.
惟天能下其目 Ouŷ Tiēn nên hiá kỳ moŭ. Le Ciel seul peut abaisser ses yeux.
今早命下了 Kīn tsào mín hiá leào. Le décret a été rendu ce matin même.
却如何下手 Kiŏ joŭ hô hiá cheòu. Voyons comment s'y prendre.

CHAPITRE X.

DES CONJONCTIONS.

Tsiē tsê 接辭 ou liên kiú 連句.

Dans la pratique, l'usage de cette classe de mots présente quelques difficultés. Toutes nos conjonctions ont leur équivalent dans la langue chinoise. Toutefois, on ne les emploie pas de la même manière. C'est sur ce dernier point que nous appelons l'attention des jeunes sinologues.

PRINCIPALES CONJONCTIONS.

D'AILLEURS. *Præter quod.* Lín ouáy 另外 ou kĕ ouáy 格外.

EXEMPLE :

另外他是才學的人 Lín ouáy tā chè tsāy hiŏ tў jên. D'ailleurs il était fort savant.

AINSI. *Sic, ità.* Tchĕ yáng 這樣.

EXEMPLES :

你是這樣做 Ngỳ ché tchĕ yáng tsoú. Est-ce donc ainsi que vous agissez? *Siccine agis?* (Le ton de la voix parlée fait sentir l'interrogation.)

事情是這樣 Sé tsîn ché tchĕ yáng. La chose est ainsi.

巴不得 Pā poŭ tĕ. Ainsi soit-il. *Utinam.* Ainsi, par conséquent, se rend par Sò ỳ 所以.

所以不要來 Sò ỳ poŭ yaó lāy. Ainsi ne venez pas.

AFIN QUE. *Ut, causâ.* (Expression rarement employée en chinois.)

EXEMPLE :

爲免他推故 Ouý mièn tā toūy koú. Afin qu'il ne prétexte pas.

ATTENDU QUE. *Quoniam.* Ȳn ouý 因爲.

EXEMPLES :

因爲他認錯 Ȳn oúy tā jén tsó. Attendu qu'il reconnaît sa faute.

因爲他老得狠 Ȳn oúy tā laò tĕ hèn. Attendu son grand âge.

A CONDITION QUE. *Dummodò*, se tourne en chinois par *si.*

EXEMPLE :

我許若你來 Ngò hiù jŏ ngỳ lāy. Je vous l'accorde à condition que vous viendrez.

A MOINS QUE. *Quin.*. Jŏ poŭ 若不.

EXEMPLE :

莫人强勉。我都不做 Mô jên kiàng mièn, ngò toū poŭ tsoú. Je ne le ferai pas à moins d'y être forcé. (*Si*) *non sunt homines cogentes, ego omninò non faciam.*

AU MOINS. }
DU MOINS. } *Saltem.* Tché chaò 至少.

EXEMPLE :

至少你許來會我 Tché chào ngỳ hiù laŷ houý ngò. Au moins promettez que vous viendrez me voir.

AU LIEU DE. *Loco, pro,* se tourne en chinois par une particule négative.

EXEMPLES :

他莫有用刀子,用了一根棍 Tā mô yeoù yóng taō tsè, yóng leaò ў kēn kouén. Au lieu de couteau il employa un bâton. Tournez : il n'employa pas un couteau, mais un bâton.

他不讀書他要 Tā poŭ toŭ choū, tā choà. Au lieu d'étudier il joue.

BIEN ENTENDU QUE. *Eâ conditione.* Jŏ 若.

EXEMPLE :

若我去一定你送我一百把銀子 Jŏ ngò kiŭ, ў tín ngỳ sóng ngò ў pĕ pà ŷn tsè. Bien entendu que vous me donnerez cent taëls, si je vais.

CAR. *Nàm, etenim.* Ȳn oúy 因爲.

EXEMPLE :

不要說白話因爲是罪 Poŭ yaó chŏ pĕ hoá, ȳn oúy ché tsoúy. Il ne faut pas mentir, car c'est un péché.

COMME. *Velut, sicut.* Yeôu joŭ 猶如. Táng 當. (Comme, entre deux substantifs, signifiant *de même que*, ne se rend pas en chinois.) Ainsi, on dit :

EXEMPLES :

善人惡人 Chán jên, ngŏ jên. Les bons comme les méchants.

大小 Tá siào. Les grands comme les petits.

愛人當父親一樣的 Gaý jên táng foú tsĭh ў yáng tў. Aimer quelqu'un comme son père.

DE MANIÈRE QUE. / DE SORTE QUE. } *Adeò ut.* Tché yáng 這樣. (Tournure rarement employée en chinois.)

EXEMPLE :

你要這樣安排事情 Ngỳ yaó tché yáng gān paŷ sé tsĭh. Disposez les choses de manière que.

DE MÊME QUE. *Perindè ac si.* Yeôu joŭ 猶如. Táng 當.

EXEMPLE :

他做事猶如强盜一樣的 Tā tsoú sé yeôu joŭ kiăng taó ў yáng tў. Il agit de même que les voleurs.

DE PEUR QUE. *Ne.* Ÿn oúy 因爲, oúy mièn 爲免

EXEMPLES :

因爲他怕受罰 Ÿn oúy tă̒ pá̒ cheoú fă. De peur du châtiment.
爲免他出去 Oúy mièn tă̒ tchoŭ̒ kiŭ̒. De peur qu'il ne sorte.

DONC. C'est pourquoi. *Ergò, igitur.* Sò ỳ 所以 En conversation, il est fort rare qu'on emploie ce mot. Nous en prévenons les jeunes sinologues. La tournure de la phrase chinoise y supplée.

DURANT QUE.
PENDANT QUE.
TANDIS QUE. } *Dùm, intereà.* Lá chê 那時, ou chê heóu 時侯.

EXEMPLE :

他喫飯時侯官來了 Tă̒ tchĕ̒ fán chê heóu, kouān laŷ leào. Pendant qu'il mangeait le mandarin arriva.

ENCORE. *Quinimò, insuper.* Lín ouáy 另外, yeóu 又.

EXEMPLE :

另外他說過 Lín ouáy tă̒ chŏ kó. Il m'a encore dit. *Insuper ipse addidit.*

ENCORE QUE. *Quamvis.* Siū jân. 雖然.

EXEMPLE :

雖然我害病 Siū jân ngò háy pín. Encore que je sois malade.

ET. *Et.* On fait un usage très-rare de cette particule copulative, en chinois, surtout dans la langue parlée.

EXEMPLES :

天地 Tiēn tý. Le Ciel et la terre.
水火 Choùy hò. L'eau et le feu.
父母 Foú moù. Le père et la mère.
大小 Tá siaò. Les grands et les petits.

LOIN QUE. *Nedùm.* Poŭ tān tān 不單單.

EXEMPLE :

不單單我不依他另外我都責備他 Poŭ tān tān ngò poŭ ȳ tă̒, lín ouáy ngò toū tsĕ̒ pý tă̒. Loin que je l'approuve, je le blâme.

LORSQUE.
QUAND. } *Cùm, dùm.* Le mot chê heóu 時侯 sert à faire ici une sorte de participe présent, et se place après le verbe.

EXEMPLES :

我在中國時候，我看見了四川火井 Ngò tsáy tchōng kouĕ chê heóu, ngò kán kién leào sé tchouān hò tsìn. Lorsque j'étais en Chine, j'ai vu les puits de feu du Su-tchuen.

我小時候害怕 Ngò siaò chê heóu haý pá. Lorsque j'étais jeune, j'avais peur.

Mais. *Autem, verùm.* Tán 但. Taó tỳ 到底. On en fait un usage fort modéré en Chine.

EXEMPLE :

我寬恕你，不寬恕他們 Ngò kouān choú ngỳ, poŭ kouān choŭ tā mên. Je vous pardonne, mais non aux autres.

Ou. *Vel, aut.* Dans le langage parlé, on fait un très-rare usage de cette particule conjonctive. Si l'on veut l'exprimer, on dit houăy 或.

EXEMPLES :

前後 Tsiên heóu. Avant ou après.

先後 Siēn heóu. Devant ou derrière.

AUTRE EXEMPLE :

或他要或他不要 Houăy tā yaó houăy tā poŭ yaó. Ou il veut ou il ne veut pas.

Outre que. Lín ouáy 另外. *Præterquàm, quod.*

Pourvu que. *Dùm, modò.* Jŏ 若.

EXEMPLE :

我對你說若你許不出聲 Ngò toúy ngỳ chŏ jŏ ngỳ hiù poŭ tchoŭ chēn. Je vous le dirai pourvu que vous n'en disiez rien.

Puisque. *Siquidem.* Ȳn oúy 因爲.

EXEMPLE :

因爲你命 Ȳn oúy ngỳ mín. Puisque vous l'ordonnez.

Ni. *Nec, neque.* Poŭ 不.

EXEMPLES :

不多不少 Poŭ tō poŭ chaò. Ni plus ni moins.

猶如 Yeôu joŭ. 當 Tāng. Ni plus ni moins que si. *Perindè ac si.*

猶如他是主人家 Yeôu joû tā ché tchoù jên kiā. Ni plus ni moins que s'il était le maître.

兩个都不 Leàng kó toū poŭ. Ni l'un ni l'autre.

QUAND. *Licet, quamvis.* Siū jân 雖然.

EXEMPLE :

雖然我要死我都不肯 Siū jân ngò yaó sè, ngò toū poŭ kĕn. Quand même je devrais mourir, je ne consentirais pas.

QUOIQUE. *Quanquàm.* Siū jân. 雖然.

EXEMPLE :

雖然他無罪 Siū jân tā oû tsoúy. Quoiqu'il soit innocent.

SAVOIR. *Scilicet.* Tsieóu ché 就是.

EXEMPLE :

耶穌有兩性就是天主性人性 Yê-Soū yeoù leàng sín, tsieóu ché Tiēn Tchoù sín jên sín. Il y a deux natures en J.-C., savoir : la nature divine et la nature humaine.

SI. Jŏ 若, ou jŏ ché 若是. Les Chinois font un usage fort rare de ce mot en conversation. Il est même plus élégant et surtout plus énergique de le supprimer en bien des cas.

EXEMPLES :

你做我打你 Ngỳ tsoú, ngò tà ngỳ. Si vous faites cela, je vous frappe.

你來我喜歡 Ngỳ laŷ, ngò hỳ houān. Si vous venez, vous me ferez plaisir.

若有那一宗事 Jŏ yeoù lá ỹ tsōng sé. 倘然 Tăng jân. Si la chose est ainsi. *Si ità esset.*

隨便你 Soûy pién ngỳ. Si vous le voulez.

SINON. *Sin minùs.* Poŭ jân 不然.

QUE SI. *Quod si.* Jŏ yeòu 若有.

SINON. *Sin aliter.* Jŏ poŭ 若不.

EXEMPLE :

衆人除了你 Tchóng jên tchoû leaò ngỳ. Hormis. *Præter.* Tous, sinon vous.

SI GRAND. *Tantus.* Tché yáng tá 這樣大.

Si petit. *Tantulus.* Tché yáng siaò 這様小.

Tant que. *Quandiù, dùm,* Chê heoú 時候.

EXEMPLE :

我在的時侯 Ngò tsaý tў chê heoú. Tant que je vivrai. *Quandiù vixero.*

Tantôt. *Modò.* Yeóu 又 répété.

EXEMPLE :

又他要又他不要 Yeóu tā yaó yeóu tā poū yaó. Tantôt il veut, tantôt il ne veut pas.

CHAPITRE XI.

DES INTERJECTIONS.

歎詞 Tán tsë.

Nous allons grouper sous certains chefs principaux les interjections les plus usuelles et certains mots employés dans le même sens. L'accent, surtout en chinois, modifie singulièrement le sens de certaines interjections. Souvent il n'y a pas de caractères propres pour rendre chaque espèce d'interjections. On les exprime par des caractères dont le son est équivalent, en y ajoutant seulement la clef de la bouche.

1. — INTERJECTIONS DE DOULEUR, D'AFFLICTION.

呀啞 Yà yà. Ah! ia!
天那 Tiēn lá. O Dieu!
嗚呼 Oū hoû. Hélas!
可憐 Kŏ liên. Quelle pitié!
呼咨 Hoû tsē. Hélas!
可惜 Kŏ sў. Quel dommage!
噫 Ў. Hélas!
饒恕 Jaô choú. 饒恕 Jaô choú. Pardon! grâce! s'il vous plaît. (Les enfants à leurs parents.)
施恩 Chĕ gēn. Grâce, pardon! (Au mandarin.)

II. — INTERJECTIONS DE DÉSIRS.

好好	Haò, haò.	Ah! bon, bravo!
好得狠	Haò tĕ hèn. . . .	
恰好	Kiă haò!	Quel bonheur! Quelle bonne fortune!

妙得緊 Miáo tĕ kìn. Admirable! admirable!
恰好 Kiă haò. Fort bien!
恰好 Kiă haò. Très-heureusement.
可喜可喜 Kŏ hỳ kò hỳ. Quel bonheur!

III. — INTERJECTIONS DE CRAINTE, D'AVERSION, DE DÉGOUT.

有�有啰	Yeoù lô, yeoù lô. .	Assez, assez
彀了	Keóu leào.	

臭 Tcheóu 不好 Poŭ haò. Fi donc!
啚 Pỳ. Fi! Pouah!

IV. — INTERJECTIONS D'ADMIRATION.

阿呀 Ō yà.
好得狠 Haò tĕ hèn. Ah! bien — Ah!
恭喜你 Kōng hỳ ngỳ.
妙得狠妙得狠 Miaó tĕ hèn, miaó tĕ hèn. Que c'est beau!
好美才 Haò meỳ tsaỹ. Quel beau talent!
妙妙 Miaó miaó. C'est bien!

V. — INTERJECTIONS DE SURPRISE, D'ÉTONNEMENT.

好 Haò. Bon!
怎樣 Tsèn yáng. Eh bien!

好大膽	Haò tá tán. . . .	Quel front! Quelle audace!

有了有了 Yeoù leào yeoù leào. Voici! voilà!
大奇大奇 Tá kỹ tá kỹ. Quelle chose singulière!

VI. — INTERJECTIONS D'ENCOURAGEMENT.

你用心	Ngỳ yóng sīn. . .	Allons! courage!
不怕得	Poŭ pă tĕ.	
怕甚麼	Pă chén mô. . . .	

有趣有趣 Yeoù tsŭ yeoù tsŭ. C'est juste! c'est bien!

VII. — INTERJECTIONS DE SILENCE.

不說話 Poŭ chŏ hoá. Chut! silence!

VIII. — INTERJECTIONS POUR APPELER.

救人 Kieóu jên. Au secours!
救火 Kieóu hò. Au feu!

IX. — INTERJECTIONS POUR AVERTIR, MODÉRER, APAISER.

小心 Siaò sīn. Gare à toi! *Caveas!*
讓 Jáng 讓 jáng. Gare, écartez-vous!

X. — INTERJECTIONS EN FORME DE MENACES, DE JURONS.

Dans presque toutes les langues de l'Europe, on trouve une foule d'expressions ou de jurons, employés lorsque les passions sont vivement surexcitées, en guise d'interjections. Les Chinois n'ont pas de semblables jurons. En revanche, ils ont des expressions qui s'y rapportent plus ou moins. Les exemples suivants en donneront une idée.

EXEMPLES :

我要掃他的臉 Ngò yaó saò tā tỳ lièn. Je lui en ferai voir! Littéral. : Je veux lui brosser la figure!

我要他認得我 Ngò yáo tā jén tĕ ngò. Je lui apprendrai à me connaître!

我要他喫點辣子湯的味道 Ngò yáo tā tchĕ tièn lă tsè tāng tỳ oúy táo. Je lui ferai manger un peu de *suc* de piment.

我要你知道我的利害 Ngò yáo ngỳ tchē taó ngò tỳ lý háy. Je veux que vous sachiez l'étendue de ma vengeance.

我要收拾你 Ngò yáo cheōu chĕ ngỳ. Je veux ramasser tes effets.

XI. — ESPÈCES D'INTERJECTIONS EUPHONIQUES.

L'élégance de la langue orale comme de la langue écrite consiste dans l'heureux mélange de la cadence prosodique et de certaines particules phonétiques. Le rôle de ces particules est de faire une pause dans la conversation comme dans le style écrit, et surtout de ménager agréablement la chute de la phrase. On reconnaît, en Chine, les différentes classes de la société à l'usage plus ou moins habile que l'on fait de ces particules. Nous traiterons plus amplement cette matière dans le chapitre IX de la deuxième partie de cette Grammaire, lequel a pour titre : *Du rôle important des particules chinoises.*

EXEMPLES :

這也使得 Tché ỳ chè tĕ. A la bonne heure!
學生到也不知 Hiŏ sēn taó ỳ poŭ tchē. Moi, élève, j'ignorais cela.
一句也說不得 Ў kiú ỳ chŏ poŭ tĕ. Il ne faut pas en souffler un mot.
要開口又開不得要閉口又閉不得 Yáo pý keŏu yeoú pý poŭ tĕ, Yaó kaў keŏu yeóu kaў poŭ tĕ. Quand on veut parler, il faut se taire; si l'on désire se taire, il faut parler.
天下事再也對不定 Tiēn hiá sé tsaý ỳ toúy poŭ tín. On ne peut répondre de rien en ce monde.
我爲才貌兩件愛你不過 Ngò ouý tsaў mâo leàng kién ngáy ngỳ poŭ kó. Je vous aime surtout à cause de votre beauté et de votre génie.
喫了三道茶 Tchĕ leào sān taó tchă. Après avoir pris trois tasses de café.

On voit dans chacun de ces exemples, soit une particule phonétique, soit une particule numérique, destinée à donner de la grâce, de l'harmonie et de la mesure à l'expression de la pensée.

CHAPITRE XII.

DES IDIOTISMES DE LA LANGUE CHINOISE.

1° *Idiotismes de la langue parlée.* — 2° *Idiotismes de la langue écrite.*

Les idiotismes d'une langue sont la partie la plus difficile de cette langue. La connaissance des mœurs, des coutumes, du génie et de l'histoire d'un peuple est nécessaire pour saisir avec justesse le sens métaphorique de la plupart des idiotismes. La langue chinoise, qu'une déplorable ignorance des savants d'Europe proclame très-pauvre, est, au contraire, d'une richesse désespérante en idiotismes, en métaphores et en figures de toute espèce.

Dans le langage oral chinois, les idiotismes sont fréquemment employés. Ils sont pleins de grâce et de sel attique. Nous ne connaissons aucun Dictionnaire, même chinois, qui donne la signification des idiotismes.

Dans le langage écrit, les idiotismes se forment souvent au moyen de simples particules, dont les unes ont un sens large, indéterminé; les autres sont purement phonétiques. Leur position dans la phrase forme l'idiotisme en même temps qu'il lui donne sa force.

Nous engageons les jeunes sinologues à recueillir sur un album tous les idiotismes qu'ils entendent ou qu'ils rencontrent dans les livres.

I. — IDIOTISMES DE LA LANGUE ORALE.

1° 說人 Chŏ jên. Littéralement : *Dire quelqu'un.* Cette locution s'entend toujours en mauvaise part, c'est-à-dire dans le sens de parler mal de quelqu'un. *Il parle mal de vous.* Tā chŏ ngỳ 他說你.

2° 說人的是非 Chŏ jên tў ché feў. Littér. : *Dire le oui et le non de quelqu'un.* C'est parler à tort et à travers de quelqu'un, dire ses bonnes et ses mauvaises qualités, sans aucun discernement.

3° 說別人的長短 Chŏ piĕ jên tў tchàng touàn. Littér. : *Dire le long et le court de quelqu'un.* Cela s'entend dans un sens peu favorable et s'applique à la médisance indiscrète.

4° 喫虧 Tchĕ kouў. Littér. : *Manger ses fautes.* Se dit de ceux qui tombent eux-mêmes dans leurs propres filets. Chercher à tromper et être victime de sa propre ruse.

5° 喫雷 Tchĕ louў. Littér. : *Manger le tonnerre.* Se dit de ceux qui font clandestinement de petits bénéfices injustes. Ainsi, par exemple, un maître d'hôtel chargé des achats de son patron, qui porte plus haut qu'il ne l'est le chiffre de ses achats, *mange le tonnerre.*

6° 失臉 Chĕ lièn. Littér. : *Perdre la face.* Se dit de ceux qui ont commis un acte déshonorant. *Ils ont perdu la face,* chĕ lièn 失臉, ou bien, *ils n'ont plus de face,* oŭ lièn mién 無臉面. Dire à un Chinois qu'il a *perdu la face,* qu'*il n'a plus de face,* c'est une grave injure, quelquefois même une accusation, une provocation, qui se termine par une bataille.

7° 擺弄門陳 Paў lóng mên tchĕn. *Tuer le temps en racontant des histoires.* Cet idiotisme est d'un usage incessant en Chine. Nous n'avons en français aucune expression qui en rende bien le sens.

8° 傷臉 Chāng lièn. Littér. : *Blesser la face.* Se dit d'une humiliation, d'une confusion grave que l'on inflige à quelqu'un, surtout en public. *Il m'a couvert de confusion.* Littér. : *Il a blessé ma face.* Tā̀ chāng leào ngò tỳ lièn 他傷了我的臉.

9° 打把市 Tà pà ché. Littér. : *Battre le marché.* Cette expression veut dire : *tromper quelqu'un* avec une rare adresse, par de belles paroles.

10° 愛戴高帽子 Gaý taý kaō máo tsè. Littér. : *Aimer à porter un bonnet élevé.* Se dit de tous ceux qui choquent par des prétentions excessives, par un orgueil déplacé.

11° 敲釘錘 Kaò tīn tchoŭy. Littér. : *Battre le marteau.* Se dit, en Chine, de la classe de ceux qui font métier d'intenter des procès, de susciter des chicanes pour extorquer de l'argent. Cette expression se prend toujours en mauvaise part.

12° 撫心自問 Foù sīn tsé ouén. Littér. : *Palpant son cœur s'interroger.* Mettre la main sur la conscience.

13° 將來畢竟要上這一條路 Tsiàng laŷ pỳ kīn yaó cháng tchĕ ỳ tiāo loú. *Bon gré mal gré, il faudra bien y venir un jour.* En chinois : Enfin il faudra bien un jour suivre cette route.

14° 文理不甚通透 Ouên lỳ poŭ chén tōng teōu. *Ce n'est pas un grand clerc.* En chinois : En fait de littérature, il n'en comprend guère.

15° 打頭子 Tà teōu tsè. *Réprimander quelqu'un.* Littér. en chinois : Battre la tête.

16° 挨頭子 Yāy teōu tsè. *Recevoir une réprimande.* En chinois : Se heurter la tête.

17° 寸男尺女皆無 Tsēn lân tchĕ niù hiāy oŭ. *Être sans postérité.* En chinois : Une ligne de garçon, un pied de fille, n'avoir rien de tout cela.

18° 這些話是那個教你說的 Tchĕ sȳ hoá ché là kó kiáo ngỳ chŏ tỳ. *Qui vous a si bien fait le bec?*

19° 搔不着心頭的癢 Sāo poŭ tchŏ sīn teōu tỳ yâng. *Je ne puis le gratter où le cœur lui démange.*

20° 你說叫他氣死不氣死 Ngỳ chŏ kiáo tā kŷ sè poŭ kŷ sè. *Qu'en pensez-vous, n'est-ce pas assez pour le faire enrager?*

21° 難道是我眼睛花了 Lân taó ché ngò yèn tsīn hoā leào. *Est-ce, par hasard, que j'aurais la berlue?*

22° 這漢子好不睡得自在 Tchĕ hán tsè hào poŭ choúy tĕ tsé tsáy. *Ah! voilà un drôle qui dort de bon appétit.*

23° 怎消得這口惡氣 Tsèn siāo tĕ tchĕ keòu ngŏ kŷ. *Le moyen, s'il vous plaît, de digérer cela?*

24° 食言 Chĕ yên. *Manger sa parole,* c'est-à-dire : violer la parole donnée.

25° 拿某人的短子 Lâ mòng jên tў-touàn tsè. *Prendre quelqu'un en parole.* En chinois : Prendre le court de quelqu'un.

26° 開膠 Kaў kiaō. *Se tirer d'un mauvais pas.* En chinois : *Se dépêtrer de la colle.*

27° 他手短 Tā cheòu touàn. *Il n'a pas le sou.* En chinois : Sa main est fort courte.

28° 逗耳朵 Teóu eùl tò. *Tromper quelqu'un habilement par ses paroles.* En chinois : Prendre par les oreilles.

29° 進了水 Tsín leào choùy. *Se laisser gagner par des présents.* En chinois : L'eau l'a pénétré. Le verbe est ici au sens passif.

30° 喫棉花頭 Tchĕ miên hoā teŏu. *Faire des profits illicites*, tels que les pourvoyeurs d'une maison en font. En chinois : Manger les têtes de coton.

31° 拿架子 Lâ kiá tsè. *Se vanter avec emphase.* En chinois : Monter sur une machine.

32° 隔山喫藥 Kĕ chān tchĕ yŏ. *Prendre une médecine d'après la simple consultation orale d'un tiers.* En chinois : Une montagne séparant, prendre remède.

33° 辦人的燈 Pán jên tў tēn. *Railler sur quelqu'un.*

34° 耍背膊子 Choà peỳ pŏ tsè. *Se vanter avec fracas de la faveur de quelqu'un.*

35° 耳朵上拐毛錢 Eùl tò cháng kā mâo tsiēn. *Croire sans discernement aux paroles des autres.*

36° 背時倒灶 Peý ché taó tsaò. *Tomber dans l'infortune.* Littér. : Tourner le dos à la faveur et regarder le foyer domestique.

37° 野鬼山魈 Yè koúy chān siāo. *Être réduit à la plus affreuse misère.* En chinois : Être avec les démons du désert et les esprits des montagnes.

38° 拷糠頭火 Kaò kāng teŏu hò. *Devenir très-pauvre.* En chinois : En être réduit à se chauffer avec de l'écorce de riz.

39° 敎人把肚子也氣破了 Kiaó jên pà toú tsè ỳ ký pŏ leào. *Faire crever quelqu'un de dépit.*

40° 鼻子也不敢輕鼻一鼻 Pý tsè ỳ poŭ kàn kīn pý ў pý. *N'oser pas souffler.*

41° 脫霉氣 Tŏ meỳ ký. *Trouver la veine de la fortune.*

42° 分薄厚 Fēn pŏ heóu. *Avoir des préférences, être partial.* Littér. : Diviser l'épais et le menu.

43° 不思前不慮後 Poŭ sē tsiēn poŭ liŭ heóu. *Ne pas voir les suites d'une affaire.* Littér. : Ne pas songer à ce qui est en avant; n'avoir pas de souci de ce qui est après.

44° 說不出來 Chŏ poŭ tchoŭ lay̆. *Je ne puis le dire.* Au propre et au figuré. Littér. : La parole ne peut sortir.

45° 推三阻四 Toūy sān tsoù sé. *Faire des mines, des façons,* c'est-à-dire un semblant de difficultés.

46° 露情絲 Loŭ tsīn sē. *S'ouvrir loyalement à quelqu'un.*

47° 失言 Chĕ yên. *Perdre la parole,* c'est-à-dire commettre une indiscrétion.

48° La langue chinoise est fort riche en expressions figurées pour stigmatiser les défauts, les vices. Ainsi on dit d'un avare sordide :

沃濁肥 Ouò tchŏ feȳ, ou bien :

邋遢肥 Lă tă feȳ.

D'un homme sans caractère :

無氣之人 Oŭ kȳ tchē jên.

D'un homme dont l'humeur est singulière :

冷冷落落 Lìn lìn lŏ lŏ.

D'un homme qui se mêle de tout et passe sa vie à tromper :

光棍 Kouāng kouèn.

II. — IDIOTISMES DE LA LANGUE ÉCRITE.

1° 看我打你耳刮子不打 Kán ngò tà ngỳ eûl kouá tsè poŭ tà. *Attends un peu, je te frotterai les oreilles.*

2° 露出馬脚 Loŭ tchoŭ mà kiŏ. *Montrer le bout de l'oreille.* Littér. : Découvrir le pied du cheval.

3° 千方百計 Tsiēn fāng pŏ ký. *Faire mille plans, établir mille combinaisons,* c'est-à-dire faire tous ses efforts.

4° 弄一手脚 Lóng ȳ cheoù kiŏ. *Faire des pieds et des mains.*

5° 四下訪問 Sé hiá fàng ouén. *Chercher de tous côtés.*

6° 拜在人門下 Paý tsaý jên mên hiá. *Être le disciple de quelqu'un.*

7° 招他東堂 Tchaō tā tōng tâng. *Attirer quelqu'un dans la partie orientale de sa maison,* c'est-à-dire lui donner sa fille en mariage.

8° 請人來作一個西賓 Tsìn jên laŷ tsoú ȳ kó sȳ pìn. *Devenir l'hôte du pavillon occidental.*

9° 一路上好不興頭 Ȳ loú cháng haò poŭ hīn teôu. *Garder l'incognito en route.* Littér. : Ne pas lever la tête durant toute la route.

10° 把盃與人洗塵 Pà peȳ yù jên sỳ tchên. *Boire le coup du voyageur à son arrivée.* Littér. : Pour secouer la poussière.

11° 景入桑榆 Kìn joŭ sāng yŭ. *Je vais entrer parmi les mûriers et les ormes,* c'est-à-dire : j'approche du tombeau.

12° 起一課 Kỳ ỳ kŏ. *Faire une prière divinatrice pour quelqu'un.* Littér. : Lever une fois le coffre dans lequel sont renfermées des monnaies de cuivre, en adressant une prière aux idoles.

13° 不分高底 Poŭ fēn kaō tỳ. *Ne pas discerner les inconvénients qui se rencontrent dans une affaire.* Littér. : Ne pas discerner le haut et le bas.

14° 想色中餓鬼 Siàng sĕ tchōng ouŏ koúy. *Être affamé de plaisirs.*

15° 每欲再栽根于門墻之下 Meỳ yoŭ tsaý ngò kēn yū mên tsiāng tchē hiá. *Désirer se réconcilier avec quelqu'un.* Littér. : Désirer prendre racine au bas du mur de la maison de quelqu'un.

16° 已諧鳳卜 Ỳ hiây fōng poŭ. *Avoir contracté un engagement de mariage.* Littér. : Avoir consenti aux sorts du phénix.

17° 老夫自當然執斧柯 Laò foū tsé tāng jân tchĕ kīn hô. *Revenir sur une affaire abandonnée.* Littér. : Saisir de nouveau le manche de la cognée.

18° 雖犬馬執結亦不能報高厚千萬矣 Siū kiuĕn mà tchĕ ky ỳ poŭ tsên paó kaō heóu tsiēn ouán ỳ. *Quand j'épuiserais mes forces à votre service, je ne saurais jamais reconnaître la dix millième partie de vos bienfaits.*

19° 用是重執斤柯獻之東床 Yóng ché tchóng tchĕ kīn hō hién tchē tōng tchouâng. *Saisir une occasion favorable pour présenter quelqu'un que l'on veut faire épouser à sa nièce.* Littér. : Saisir le manche de la cognée en présentant quelqu'un pour le lit oriental.

20° 未知鹿死誰手 Ouý tchē loŭ sè choûy cheòu. *Il est impossible de démêler cette affaire, d'accorder la préférence à l'un ou à l'autre.* Littér. : On ne sait de quelle main le cerf a péri.

21° 做出糊塗 Tsoú tchoŭ hoû toŭ. *Faire une grande sottise.*

22° 出之肺腑 Tchoŭ tchē tchē foù. *Ouvrir son cœur à quelqu'un.* Littér. : Lui montrer ses entrailles.

23° 不是你尋我便是我訪你 Poŭ ché ngỳ siûn ngò, pién ché ngò fàng ngỳ. *Se rechercher mutuellement.* Littér. : Ce n'est pas vous qui me cherchez, c'est bien moi qui vous recherche.

24° 我是想道閨女識字以洗粉之羞 Ngò ché siàng táo kouý niù chĕ tsé ỳ sỳ fèn tchē sieōu. *J'imaginais qu'une jeune beauté pouvait racheter par ses connaissances les frivolités de la toilette.* Littér. : Laver la honte de la pommade et du fard.

25° 只弟自是金馬玉堂之物 Tchè tý tsé ché kīn mà yŭ tāng tchē

oŭ. *Vous êtes fait pour devenir académicien.* Littér. : Pour monter le coursier d'or ou siéger dans la salle de jaspe.

26° 他汪意車府之選者蘇生也 Tă ouāng ý tchēy foù tchē siuèn tchĕ Soū Sēn ỳ. Celui qu'il a choisi pour son gendre est M. Se. Littér. : Pour le lit oriental.

27° 他說有一妹許結絲罷 Tă chŏ yeoù ỳ meý hiù kiĕ sē pá. Il me dit qu'il avait une sœur cadette à laquelle il s'engageait de me marier. Littér. : avec laquelle il s'engageait de me faire serrer le nœud de soie.

28° 爲何分厚薄 Ouŷ hô fēn heóu pŏ. Pourquoi mettre des différences entre nous? Littér. : partager l'épais et le menu?

29° 千肯萬肯 Tsiēn kĕn ouán kĕn. Être difficile, exigeant. Littér. : vouloir mille choses, vouloir dix mille choses

30° 令我愧死 Lîn ngò kouý sè *Vous me faites mourir de confusion.*

31° 他立志必要登了甲滂方肯洞房花燭 Tă lỳ tché pỳ yaó tēn leào kiă pāng fāng kĕn tōng fâng hoā tchoŭ. Il a formé le projet de s'élever dans les concours avant de songer à s'établir. Littér. : avant de penser aux cierges parfumés de la chambre nuptiale.

32° 意欲細羅附喬 Ý yoŭ sē lô foŭ kiāo. Désirer qu'un mariage se fasse. Littér. : désirer voir le lierre s'entrelacer autour.

33° 斧柯托人 Foù hô tŏ jên. Confier une affaire à quelqu'un. Littér. : lui remettre entre les mains le manche de la cognée.

34° 骨肉之情千金之托俱在于此 Koŭ joŭ tchē tsīn tsiēn kīn tchē tŏ kiú tsaý yû tsé. Ce que j'aime comme moi-même, le bien le plus précieux que j'ai au monde, le voici.

35° 見粉壁上一首詩寫得龍蛇飛舞 Kién fén pỳ cháng ỳ cheoù chē sié tĕ lông chĕ feỳ où. Il vit sur un mur de plâtre une pièce de vers d'une beauté charmante. Littér. : il vit des vers écrits avec la légèreté du dragon.

36° 少東沒西那個就大不便了 Chào tōng mŏ sȳ lá kó tsieóu tá poŭ pién leào. S'il manque soit ceci soit cela, la chose n'est pas commode. Littér. : si l'Orient manque un peu et qu'il n'y ait pas d'Occident, alors la chose n'est pas facile.

37° 這任乃是一个清淡衙門 Tchĕ jén laỳ ché ỳ kō tsīn tān yâ mên. Cette place est une charge sans fonctions, une vraie sinécure.

38° 你有此千里駒 Ngỳ yeoù tsé tsiēn lỳ kiú. D'un homme qui peut fournir une belle carrière, on dira : Vous avez là un coursier capable de parcourir mille lieues.

39° 俗曰解鈴人,還是係鈴人 Siŏu yuĕ kiaỳ lîn jên, houân ché hý lîn jên. On dit vulgairement : Celui qui a attaché le grelot doit le détacher.

40° 我意欲他招東坦 Ngò ý yoŭ tă tchaŏ tŏng tăn. Concevoir le désir de donner à quelqu'un sa fille en mariage. Littér. : avoir le désir de l'attirer dans la partie orientale de sa maison.

41° 椿樟定然並丞 Tchoŭn nŷ tín jân pîn tchĕn. S'informer si les auteurs de nos jours jouissent d'une bonne santé. Littér. : si le frêne paternel et l'hémérocalle sont dans un état florissant.

42° 不幸先嚴見背 Poŭ hín siēn niên kién peý. Malheureusement mon père est mort.

43° 人心不足。得隴望蜀 Jên sīn poŭ tsioŭ; tĕ Lông ouáng choŭ. Le cœur de l'homme n'est jamais content. Littér. : une fois qu'on a la principauté de Lông, on tourne les yeux du côté de celle de Choŭ.

44° 只怕你見了鬼子 Tchè pá ngỳ kién leào koúy tsè. Je crois que vous rêvez. Littér. : Je crains que vous ne voyiez un démon.

45° 早知燈是火飯熟已多時 Tsào tchē tēn ché hò, fán choŭ ỳ tō chê. Si j'avais su plus tôt qu'il y avait du feu dans la lanterne, il y a longtemps que le riz serait cuit.

46° 正當笄年 Tchén tāng ký niên. Elle est arrivée à l'âge où les jeunes filles assujettissent leurs cheveux avec une agrafe, c'est-à-dire à la quinzième année, époque du mariage.

47° 以致他含恨九泉 Ỳ tché tă chĕ hén kieòu tsuĕn. La peine et le ressentiment l'ont conduit aux neuf fontaines, c'est-à-dire sur les bords du Styx.

48° 你妹夫九泉之下 Ngỳ meý foū kieòu tsiuên tchē hiá. Votre beau-frère habite le séjour des neuf fontaines.

49° 若不願結羅果然日失身非偶豈不是笑我 Jŏ poŭ yuén kiĕ lô kò jân jŏ chĕ chēn feý ngeoù kỳ poŭ ché siáo ngò. Si je ne témoignais le désir de serrer avec vous le tissu de soie, et qu'à l'avenir je ne trouvasse pas de gendre, ne se moquerait-on pas de moi?

50° 叔享洞房花燭之福也 Choŭ hiáng tōng fāng hoā choŭ tchē hó ỳ. Jouir du bonheur de placer les cierges parfumés dans la chambre nuptiale.

51° 許贈盤纏 Hiù tsén pân tchăn. Il promit de me donner le viatique.

52° 弟一是老朱出頭 Tý ỳ ché laò Tchoū tchoŭ teŏu. Celui qui s'est le plus mis en avant est le vieux Tchoū.

53° 敢作敢爲 Kàn tsoú kàn oúy. Oser tout.

54° 不甚往來 Poŭ chén ouàng laŷ. N'être pas bien avec quelqu'un.

55° 一夜千思百慮 Ỳ yè tsiēn sē pĕ liù. Toute la nuit se passa en réflexions et en pensées.

CHAPITRE XIII.

DE L'URBANITÉ CHINOISE.

Lỳ sín ou lỳ maô.

禮信 禮貌。

1° Motifs de ce chapitre dans une Grammaire. — 2° Idées des Chinois sur l'urbanité. — 3° Des termes honorifiques en chinois, savoir : 1. A l'égard des hommes ; 2. à l'égard des dames. — 4° Des titres que l'on prend, par modestie, en parlant de soi-même. — 5° Des termes dont on se sert pour désigner ce qui nous appartient ou nous concerne. — 6° Des expressions de politesse qui remplacent le pronom possessif de la deuxième personne. — 7° Des cinq manières de saluer en chinois. — 8° Des formules de remercîments en chinois. — 9° Des visites, savoir : époques des visites, paroles de politesse en visite, cartes de visite, cérémonial des visites. — 10° Des présents. — 11° Des festins et repas. — 12° De la correspondance épistolaire.

I. — MOTIFS DE CE CHAPITRE.

Un chapitre sur l'urbanité pourra sembler déplacé dans une Grammaire. Peut-être le serait-il ailleurs que dans une Grammaire chinoise. L'urbanité chinoise a, pour ainsi dire, un langage à part. On ne peut se livrer à l'étude de la langue orale sans connaître en même temps le langage si exquis, si raffiné, de la politesse chinoise. Les expressions de ce langage sont d'une pratique journalière. Quant aux sinologues qui n'étudient la langue chinoise que comme une langue morte, la connaissance des termes de l'urbanité chinoise ne leur est guère moins indispensable. On ne peut ouvrir un livre chinois, surtout un de ces romans de mœurs, un livre de comédie, sans rencontrer, à chaque pas, ces expressions exceptionnelles. Les Dictionnaires n'en donnent qu'une traduction imparfaite. Enfin, comme simple étude de mœurs, ce chapitre mérite l'attention de nos lecteurs.

Les Chinois ont écrit de volumineux traités sur les *rites* ou la politesse de leur pays. Tout y est minutieusement décrit. Depuis des siècles, ces pratiques se conservent et s'observent avec une rare fidélité. En Europe, nos règles de politesse se réduisent aujourd'hui à peu de chose. Les habitants de nos campagnes, le bas peuple de nos villes, ne connaissent rien de la politesse du pays. En Chine, au contraire, les classes les moins élevées de la société connaissent et pratiquent d'une manière parfaite toutes les règles de l'urbanité. Aussi l'observance de ces règles donne-t-elle aux habitants des campagnes de la Chine, aux ouvriers des villes, une aisance remarquable dans les manières, une sorte de désinvolture gracieuse mille fois préférable à la rusticité de nos paysans européens. Les Chinois, qui attachent, avec raison, une grande importance à ces pratiques, forment leurs enfants, dès le bas âge, à la connaissance et à l'observation de ces rites de la politesse.

Si les Européens qui résident en Chine ont des rapports avec les Chinois, le grand moyen d'être bien reçus, bien accueillis, est d'observer, autant que possible, les règles de l'urbanité chinoise. Si le gouvernement, si le peuple chinois traitent, non sans fondement, les Européens de *Barbares occidentaux*, ŷ jên 夷人 ou de *diables étrangers*, fân koûy 番鬼, n'est-ce pas à cause du mépris affecté que ces derniers manifestent pour toute espèce de règle et de politesse, comme si, après tout, ces règles n'étaient pas les éléments naturels du *savoir-vivre* de tout homme civilisé? Les anciens missionnaires catholiques, qui, aux vertus apostoliques, joignaient un tact exquis des hommes et des choses, se conformaient avec exactitude aux règles de la politesse chinoise. Les fonctionnaires publics, comme le peuple du pays, leur savaient gré de cette conduite, et les rapports sociaux n'avaient qu'à y gagner de part et d'autre.

II. — IDÉES DES CHINOIS SUR L'URBANITÉ.

Chacun sait qu'il existe en Chine des livres profanes d'une haute antiquité. Ces livres sont appelés kīn 經 ou livres par excellence. Aucun pays du monde ne peut rien mettre en parallèle de ces livres, tant pour l'ancienneté que pour l'excellence de la doctrine philosophique. Un de ces livres anciens porte le titre de lỳ ký 禮紀, et traite de la politesse, des rites publics et privés. Ce code de l'urbanité chinoise a été commenté et répandu à profusion, sous toutes les formes, dans le Céleste Empire. L'empereur Kāng hỳ disait aux princes ses enfants : « Le lỳ ký ou le cérémonial de la nation est d'un grand « prix. Il renferme la source des grandes actions, le principe de l'heureuse « réforme des mœurs du peuple... L'observation des règles de ce livre fait « distinguer parfaitement le souverain, le sujet, le supérieur et l'inférieur... « Si l'on observe le cérémonial dans la conduite et dans les actions, la vertu « que le Ciel exige de l'homme est parvenue à sa perfection. Si l'on observe « ces règles et ces usages dans la conduite des affaires publiques, on peut ré-

« puter excellent et accompli le gouvernement du Souverain. Aussi Confucius « disait-il : Celui qui n'étudiera pas le lỳ ký ne pourra jamais parvenir à rien. »

Le peuple chinois est persuadé avec raison que l'accomplissement des devoirs de la politesse ôte à l'esprit sa rudesse naturelle, inspire la douceur, maintient la paix et le bon ordre autant dans la famille que dans l'État. Les jeunes Chinois, qui ne manquent nullement d'une grande sagacité d'observation, voyant l'importance que leurs parents attachent à la pratique des rites, s'y forment sans efforts et les observent avec une aisance exquise. Dire à un Chinois qu'il ne sait pas les rites, c'est un reproche qui va au plus vif du cœur.

La fonction principale du lỳ poú ou du tribunal des rites est de conserver les cérémoniaux de l'Empire dans toute leur pureté. Si quelque cas nouveau se présente (ce qui est rare), c'est le tribunal des rites qui donne la solution. Il est si sévère qu'il veut soumettre même les ambassadeurs étrangers aux rites du pays dans les audiences accordées par le souverain de la Chine.

III. — DES TERMES HONORIFIQUES EN CHINOIS, 稱呼 tchēn hoū.

§ 1er. A L'ÉGARD DES HOMMES.

Des termes honorifiques dont on se sert en adressant la parole à quelqu'un ou en parlant de lui.

Les Chinois sont très-attentifs à décerner à chacun le titre d'honneur qui lui est dû, mais seulement celui-là. Parmi ces titres d'honneur, il y en a qui ne peuvent être donnés qu'à certaines classes de gens. Tous ces titres font l'office de pronoms à la troisième personne. Ils se placent toujours après le nom de famille, quand on emploie celui-ci, soit dans la langue *orale*, soit dans la langue *écrite*.

1° *Monsieur*. En chinois : **yê** 爺. Monsieur Ouâng, **Ouâng yê** 王爺. Monsieur **Ouâng** le IIIe. **Ouâng sān yê** 王三爺. Monsieur **Ouâng** le IXe. **Ouâng kieòu yê** 王九爺. Ces mots troisième, neuvième, indiquent l'ordre de naissance. Les garçons et les filles font chacun une catégorie à part, et comptent séparément leur ordre de naissance.

Si l'on veut attacher au titre chinois qui répond à *monsieur* un degré plus élevé de respect, on dira : **Tá yê** 大爺.

2° *Monseigneur*. En chinois : **Laò yê** 老爺. Littér. : *Senex Pater. Dominatio vestra.* — On donne ce titre aux personnes que l'on considère beaucoup, mais surtout aux mandarins, actuellement en fonction, des villes de 2e et de 3e ordre, soit civils, soit militaires. Ainsi l'on dira : *Monseigneur* **Ouâng, Ouâng lào yê** 王老爺 ; *Monseigneur* **Tŏng, Tŏng lào yê** 童老爺.

On peut donner à ce titre un degré d'élévation en le faisant précéder du mot **Tá** 大, grand. On dira : **Tá laò yê** 大老爺, *très-grand seigneur* (*magnus senex pater*).

Pour mettre cette formule au pluriel, il suffit de la faire suivre de l'affixe **mên** 們. On aura : **Laò yê mên** 老爺們, ou bien, **tá laò yê mên**; *très-grands seigneurs.*

3° *Excellence.* En chinois : **Tá jên** 大人, ou **Tẫy yê** 太爺 (*magnus vir*). On ne donne ce titre qu'aux personnes assez élevées en dignité, comme aux mandarins des villes de premier ordre, à ceux qui gouvernent une division de province nommée **Taó** 道. Quant aux trésoriers généraux, **Poú tchén sē**, aux procureurs impériaux (**gān tchằ sē**), on leur donne le titre de **Tá laò yê** 大老爺 ou celui de **Laò tá jên** 老大人. Si l'on adresse la parole à ces dignitaires, c'est toujours à la troisième personne : *Votre Excellence*, **Tá jên** 大人; Son Excellence **Ouâng**, **Ouâng tá jên** 王大人. On se sert de ces titres sur la suscription des lettres.

4° Les dignitaires chinois, selon leur rang dans la hiérarchie mandarinale, ont tous un titre officiel d'honneur, que l'on emploie surtout en leur écrivant. Nous renvoyons nos lecteurs au deuxième volume de notre Dictionnaire, pages 126 et suivantes, pour l'énumération de ces titres.

5° Aux parents des mandarins en fonction, on donne les titres suivants :

Au père du mandarin :	太爺	**Tẫy yê**, ou 老太爺 **laò tẫy yê.**
A la mère.	老太太	**Laò tẫy tẫy.**
A l'épouse.	太太	**Tẫy tẫy.**
Aux belles-filles. . . .	奶奶	**Laỳ laỳ.**
A la femme du 1er fils.	大奶奶	**Tá laỳ laỳ.**
A la femme du 2e fils.	二奶奶	**Eùl laỳ laỳ.**
Aux fils du mandarin.	公子	**Kōng tsè**, ou 相公 **Siāng kōng.**
Au 1er.	大公子	**Tá kōng tsè**, ou 少爺 **Chaò yê.**
Au 2e.	二公子	**Eùl kōng tsè**, ou 大相公 **Tá siāng kōng.**

6° *Maître.* En chinois : **Siēn sēn** 先生 (*anteà natus*). On donne ce titre particulièrement aux professeurs, aux maîtres d'école. Un élève, parlant à son maître, lui dit : **Siēn Sēn** 先生. *Le maître veut-il me permettre...?* **Siēn Sēn hiù poŭ hiù** 先生許不許. On donne également ce titre d'honneur à toute personne que l'on respecte, mais à laquelle on ne peut donner celui de *monseigneur.*

Ce titre est susceptible de deux degrés d'élévation. On peut dire : **Laò siēn sēn** 老先生, *le vieux maître*, et **Tá laò siēn sēn** 大老先生, *le très-vieux* ou *respectable maître.*

7° *Maître.* Docteur. *Præceptor.* En chinois : **Foū tsè** 夫子.

Ce titre est plus honorifique que le précédent. On le réserve presque exclusivement pour ceux qui ont la charge d'enseigner. On l'accompagne de l'adjectif **laò** 老, vieux. Ainsi : **Tŏng laò foū tsè** 童老夫子, *le très-respectable maître* **Tŏng**. Confucius est appelé en Chine *le maître par excellence*, **Kòng foū tsè** 孔夫子. De ces trois mots réunis, les Européens ont fait le mot latin *Confucius*, nom par lequel on désigne le grand philosophe et sage de la Chine. On dit dans le même sens : **Laò sē** 老師, vieux maître.

Souvent aussi on n'emploie que le caractère 子 **tsè**, fils, pour désigner un *philosophe*, un savant. C'est un peu le *rabbi* des Juifs.

8° *Honorable, respectable.* **Kōng** 公. Ce titre est positivement attribué aux vieillards. **Ouâng sān kōng** 王三公. **Tŏng kōng** 童公.

Si l'on veut marquer d'avantage son respect, on doublera le mot **kōng** 公, qui fait ainsi une sorte de superlatif. On peut, en outre, ajouter encore à ce dernier mot double l'adjectif **laò** 老, vieux. Dans ces deux cas, on ne se sert pas du nom de famille. Les catholiques chinois donnent souvent ce titre aux Évêques, aux prêtres avancés en âge, aux vieillards qu'ils respectent : **Kōng kōng** 公公, ou **laò kōng kōng** 老公公.

9° **Siāng kōng** 相公 (lettré) est une qualification honorifique plus distinguée que la précédente. On en fait usage à l'égard de ceux que l'on veut honorer, surtout lorsqu'on ignore leur position sociale, leur dignité. Avec ce terme honorifique, on n'emploie pas le nom de famille, en adressant la parole.

10° Le nom de tendresse que les tout jeunes enfants chinois donnent à leur père est **tiê** 爹, qui répond chez nous au terme de *papa*. Ce caractère est composé du mot foú, père, et de l'adjectif tō, *beaucoup, bon*. En le faisant précéder du mot laò 老, vieillard, on a un terme honorifique que l'on donne surtout aux personnes avancées en âge. Ainsi l'on dira : **laò tiê** 老爹, *respectable père.*

11° *Respectable vieillard.* **Ōng** 翁. Cette expression est réservée aux personnes avancées en âge. *Votre respectable père.* **Tsēn ōng** 尊翁. Le préfet de la ville. **Tăng ōng** 堂翁.

12° *Respectable vieillard.* **Laò tsēn niên** 老尊年.

Ce titre se donne aux vieillards des classes ordinaires de la société et au-dessous. Dans le même sens, on dit aussi : **Laò seoú** 老叟, ou bien encore : **laò pĕ** 老伯, *vénérable oncle.*

13° *Votre Révérence.* Dominatio tua. **Tá kiá** 大駕, ou **tsēn kiá** 尊駕, ou **lín tchēn** 令正.

Deux dignitaires chinois, conversant ensemble, se donnent le titre de **Niên hiōng** 年兄.

14° Quant aux parents ou alliés, on emploie le terme générique qui exprime le degré de parenté ou d'alliance, et l'on y ajoute un terme honorifique, par exemple : laò 老, vieux. En parlant de ses oncles, on dira : Laò pĕ 老伯, laò choŭ 老叔, ou bien pĕ yê 伯爺, choŭ yê 叔爺.

Les parents, en parlant de leurs enfants, disent : siào eûl 小兒, mon petit enfant.

15° Un maître de maison, le chef de famille, est désigné par les termes de laò jên kiā 老人家, *dominus, senex*.

16° Si l'on veut témoigner, dans une juste mesure, du respect, de l'estime à un égal, on lui donne l'un des titres suivants : tá kō 大哥, frère aîné, ou celui de : laò hiōng 老兄, vieux frère.

17° Lorsqu'on adresse la parole à un parent d'un degré égal, à un ami, à un condisciple, souvent on ne veut pas et l'on ne doit pas, à cause des liens d'intimité, leur donner un titre honorifique. La politesse chinoise défendant, d'une autre part, l'emploi du pronom à la deuxième personne, on se sert alors d'expressions affectueuses et polies. Ainsi l'on dira :

仁兄 Jên hiōng. Mon frère pieux, clément.
賢契 Hiên kỳ. Mon ami sage, prudent.

18° Les maîtres d'hôtel ou de jonques reçoivent en Chine le titre de laò pán 老板 ou celui de tchoū jên kiā 主人家. *Domûs dominus*.

19° Tous les patrons d'arts et métiers, les chefs de maisons de commerce reçoivent de leurs disciples et autres employés le titre honorifique de sē foú 師傅.

§ 2. TITRES DÉCERNÉS AUX DAMES CHINOISES.

1° On donne aux dames chinoises du premier rang, de la classe élevée, le titre honorifique de taý taý 太太. *Très-respectable mère*. Laò taý taý 老太太.

2° Les dames des mandarins en fonction ont un titre d'honneur particulier, comme chez nous les femmes des Maréchaux, des Amiraux, etc.

Les dames des mandarins	du 1er ordre :	大夫	Tá foū.
—	—	du 2e ordre :	夫人	Foū jên.
—	—	du 3e ordre :	叔夫	Choū foū.
—	—	du 4e ordre :	恭人	Kōng jên.
—	—	du 5e ordre :	宜人	Nŷ jên.
—	—	du 6e ordre :	安人	Gān jên.
—	—	du 7e ordre :	孺人	Joû jên.

3° Aux dames chinoises d'une bonne condition, on donne le titre de Tá niâng 大娘.

Madame Tŏng. Tŏng tá niâng 董大娘.

4° Quant aux dames d'un rang ordinaire ou égal, on peut se servir à volonté de l'une de ces qualifications :

大嫂 **Tá saò**. . . . . . . }
大姐 **Tá tsiè**. . . . . . . } Grande sœur.
大妹 **Tá meý**. . . . . . . }

5° Généralement, on donne aux vieilles dames le titre de **Laỳ laỳ** 奶奶. Littér. : *vieille nourrice*, ou bien encore celui de **pŏ' pŏ'** 婆婆, ou de **laò pŏ' pŏ'** 老婆婆.

6° Quant aux demoiselles chinoises, on leur donne le titre de **koū niâng** 姑娘.

IV. — DES TITRES QUE L'ON PREND, PAR MODESTIE, EN PARLANT DE SOI-MÊME.

L'usage du pronom personnel *je* ou *moi*, **ngò** 我, est très-fréquent dans la langue orale. Cela tient au génie de la langue autant qu'au caractère lui-même du peuple chinois.

Toutefois, dans les relations sociales, dans les visites, en adressant la parole à ceux qui sont en dignité ou que l'on respecte, la politesse chinoise exige que l'on évite, *avec soin*, l'emploi du pronom *je* ou *moi*. On se sert d'expressions qui marquent la *déférence*, le *respect*, l' *abaissement*, pour faire hommage à son interlocuteur ou relever sa personnalité.

Cette coutume est universelle en Chine. Depuis le Souverain jusqu'au dernier des sujets, chacun l'observe. Ces règles de politesse ne sont pas nouvelles à la Chine; on les trouve en vigueur depuis la plus haute antiquité. Le luxe de ces formules est sans doute parfois tout oriental; mais on n'oubliera pas que c'est là une exigence du génie de ces peuples d'Orient.

1° L'Empereur de la Chine, parlant de lui, se sert des expressions suivantes :

朕 **Tchén**. (Moi qui suis hors des rangs) (1).
寡人 **Kouà jên**. (Homme de peu de vertu) (2).
孤家 **Koū kiā**. (Homme de peu de valeur) (3).
不穀 **Poŭ keoú**. (Moi, l'homme insuffisant à la charge.)

---

(1) C'est l'empereur **Tsîn chè Hoâng tý** 秦始皇帝 qui, en la 20e année de son règne (212 ans av. J. C.), a commencé à employer cette formule. Auparavant les empereurs, en parlant d'eux-mêmes, disaient : yû jên 愚人.

(2) Les anciens rois, surtout en présence des étrangers, prenaient fort souvent ce titre.

(3) L'Empereur prend ce titre surtout aux époques des calamités publiques.

2° Les mandarins, dans leurs édits, se servent d'une dénomination empruntée au titre même de leur place, pour parler d'eux-mêmes. Ainsi :

Un vice-roi (**Tsōng toŭ** 總督) dira : **Pèn toŭ** 本督.

Un trésorier général. **Poŭ tchén sē** 布致司. } **Pèn yŭen** 本院.
Un procureur impér. **Gān tchă sē** 安察司. }

Un préfet des villes de 1er ordre. **Pèn foù** 本府.

— — de 2e ordre. **Pèn tcheōu** 本州.

— — de 3e ordre. **Pèn hién** 本縣, ou **Pèn tăng** 本堂.

En présence de leurs supérieurs hiérarchiques, les mandarins se nomment : **Pў chĕ** 敝識.

En présence de l'Empereur, ils prennent le titre de **Tchĕn** 臣, *moi, votre sujet*, ou celui de **siào tchĕn** 小臣, ou bien encore celui de **oŭy tchĕn** 微臣, *moi votre petit* ou *pauvre vassal*. Les mandarins tartares disent : **Loŭ tsaў** 奴才, *moi, votre esclave*.

En écrivant à l'Empereur, ce caractère **Tchĕn** 臣 doit être écrit *très-fin* et en dehors de la ligne courante. Plus on l'écrit fin, plus on témoigne de respect en s'abaissant davantage.

3° Un supérieur, un homme élevé en dignité, s'adressant à ses inférieurs, se sert, en général, du pronom personnel **ngò** 我, *moi*, ou de celui de **yú** 余, qui lui est synonyme.

4° Un vieillard, en parlant de lui, a coutume de dire **Laò foū** 老夫, ou **Laò hàn** 老漢.

5° Les gens de lettres, parlant entre eux, se désignent par l'une de ces qualifications :

學生 **Hiŏ sēn**, Moi, élève.
們生 **Mên sēn**. . . . . } Moi, disciple.
們弟 **Mên tý**. . . . . . }

Dans leurs ouvrages, les auteurs chinois, pour éviter le pronom **ngò** 我, *je*, se servent de leur petit nom. Confucius se désignait souvent par **Kieōu** 丘, moi **Kieōu**. *Moi* **Kieōu**, *je ne sais pas cela*. 非丘所知 **Feў Kieōu sò tchē**.

6° Les vieilles dames chinoises, parlant d'elles-mêmes, disent **laò chēn** 老身.

7° Un jeune Chinois, en présence de personnes âgées, se désigne par le titre de **ouàn sēn** 晚生 (*serò natus*).

8° Un négociant parle de lui à la troisième personne : **chāng** 商 ou **kĕ** 客, moi, homme de négoce.

9° Un disciple, un élève, un employé de commerce, parlant de lui, en présence de son maître, de son patron, dira : **Mên sēn** 們生, *moi, votre disciple*.

10° Les bonzes de la secte de Bouddha se nomment **Pĭn sēn** 貧僧, *moi, pauvre bonze*. Ceux de la secte de **Laò tsè** : **siào taó** 小道.

11° Un fils chinois, parlant ou écrivant à son père, n'omet pas de se nommer *son tout petit fils*, **Siào eûl** 小兒, bien qu'il soit peut-être l'aîné de la famille et père lui-même de plusieurs enfants. Sur l'adresse des lettres, un fils chinois ne manque pas d'écrire : **Niên foú** 嚴父, à mon père sévère.

Tsê moù 慈母, à ma clémente mère. Ces formules inspirent aux enfants chinois un grand respect pour les auteurs de leurs jours.

12° Les parents, les alliés, se désignent par le mot qui exprime leur degré de parenté, surtout quand ce degré est inférieur à leur interlocuteur.

13° En dehors des expressions précédentes, affectées aux classes de personnes ci-dessus désignées, il y en a qui sont générales et que tout Chinois peut prendre par politesse, pour éviter le pronom de la première personne. Voici ces expressions :

1. 小的 **Siào tý.** *Moi, le tout petit.*
2. 僕 **Poŭ.** Moi, votre esclave.
3. 小弟 **Siào tý.** Moi, votre petit frère.
4. 在下 **Tsaý hiá.** Moi, votre inférieur.
5. 不才 **Poŭ tsaý.** Moi, l'incapable.
6. 愚人 **Yû jên.** Moi, le stupide.
7. 愚懞 **Yû mông.** *idem.*
8. 蠢子 **Tchoŭn tsè.** Moi, l'hébété.
9. 罪人 **Tsoúy jên.** Moi, l'homme pécheur.

V. — DES TERMES DONT ON SE SERT POUR DÉSIGNER CE QUI NOUS APPARTIENT OU NOUS CONCERNE.

Si la politesse chinoise exige que l'on évite l'usage du pronom personnel soit à la première, soit à la deuxième personne, elle défend également que l'on fasse usage des pronoms possessifs à la première et à la deuxième personne, en parlant de ce qui nous appartient, de ce qui nous concerne, ou de ce qui appartient aux autres. Il y a, pour tous les cas, des expressions consacrées qu'il n'est pas permis d'ignorer.

Voici ces expressions qui, par une humble marque de politesse, remplacent le pronom possessif de la première personne.

1° 敝 **Pý.** *Vil, bas, pauvre...,* s'applique aussi bien aux personnes qu'aux choses qui sont à nous ou qui ont rapport à nous. On dira :

敝國 **Pý kouĕ.** Mon *pauvre* royaume.
敝地 **Pý tý.** Mon *pauvre* pays.
敝姓 **Pý sín.** Mon *vil* nom.
敝處 **Pý tchoŭ.** Ma *misérable* demeure.
敝房 **Pý fâng.** Mon *abjecte* épouse.
敝友 **Pý yeoú.** Mon *humble* ami.

敝同學 Pý tŏng hiŏ. Mon *modeste* condisciple.

2° 賤 Tsién. *Vil, abject, méprisable, ignoble...*, ne s'applique guère qu'aux choses qui touchent de près notre personne ou bien encore aux personnes que l'on désigne métaphoriquement par des noms de choses. Ainsi :

賤手 Tsién cheòu. Ma *vile* main (au propre et au figuré).
賤房 Tsién fâng. Mon *abjecte épouse*.
賤室 Tsién chĕ. *idem*.
賤妾 Tsién tsiĕ. Ma *pauvre* concubine, ou
小妾 Siaò tsiĕ.
賤身 Tsién chēn. Mon *humble* personne, ou
賤體 Tsién tỳ.

3° Kiā 家, *maison*, sert à désigner les parents vivants de la ligne ascendante ou les alliés auxquels on doit des égards. Ainsi, l'on dira :

家祖 Kiā tsoú. Mon aïeul. *Avus*.
家祖母 Kiā tsoù moù. Mon aïeule. *Avia*.
家父 Kiā foú. Mon père. *Pater*.
家母 Kiā moù. Ma mère. *Mater*.
家伯 Kiā pĕ. Mon oncle. *Patruus major*.
家叔 Kiā choŭ. Mon oncle. *Patruus minor*.
家眷 Kiā kiuén. Mon épouse. *Uxor*.
家兄 Kiā hiōng. Mon frère aîné. *Frater major*.
家寒 Kiā hân. Ma maison. *Domus mea*.

4° Tchoŭ 拙. *Stupide, vil*. 拙筆 Tchoŭ pỳ. Ma pauvre écriture.

5° Le mot chĕ 舍, (maison) est spécialement affecté à désigner les parents vivants de la ligne collatérale moins âgés, tels que les *frères cadets*, les *sœurs cadettes*, les *cousins*, etc.

舍親 Chĕ tsīn. Mon parent. *Cognatus*.
舍弟 Chĕ tý. Mon frère cadet. *Frater minor*.
舍姪 Chĕ tché. Mon neveu. *Nepos*.
舍姪女 Chĕ tchĕ niù. Ma nièce. *Neps*.

6° L'adjectif siào 小 (*petit*) sert à désigner surtout les descendants, les inférieurs, tels que le fils, les domestiques et autres de ce genre. Les amis se servent aussi de ce mot entre eux. Les domestiques, parlant d'eux-mêmes en présence de leur maître ou de ses amis, n'omettent pas d'employer ce même mot siào 小. Ainsi, l'on dira :

小兒 Siào eûl. Mon fils.
四小兒 Sé siào eûl. Mon 4e fils.
小女 Siào niù. Ma fille.
小孫 Siào sēn. Mon neveu.
小壻 Siào sý. Mon gendre.
小徒 Siào toŭ. Mon disciple.
小僕 Siào poû. Mon esclave.

7° L'expression yû 愚, *méprisable, peu éclairé*, s'emploie non-seulement lorsqu'on parle de soi avec modestie, mais encore de ses opinions, de ses vues, de ses goûts, etc.

愚見 **Yû kién.** Ma *méprisable* opinion.

8° 寒 **Hân.** Froid, grand froid, sert à désigner ce qui est bien pauvre.

寒舍 **Hân chĕ.** Ma pauvre demeure.

9° Le mot **kīn** 荊, *épine, broussailles,* est souvent employé pour désigner, par modestie, ce qui est à nous.

荊婦 **Kīn foú.** Ma pauvre épouse.

荊府 **Kīn foù.** Ma pauvre ville.

10° Si l'on parle d'un parent *ascendant*, déjà mort, on fait précéder le terme qui désigne le degré de parenté du mot **Siēn** 先. On ne l'emploierait pas pour les descendants.

先父 **Siēn foú.** Feu mon père. *Defunctus pater.*

先母 **Siēn moù.** Feu ma mère. *Defuncta mater.*

先叔 **Siēn choŭ.** Feu mon oncle. *Defunctus patruus.*

先兄 **Siēn hiōng.** Feu mon frère. *Defunctus frater.*

VI. — DES EXPRESSIONS POLIES QUI REMPLACENT LE PRONOM POSSESSIF DE LA DEUXIÈME PERSONNE.

1° L'impératrice-mère, en chinois, **Houâng tá heóu** 皇大后, donne à l'Empereur régnant le titre de **kouān kiā** 官家.

2° En adressant la parole à l'Empereur, un Chinois se sert des formules suivantes, qui correspondent un peu à ces mots : *Votre Majesté,* mais qui offrent des nuances variées d'un plus grand respect pour la dignité impériale.

萬歲 **Ouán soúy.**

聖上 **Chén cháng.**

聖駕 **Chén kiá.**

陛下 **Pý hiá.** Le dessous des degrés (1). . } Votre Majesté.

朝廷 **Tchāo tīn.** *Imperialis palatii aula.* . } Votre Majesté.

上 **Cháng.**

Un Tartare dit plus communément : **Tchoù tsé** 主子, en parlant à l'Empereur.

3° Les fils de l'Empereur sont désignés par le titre d'Altesse, selon le rang qui leur est assigné par l'Empereur en récompense de leurs services et à titre d'honneur. (Voir notre Dictionnaire, au mot Altesse.)

4° Il y a quatre ou cinq adjectifs que l'on emploie par honneur, par res-

---

(1) Le sens est : *Vous qui nous voyez aux pieds de votre trône élevé,* expressions en usage depuis l'Empereur 始皇帝 (213 ans av. J.-C.).

pect pour ceux auxquels on parle, au lieu du pronom possessif à la deuxième personne. Ces adjectifs sont : kouý 貴 *noble, illustre, précieux, riche*. On l'emploie en nommant les choses, les villes, les royaumes, etc. Kaō 高, *élevé, distingué*...; on l'emploie quand on interroge quelqu'un sur son âge, qu'on parle de l'habileté, de l'intelligence de quelqu'un, etc. Tsēn 尊, *vénérable*, et lìn 令, qui s'emploie surtout quand on adresse la parole à un proche. Par l'inflexion de la voix, chacun de ces mots a souvent un sens interrogatif. Voici des exemples pratiques de l'application de ces adjectifs.

EXEMPLES :

貴姓 Kouý sín. Votre *noble* nom.
貴家 Kouý kiā. Votre *noble* famille.
貴國 Kouý kouĕ. Votre *célèbre* royaume.
貴府 Kouý foù. Votre *illustre* ville.
貴手 Kouý cheòu. Votre *habile* main.
貴幹 Kouý kán. Votre *précieux* métier.
貴庚 Kouý kēn. Votre âge *distingué*.

高姓 Kaō sín. Votre nom *élevé*.
高明悟 Kaō mín où. Votre *haute* intelligence.
高見 Kaō kién. Votre *haute* opinion.
高筆 Kaō pý. Votre *brillant* pinceau.
高庚 Kaō kēn. Votre âge *élevé*, ou
高手 Kaō cheoù.
高才 Kaō tsāy. Votre *grande* habileté.

尊駕 Tsēn kiá. Votre Seigneurie.
尊號 Tsēn haó. Votre *beau* surnom.
尊諱 Tsēn houý. Votre *noble* petit nom.
尊族 Tsēn tsoŭ. Votre *illustre* parenté.
尊內 Tsēn loúy. Votre *respectable* épouse.
尊筆 Tsēn pý. Votre *brillant* pinceau.
尊面 Tsēn mién. Votre *respectable* face.
尊府 Tsēn foù. Votre *noble* hôtel.
尊寓 Tsēn yú. Votre *honorable* demeure.

令祖 Lìn tsoù. Votre *honorable* aïeul. *Avus*.
令祖母 Lìn tsoù moù. Votre *honorable* aïeule. *Avia*.
令尊 Lìn tsēn. Votre *digne* père. *Pater*, ou
令翁 Lìn ōng.

令堂 Lîn tāng. Votre *vertueuse* mère. *Mater*, ou
令慈 Lîn tsē.
令兄 Lîn hiōng. Votre *précieux* frère.
令姐 Lîn tsiě. Votre *chère* sœur.
令郎 Lîn lâng. Votre *cher* fils, ou
公郎 Kōng lâng.
令愛 Lîn gaý. Votre fille aînée.
令千金 Lîn tsiēn kīn. Votre fille cadette.
令伯父 Lîn pě foú. Votre oncle aîné.
令貞 Lîn tchén. Votre épouse.
令龍 Lîn lông. Votre concubine.
令親 Lîn tsīn. Votre parent.

VII. — DES CINQ ESPÈCES DE SALUTATIONS OU DES CINQ MANIÈRES DE SALUER DES CHINOIS.

La langue chinoise, la plus ancienne des langues connues, a quelques rapports, soit de génie, soit de syntaxe, avec un grand nombre de langues modernes. Ces rapports proviennent sans doute de l'unité primitive des langues et des races. Mais sur quoi est fondée la forme si variée, si curieuse, du salut chez les différents peuples du monde, ce salut étant plus bizarre et plus varié que les langues et les races elles-mêmes? En Chine, les différentes espèces de salutations sont en rapport avec le génie de la nation. On demeure toujours couvert; on se revêt selon les rites et selon les époques de l'année. Prendre ou baiser la main de quelqu'un, offrir son bras à une dame, embrasser quelqu'un, choquerait gravement l'œil d'un Chinois. Il serait de la dernière inconvenance de caresser, en société, un animal, un chien, par exemple. Voici les cinq modes de saluts chinois.

1er *Mode de salut, dit* : Tchaō hoū 招呼.

Cette espèce de salutation est fort simple. On adresse quelques paroles polies, gracieuses, à celui que l'on salue; on fait, en même temps, un léger signe de tête. En route, au milieu des rues, ce salut est fort usité. On emploie surtout les paroles suivantes :

恭喜, 恭喜 Kōng hỳ, kōng hỳ. *Soyez félicité, soyez félicité*, ou bien encore :

發才, 發才 Fă tsāy, fă tsāy. *Devenez riche, devenez riche.*

Dans un bon nombre de provinces, on dit aussi : Tchě fán leào 喫飯了. Avez-vous mangé? ce qui veut dire : *Vous portez-vous bien?*

2e *Mode de salut :* **Tà kòng** 打拱.

Pour faire ce salut, on place les mains fermées l'une sur l'autre, on les agite légèrement, en même temps que l'on incline un peu la tête. Ce salut se fait ou se rend surtout aux personnes auxquelles on veut rendre un devoir, mais sans entamer de conversation.

3e *Mode de salut :* **Tsó ỳ** 作揖. **Yú jên tsó ỳ** 與人作揖.
Le faire à quelqu'un.

Si l'on rencontre une personne que l'on estime un peu, on lui fait le **tsó ỳ**. Si l'on reçoit quelqu'un à la maison, c'est encore le salut ordinaire. Ce mode de salutation s'observe en joignant les mains fermées sur la poitrine, en les remuant d'une manière affectueuse et inclinant un peu la tête. Si l'on est en rue, on dit alors : **Tsìn tsín** 請進, qui est un compliment un peu vague et d'un sens large, comme le *favorisca* des Italiens. Si l'on est à la maison, on dira, à volonté, soit : **Tsìn tsó** 進坐, *veuillez entrer et vous asseoir.* **Pîn gān mô** 平安麽? *Êtes-vous bien portant?* Si l'on veut être plus gracieux encore, on dira : **Hỳ kĕ laŷ leào** 希客來了. *Voici un hôte bien rare!*

4e *Mode :* **Tà tsiĕn** 打遷.

Si l'on reçoit, si l'on rencontre une personne que l'on veut saluer avec déférence, on fait ce salut, en joignant les mains, les élevant jusqu'au front, puis en les baissant assez profondément, en même temps que l'on incline tout le corps. On finit comme dans le **tsó ỳ** ordinaire. Tel est ce mode de salut.

5e *Mode :* Le **Kŏ teoû** 磕頭.

Ce grand salut chinois est le plus solennel. C'est proprement le vrai salut chinois. On le fait dans les circonstances importantes de la vie, avant ou au retour d'un voyage; on saluera ainsi ses parents, ses supérieurs; au jour de la naissance des parents ou d'un supérieur, au nouvel an chinois, en abordant un supérieur ou s'éloignant de lui, en sollicitant une grâce, en remerciant d'une faveur obtenue, etc., etc., on fait le **Kŏ teoû** 磕頭. Ce salut consiste à se mettre à genoux, à élever gravement les mains jointes jusqu'au front, à incliner la tête presque jusqu'à terre, et à la relever avec les mains toujours jointes et élevées. On fait trois fois cette même inclination avant de se relever. Dans les occasions importantes, celui qui rend le salut commence par faire une demi-génuflexion (**Kioŭ sỳ** 曲膝); on lui répond en faisant la même révérence, mais plus profonde, comme pour le surpasser en politesse. Ne voulant pas être vaincu, le premier fléchit alors entièrement le genou jusqu'à terre, **tà koúy** 打跪; le second rend le même salut en laissant voir qu'il tient toujours à n'être point vaincu. Le premier met alors les deux genoux en terre et fait le **Kŏ teŏu**.

Un supérieur auquel on fait le **Kŏ teŏu** ne le rend jamais. Il se borne à toucher légèrement l'épaule de celui qui le salue, en l'invitant à se lever, quand celui-ci est d'un certain rang ou d'un certain âge.

Il y a plusieurs circonstances solennelles, telles que la veille du nouvel an au soir, le nouvel an au matin, à une cérémonie de mariage, etc., où le grand salut chinois est accompagné de quelques rites qu'il importe de faire connaître. Un maître de cérémonie dirige les assistants et porte la parole sur un ton grave et élevé.

Voici l'odre de ces rites :

1° *Que chacun prenne son rang et sa place.* **Paý pān** 排班. L'ordre s'exécute.

Le maître de cérémonie :

2° *Que chacun se tienne debout comme il convient.* **Tsieóu ouý** 就位.

3° *Que chacun s'ajuste avec décence.* **Tchēn sieōu** 整肅. A ces mots, toutes les personnes présentes examinent si le bonnet, les habits, les manches des vêtements sont en ordre, et placent leurs mains selon l'exigence de l'urbanité.

4° *Que chacun incline le dos.* **Kioŭ kōng** 鞠躬. Tout le monde obéit et se tient dans cette position durant quelques secondes.

5° *Que chacun se prosterne une première fois.* **Ỳ cheoù foŭ** 一首伏. Les personnes qui composent la réunion tombent à genoux avec ensemble, les mains jointes sur la poitrine.

6° *Que chacun incline profondément la tête une première fois.* **Ỳ keóu cheòu** 一叩首. Chacun incline la tête jusqu'à terre, en tenant les mains jointes.

7° *Que chacun s'incline profondément une deuxième fois.* **Eùl keóu cheòu** 二叩首.

8° *Que chacun s'incline une troisième fois.* **Sān keóu cheòu** 三叩首.

9° *Que chacun se relève.* **Hín** 興. Le maître de cérémonie entonne alors quelques chants, que tout l'auditoire continue.

10° *Que chacun se remette à genoux.* **Tsé foŭ** 次伏. On recommence alors, comme plus haut, les trois salutations consécutives, puis on se relève. La cérémonie est terminée.

Si l'on charge verbalement quelqu'un de saluer un autre de sa part, on dit :

問厚 **Ouén heóu.**
拜上 **Paý cháng.**
平安 **Pîn gān.**

VIII. — FORMULES DE REMERCÎMENTS.

Si quelqu'un se donne de la peine pour être agréable, pour faire plaisir, on lui dira, par manière de remercîments : *Vous prodiguez votre cœur* 費心, ou bien, *vous épuisez vos forces* **Feý lỳ** 費力, **tsaō sīn** 操心. **Tchóng tchóng fāng** 重重芳.

On exprime sa reconnaissance à quelqu'un qui a rendu service, en disant : *Je vous suis bien reconnaissant; mes remercîments ne sauraient avoir de fin.* **Sié poŭ tsīn** 謝不盡.

Si quelqu'un s'est détourné de ses occupations pour rendre service, on le remerciera ainsi : *Je vous suis bien importun.* **Fân lâo** 煩勞. Si l'on parle à un inférieur, on dit : **Lân oûy ngỳ** 難爲你, dans le même sens. — On dit encore très-communément : **Tĕ tsoúy** 得罪. *C'est une grande faute que d'avoir osé prendre une telle liberté.* On répète deux ou trois fois de suite cette formule pour mieux exprimer sa reconnaissance.

Si quelqu'un prévient par des marques d'honneur, on doit avoir l'air de ne pas accepter, en disant deux ou trois fois : **Poŭ kàn** 不敢. *Est-ce que j'oserais? Je ne puis souffrir que vous preniez cette peine.*

Lorsqu'on nous adresse un compliment, une parole flatteuse, on remercie en disant : **Kỳ kàn** 豈敢. *Est-ce que j'oserais? Je ne puis croire de moi de telles choses.*

Si l'on a reçu un cadeau, une rémunération, on se sert des mots **Tō sié** 多謝. *Grand merci*, ou **Kàn sié** 感謝. *Mille et mille obligations à vous*, **Tchóng tchóng sié ngỳ** 重重謝你.

Un inférieur ne remercie jamais un supérieur sans lui faire le **Kŏ teôu** 磕頭.

IX. — DES VISITES.

拜會 **Paý hoúy.** Visites reçues.
回拜會 **Hoûy paý houý.** Visites rendues.

§ 1. *Époque des visites.*

Les Chinois entretiennent entre eux des relations sociales très-fréquentes. On y observe avec soin les règles de la politesse. Cette politesse exquise répand sur toute la population de l'Empire un vernis remarquable de belles et bonnes manières. Les visites font une partie essentielle de l'urbanité chinoise.

Parmi les visites, les unes sont obligatoires, les autres sont facultatives ou de pure bienséance. Les visites obligatoires regardent particulièrement les inférieurs à l'égard des supérieurs, dans toutes les classes de la société et dans la famille. Les jours de visites obligatoires pour un subalterne sont, par exemple, le jour anniversaire de la naissance (Tān jĕ 誕日), le matin du nouvel an (yuên tān 元旦), certains jours de fêtes civiles, tels que le 15e jour de la 1re lune, ou la fête des Lanternes (yuên siáo 旦宵); la fête des morts ou le Tsīn mîn 清明, vers le 5 avril; le 5e jour de la 5e lune dit: Touân yâng 端楊, anniversaire de la mort du célèbre ministre Kiŭ yuên 屈原; le jour de la naissance du fils de quelque supérieur ou d'un ami intime; l'époque du mariage ou de la mort de quelque supérieur, celle au retour d'un voyage lointain entrepris par un supérieur, etc.

Sept jours après la mort d'un parent, on doit faire une visite à ceux qui sont venus faire la cérémonie Tiáo 弔. Si un supérieur visite un inférieur, on se sert des mots Lîn hiá 臨下.

§ 2. *Paroles de politesse durant les visites.*

En Chine, on n'adresse jamais la parole à un hôte sans employer le mot Tsìn 請, qui peut se traduire par : *je vous prie, veuillez bien.* On accompagne naturellement ce mot du geste qui lui convient. Ainsi l'on dit : Tsìn lây 請來, *veuillez entrer;* tsìn tsó 請坐, *veuillez vous asseoir;* tsìn fán 請飯, *veuillez manger.* Souvent on emploie en même temps la qualification de l'hôte auquel on parle. Ainsi : Tsìn chên foú tchĕ fán 請神父喫飯. *On invite Votre Révérence* (le miss.) *à prendre le repas.*

請放心 Tsìn fáng sīn. Veuillez être tranquille.
請寬尊袍 Tsìn kouān tsēn páo. Veuillez déposer votre habit.
請上 Tsìn cháng. Veuillez monter plus haut.
請期 Tsìn kŷ. Veuillez fixer le jour.
請問 Tsìn ouén. Oserais-je vous demander?
請罪 Tsìn tsoúy. Veuillez m'excuser.

Un Chinois dira souvent, par un sentiment de modestie et de politesse : *Veuillez m'instruire,* tsìn kiáo 請教. La manière polie de refuser, de faire difficulté d'accepter une chose est de dire : Poŭ kàn 不敢. *Je n'oserais.* Il faut, toutefois, employer ce mot avec tact et discernement.

Si l'on reçoit un conseil d'une personne que l'on honore, on répondra ; Lìn mìn 領命, *je reçois avec respect vos ordres.* Si l'on reçoit des instructions, on dira : Lìn kiáo 領教, *je reçois avec respect vos instructions.* Si l'on reçoit un ordre ou quelque chose qui y ressemble, on dira : Foŭ mîn 服命, ou tsēn mîn 尊命, *je me soumets à vos ordres.*

Si l'on se rencontre avec quelques personnes à la porte d'une maison, comme chez nous, il s'engage un combat de politesse pour céder le pas aux autres. A la fin, le plus honorable se rend et passe le premier, mais alors il s'excuse en disant : *je le fais par obéissance,* foŭ mîn, ou tsēn mîn. On se sert de ces paroles toutes les fois que, dans un combat de politesse, on est obligé de céder.

Si l'on est pressé de faire un acte dont on se croit trop honoré, on ne manque pas de dire : **Kỳ kàn** 豈敢, *est-ce que j'oserais?*

Quand on veut s'excuser d'avoir beaucoup parlé, dans une visite, et occasionné peut-être de l'ennui, on dit : **Kīn tchaŏ** 輕詨, ou mieux encore : **tō yên koú eùl** 多言鼓耳, *j'ai assommé vos oreilles de trop de paroles.*

A un hôte qui s'est fatigué pour rendre visite ou un service, on ne manquera pas de dire : **Laô kiá** 勞駕, ou **yeòu laô** 有勞, ou **fān laô** 煩勞. *Que de peines je donne à Votre Révérence!*

§ 3. *Des cartes de visites.* Paý tiĕ tsè 拜帖子.

Il y a deux ou trois espèces de cartes de visites 二三名帖 **Eùl sān mìn tiĕ**. La première et la plus ordinaire consiste en une feuille de papier rouge, sur lequel est imprimé en gros caractères le nom et les prénoms du visiteur. On donne à cette feuille un peu plus ou un peu moins de dimension, selon le rang social que l'on occupe. Le choix du papier, la manière de rendre les caractères brillants et comme couverts de vernis, tout cela est l'objet de l'attention chinoise.

L'autre espèce de cartes de visites (**Tsuĕn tiĕ** 全帖) consiste en une sorte de cahier, composé d'une grande feuille de papier rouge, pliée en forme de paravent, d'un format plus ou moins grand, selon la dignité, le degré d'honneur que l'on veut rendre à la personne que l'on visite. Sur le premier pli, on écrit ses nom et prénoms; sur le second, on adresse quelques paroles gracieuses de civilité, en style élégant, mais concis. On dira, par exemple : *Un tel, le bon et sincère ami de Votre Seigneurie, le très-fidèle disciple de sa doctrine, se présente pour vous rendre ses devoirs et vous faire sa révérence.* En chinois, tout cela peut très-bien se rendre par ces quatre ou cinq caractères : 眷弟頓首百拜 **Kiuén tý tēn cheòu pĕ páy.** *Ignari discipuli hebetum caput reverentiam exhibet.*

Pour les mandarins ordinaires ou pour les nobles du commun, on écrit **Kuĕn tý** 眷弟, ou **Tŏng kiā tý** 同家弟, ou **niên kiā tý** 年家弟

Plus on veut exprimer de déférence à la personne que l'on visite, plus elle est élevée en dignité, plus aussi menus doivent être écrits les caractères ci-dessus.

En visitant un dignitaire, on ne manquera pas de lui donner les titres fixés par le cérémonial de l'Empire. Les fonctionnaires publics sont fort chatouilleux à cet endroit.

Si un missionnaire envoie une carte de visite aux mandarins des villes de deuxième et de troisième ordre, il peut écrire en caractères de la dimension que ces dignitaires emploieraient. Quant aux **Tchē foù** 知府, on écrira plus fin, et ainsi de suite en diminuant le format de l'écriture,

§ 4. *Cérémonial des visites.*

En général, dans une visite un peu solennelle, on fait demander audience par l'envoi de sa carte. Si la visite est acceptée, le maître de la maison donne une réponse verbale : *je recevrai M. un tel; sa visite me fera plaisir.* Si la visite n'est pas agréable, on fait répondre que l'on est absent. On rend la carte de visite en disant : **Taó tă poŭ kàn tāng** 倒達不敢當.

Lorsque l'on rend visite, sans avoir prévenu d'avance, on envoie quelques instants auparavant un domestique pour informer de son arrivée prochaine. On demeure dans son palanquin jusqu'à la réponse verbale. Si l'on est reçu, le concierge s'empresse d'ouvrir les deux battants de la porte du milieu 中門 **Tchōng mên.** Ce serait une impolitesse que de laisser entrer ou sortir par les portes latérales 耳門 **Eùl mên** (1).

L'hôte, convenablement vêtu, sort jusqu'à la porte pour recevoir le visiteur 忙出來相見 **Mâng tchoŭ laŷ siāng kién.** Les dignitaires reçoivent dans la salle même de réception. Les visiteurs d'un rang un peu élevé se font porter en palanquin jusqu'aux pieds de l'escalier qui conduit au salon de réception. Dès que le visiteur a franchi le seuil de la porte ou qu'il est arrivé près du salon, le maître de la maison dit : **Kieòu niàng** 久仰. *Il y a bien longtemps que je vous attends.* 久仰臺光無緣進謁 **Kieòu niàng tāy kouāng, oû yuên tsín yĕ.** *Depuis longtemps,* j'étais jaloux de faire votre connaissance, je n'avais pas trouvé l'occasion. 接芝宇果是不凡 **Tsiĕ tchē yû kò ché poŭ fân.** *Ce n'est pas une petite faveur que celle de votre visite.*

Si le visiteur vient pour la première fois, on dira : **Kieòu oûy** 久違. *Qu'il y a longtemps que je vous désire!* En dehors de ces cas, on dit : **Tsìn tsó** 請坐, en se plaçant à la droite, tant que l'hôte n'est pas en mouvement. Une fois en marche, c'est le côté gauche qu'il reprend, parce que c'est alors le plus honorable. **Tsìn chēn** 請升, *veuillez aller devant,* dit-il, et il accompagne le visiteur en se tenant un peu en arrière, si celui-ci est d'un rang élevé. Chaque fois qu'il y a une porte à franchir, le maître doit dire à l'hôte : **Tsìn** 請, afin qu'il entre le premier. Si celui-ci résiste, on insiste : **Tsìn siēn** 請先.

La salle de réception porte à volonté l'un de ces noms : **Kĕ fâng** 客房, **kĕ tīn** 客廳, ou **kĕ hoúy** 客會. Les siéges de la salle sont, en général, rangés sur deux lignes parallèles, et couverts de tapis plus ou moins élégants. S'il y a des lits de camp (*dorsualia* 墊子靠背) avec escabeau pour les pieds, c'est le grand genre. Lorsque le visiteur est très-élevé en dignité, par

(1) Si le visiteur était un haut dignitaire, on devrait de suite envoyer à sa rencontre un domestique lui dire : **Poŭ kàn** : *Je ne suis pas digne d'un tel honneur.*

exemple, qu'il est vice-roi, les siéges de la salle ne doivent pas être égaux en nombre; on place, au milieu de la salle, un siége plus élevé et plus orné.

Dans les provinces du midi de la Chine, le côté sud de la salle est le plus honorable; c'est le contraire dans celles du nord. En Chine, voici le côté droit de la salle. Si la salle regarde le Midi, la droite est à la partie orientale; si elle regarde le Nord, l'Occident est le côté droit. Si elle regarde l'Occident, le Midi est le côté droit, le contraire pour l'Orient.

Dès qu'on est arrivé dans la salle, on se fait mutuellement les saluts d'usage. Selon la dignité, tantôt c'est le visiteur, tantôt c'est le maître de la maison qui le premier fait le salut appelé : **Tsŏ ў** 作揖. Quelquefois, c'est le salut appelé **Kŏ teŏu.** L'urbanité exige que celui auquel on va faire ce dernier salut, hôte ou visiteur, cherche à l'empêcher, en disant : **Poŭ kàn.** *Est-ce que j'oserais le permettre?* Ce salut terminé, le maître reprend aussitôt : **hoûy lỳ** 回禮, *je rends votre cérémonie*, et il rend le salut. Le visiteur ne manque pas de dire, au début : **Tĕ tĕ laŷ fóng paý** 特特來奉拜. *C'est exprès que je viens vous visiter.* Le maître répond : **Kieòu niàng** 久仰, ou **kieòu ouŷ** 久違. *Qu'il y a longtemps qu'on vous désire!* 爲何有此高興. *Quelle heureuse inspiration nous procure le plaisir de votre visite?*

Si l'hôte est un grand dignitaire, le maître de la maison peut lui dire : **Laô kiá** 勞駕, ou **yeòu laô** 有勞. *C'est une grande fatigue pour Votre Excellence!* Si l'on a reçu une faveur de l'hôte, on profite de l'occasion pour le remercier : **Tō sié** 多謝, ou **tō mông** 多蒙. Celui qui a accordé le bienfait répond alors : **siào ný** 小儀, *c'est un petit don*, ou bien encore : **Lỳ kĭn tsĭn ý tchóng** 禮輕情意重. *Le don est petit, mais l'affection et la volonté sont grandes.* Lorsque le visiteur a un peu retardé sa visite, il s'en excuse en disant : **Fóng paý tĕ tchĕ** 奉拜得遲. *C'est bien tard que je vous rends mes devoirs.* 多曠于禮 **Tō kouăng yû lỳ.** *J'ai bien manqué à la politesse*, ou 失敬 **Chĕ kín**, qui a le même sens.

Lorsque le maître de la maison a été surpris par une visite ou qu'il s'est fait attendre, voici les paroles d'excuse qu'il prononce en arrivant : **chĕ ŷn** 失迎, *j'ai manqué par ma faute à votre réception*; ou bien : **chĕ lỳ** 失禮, *j'ai violé les rites*, ou enfin : **kĭn mán** 輕慢, *je vous ai méprisé*; il ajoute aussitôt : **Tĕ tsoúy** 得罪. *C'est une grande faute de ma part.* L'hôte ne manque pas de répondre : **Poŭ kàn** 不敢. *Est-ce que j'oserais?*

Lorsque les salutations d'arrivée sont finies, le maître de la maison invite, en faisant un geste, son hôte à prendre le côté le plus honorable du salon. Celui-ci, par un acte de modeste courtoisie, s'empresse souvent de dire : *Oui, j'accepte, parce que nous faisons ici les rites du Nord* : **Pĕ lỳ** 北禮, *je suis donc à ma place. — Nullement*, réplique aussitôt le maître de la maison, *nous suivons ici les rites des provinces du Midi* : **Lân lỳ** 南禮, *vous êtes donc à la place qui* *vous convient.* — En visite ordinaire, la place d'honneur est la plus voisine de l'autel domestique.

Dans le salon de chaque famille chinoise, au fond de la salle, en face de la porte d'entrée, est un autel plus ou moins orné, selon la fortune de la famille. Sur cet autel sont les lares ou divinités domestiques et la tablette des ancêtres, **Lîm páy** 靈牌. Chaque jour, matin et soir, le chef de la famille ou son fils aîné, vient, au nom de sa famille, saluer ces dieux domestiques, brûler des cierges et des parfums en leur honneur, réciter des prières d'invocation et se recommander aux ancêtres.

Au moment où l'hôte va s'asseoir à la place désignée, le maître de la maison, par un nouveau raffinement de politesse, feint d'épousseter le siége avec le pan de sa robe. L'hôte, ce voyant, en fait autant au siége du maître de la maison, qui répond : **Kỳ kàn** 豈敢? *Est-ce que je le souffrirais?* On fait une petite révérence au siége et chacun prend sa place. Durant tous ces rites, la politesse ne permet pas de jamais tourner le dos à quelqu'un. On répète souvent cette parole : **Poŭ kàn.**

A peine chacun est-il assis à sa place que l'on se fait un profond Tsó ỳ. La politesse veut que l'on se tienne assis droit, sans s'appuyer contre le dos ou sur le bras d'un fauteuil. Chacun tient les mains sur ses genoux, les pieds un peu avancés. Il serait fort malséant de croiser les jambes. On ne doit pas non plus regarder de côté et d'autre.

La conversation s'engage d'une manière grave et, par conséquent, un peu lente. On souhaite la bonne venue au visiteur. **Laò yê, lă foŭ hiáng gān** 老爺納福享安. On peut dire aussi : **Koúy kēn** 貴庚, ou **kaō cheóu** 高壽? *Quel est votre âge respectable?* etc. 爲何有此高興? **Oúy hô, yeoù tsé kaō hín.** *Qui nous procure la haute satisfaction de votre visite, ou le plaisir délicieux de vous voir?*

A peine est-on assis au salon que les domestiques apportent le thé. Les tasses en porcelaine sont rangées sur un cabaret plus ou moins élégant nommé en chinois : **Tchă păn** 茶盤. Les feuilles de thé sont placées au fond de chaque tasse; on y a versé simplement de l'eau bouillante. C'est le grand genre. Si le visiteur est un personnage élevé, on apporte d'abord sa tasse *seule*, puis celle des autres hôtes sur un cabaret. Le maître, prenant la tasse des deux mains, l'offre à son hôte, en lui disant : **Tsìn tchă** 請茶. *Veuillez accepter du thé.*

L'hôte reçoit sa tasse, en la prenant avec les deux mains, et, se tenant debout : **Kỳ kàn** 豈敢. *Comment oserais-je?* Le maître de la maison offre ensuite une tasse à chacun des autres hôtes, en suivant l'ordre de la dignité. Tous les hôtes, ayant reçu leur tasse, se font un grand salut, en prenant garde de rien renverser, ce qui serait malséant. On boit lentement, sans découvrir la tasse, tous ensemble et en silence, afin d'être prêts à la remettre tous à la fois sur le cabaret. On dépose la tasse des deux mains, après que le principal hôte l'a fait lui-même.

Si la visite doit un peu se prolonger, on apporte du thé une deuxième et une troisième fois. On offre aussi quelques fruits confits ou des pâtisseries chinoises. On ne fait pas alors de nouveau le **Tsŏ ỹ** 作揖; on prend sa tasse des deux mains, et l'on se borne à un petit salut de tête mutuel.

Si l'on était à l'époque des chaleurs, le maître de la maison, faisant une inclination à la compagnie, dirait : **Tsìn chán** 請扇, *veuillez prendre vos éventails*. Chaque visiteur est muni de cet instrument. On ne doit pas ouvrir l'éventail d'un seul trait, mais peu à peu; il convient de s'en servir avec grâce et lenteur. Selon la circonstance, le maître juge s'il est à propos d'ajouter : **chēn kouān** 陞冠. *Veuillez déposer vos bonnets*. Il est également reçu d'inviter parfois les hôtes à déposer les habits de dessus : **Tsìn pién** 請便, lorsque les chaleurs sont très-grandes.

Si le visiteur avait quelque chose de particulier à dire ou à demander, il ne le ferait que sur la fin de la visite, s'y prenant comme s'il n'était pas venu dans ce but et disait cela par accident. Il emploie alors ces mots : **Tchĕn păn** 眕盼. *Seriez-vous assez bon pour écouter ceci?* Le maître de la maison répondrait : **Foŭ mín** 服命, *je suis à vos ordres*.

La conversation finie, le visiteur se lève et demande la prermission de se retirer, en employant l'une de ces expressions : **Kaó piĕ** 告別, ou **pìn mín** 稟命, ou **kaó tsĕ** 告辭. On salue le maître de la maison comme en arrivant. Celui-ci prend la gauche de l'hôte et le reconduit jusqu'au lieu où est déposé son palanquin, tout en s'excusant de ne pouvoir le reconduire plus loin : **Poŭ sóng** 不送. Le visiteur essaie de retenir le maître de la maison : *Est-ce que j'oserais? Veuillez retourner*. **Poŭ kàn** 不敢; **tsìn hoûy** 請回, ou **lieôu poú** 留步. Le maître insiste : *C'est mon devoir de vous reconduire* : **Sóng sóng** 送送, ou **kaỹ sóng** 該送. L'hôte répète **tsìn hoûy** et **lieôu poú**. Arrivés à la porte, le maître et l'hôte se font encore le **Tsó ỹ**. Le maître se recule alors un peu sur le seuil de la porte et attend que l'hôte soit assis dans sa chaise ou soit remonté à cheval, en disant : **Heóu tchĕn** 候乘. Le visiteur, remonté dans sa chaise, salue une dernière fois le maître de la maison par ces mots : **Tsìn leào** 請了. Le maître répète : **Tsìn leào**. Les adieux sont faits. Le cortége part là-dessus.

Si l'on a reçu la visite d'un dignitaire, on ne manque pas de lui envoyer sa carte dès le lendemain, **Sié laô** 謝勞, *pour remercier de la peine qu'on a prise de rendre visite*.

Dans les visites ordinaires, les cérémonies sont moins nombreuses. On présente au concierge sa carte de visite, **Tiĕ tsè** 帖子. En temps de deuil, on se sert de papier blanc. Dans ces visites, le maître de la maison ne se met pas en habit de cérémonie. Il se présente à l'hôte qui arrive à la salle de réception. On se fait mutuellement le **Tsŏ ÿ**, en s'adressant l'un des souhaits ordinaires :

恭喜恭喜 **Kōng hỳ kōng hỳ.**
發財 **Fă-tsăy.**
受福 **Cheóu foŭ.**
享便 **Hiàng pién.**

Toutes les formules suivantes répondent à notre *bonjour français*, savoir : **Tsìn tsó** 請坐; *veuillez entrer*, **tsìn cháng** 請上; *veuillez monter plus haut*. Si le visiteur est un nouveau venu, on lui demande ses noms par une des formules d'usage. On offre le thé, le tabac, mais sans cérémonie.

事務順遂 **Sé oú chuén souý.** Vos affaires vont-elles bien?
生易好 **Sēn ý hào?** Le commerce prospère-t-il?
生易興隆 **Sēn ý hīn lông?** Le commerce marche-t-il bien?
貴庚 **Koúy kēn.** Quel est votre âge? ou
春秋幾何 **Tchoūn tsieōu kỳ hô?**

La visite terminée, on reconduit l'hôte jusque sur le seuil du salon, en lui disant : **Poŭ sóng** 不送. *Je ne vous reconduis pas. — Je me retire.* **Lieôu poú** 留步. *Quand vous reverra-t-on?* **Kỳ jĕ tsáy hoúy** 幾日再會, ou **heóu hoúy yeòu kỳ** 後會有期? *Nous espérons vous voir sans trop de retard.*

X. — DES PRÉSENTS.

Lỳ oŭ 禮物.

« Les hommes, dit l'Empereur **Kāng hỳ**, dans ses instructions aux Princes « ses fils, ne peuvent se dispenser de se faire mutuellement des présents. Il con- « vient que ce présent consiste en une chose utile ou que l'on sache être dé- « sirée par celui auquel on fait le présent. On prouve par là que l'on connaît le « goût de ses amis et qu'on veut les satisfaire. Envoyer à quelqu'un un pré- « sent quelconque et en renvoyer un du même genre, ce serait une sorte d'é- « change qui ne montre pas une véritable intention d'être agréable. »

On ne fait jamais, en Chine, une visite sans la faire précéder ou accompagner de quelques présents. La nature de ces présents varie, selon les personnages auxquels on les offre et selon les circonstances qui déterminent la visite. Il faut au moins cinq ou six sortes d'objets par présent. Il serait inconvenant d'offrir de petits présents à un grand dignitaire. Afin de faciliter le choix des présents que l'on peut offrir, les ouvrages chinois qui traitent de la civilité contiennent une longue énumération des objets que l'on peut offrir, groupés sous six chapitres. On peut en un instant fixer son choix, à volonté, selon son goût et sa fortune. Voici les titres de ces chapitres : 1° *vases et ustensiles;*

2° *oiseaux et animaux;* 3° *comestibles et liqueurs;* 4° *vêtements et broderies;* 5° *fruits divers;* 6° *fleurs curieuses.* Aujourd'hui il est du bon goût d'offrir des objets européens qui, à cause de leur nouveauté, sont reçus avec faveur.

Dans les visites solennelles, l'offrande est envoyée quelques heures auparavant. Un domestique, en habit de cérémonie, va présenter les présents. 家人將禮物呈上 **Kiā jên tsiāng lỳ oǔ tchên cháng.**

Outre la carte de visite, il présente une liste des objets offerts, **Lỳ tān** 禮單 sur papier rouge, laquelle est placée dans une grande enveloppe : **Tsuên tiě** 全帖. En la présentant au nom de son maître, le domestique dit : **Lỳ pǒ** 禮薄 : *c'est un bien petit présent.*

Il est rare que l'on accepte tout ce qui est offert. On s'excuse avec politesse, **Poǔ kàn** 不敢. *Comment accepter?* **Tō sié** 多謝. *Mille remerciments.* On conserve le **Lỳ tān** 禮單, et l'on en remet un autre, également sur papier rouge, sur lequel on inscrit les noms des objets que l'on accepte. Si, par exemple, on choisit quatre espèces de présents, cela se dira : 點四色 **Tièn sé sě.** On renvoie le reste 餘者退出 **Yû tchě touỳ tchoǔ.** L'on remercie par ces quatre mots : **Yû tchēn pỳ sié** 餘珍璧謝, c'est-à-dire : *les autres dons sont des perles précieuses, je n'oserais y toucher; je vous remercie.* La règle est de donner quelque chose au domestique qui apporte les présents. Le renvoi des autres présents se dit : **Fàn pỳ** 反璧.

La politesse chinoise permet de refuser une première et une deuxième fois les présents qui sont offerts. Un troisième refus serait la marque d'une rupture des liens sociaux avec le donateur.

Le grand genre, lorsque l'on veut être agréable à celui auquel on offre un cadeau, est d'envoyer une simple liste d'objets. Celui-ci fait alors lui-même le choix des objets qu'il accepte, en marquant d'un cercle ces objets. Le donateur les envoie ensuite. On accuse réception, en marquant ce qu'on a reçu, et l'on ajoute : **Yû pỳ** 餘璧. *Le reste est chose précieuse.*

En offrant à quelqu'un un cadeau, on peut employer la formule suivante ou toute autre analogue :

« *Ces bagatelles sans valeur sont de bien faibles marques de mon sincère atta-*
« *chement. Si vous les repoussiez, ce serait exclure votre disciple du seuil de votre*
« *porte. J'ose espérer que vous voudrez bien les accepter comme un gage de sou-*
« *venir.* » 此須薄物聊展鄙忱若是帥臺峻拒便是棄門在于門墻之外了萬望叱存足徵収錄 **Tsé soū pǒ oǔ, leâo tchèn pỳ tchên, jǒ ché sē tǎy tsén kiú piēn ché kỳ mên sēn yū mên tsiāng tche ouáy leào ouán ouáng tchě tsēn, tsioǔ tchēn cheōu loǔ.**

A quoi l'on peut répondre :

« *Je ne devrais pas recevoir de si grandes marques de courtoisie; mais, parce que*
« *vous me montrez des sentiments si affectueux, je ne puis qu'accepter un de ces*

« objets, et cela en rougissant. » 厚禮本不當受旣賢契過千用情只得貴領也 **Heóu lỳ pèn poŭ tāng cheóu ký hiên kӳ kó tsiēn yóng tsîn tchè tĕ koúy lìn ỳ.**

Les mandarins suivent généralement la coutume de n'offrir que le catalogue des présents. Après que l'hôte a fixé son choix, les serviteurs du mandarin vont les chercher. Il ne convient pas de donner aux domestiques des mandarins des étrennes plus fortes que celles que les mandarins donneraient à nos propres domestiques. On aurait l'air de leur faire la leçon. Il faut, toutefois, en excepter le cas où les cadeaux seraient d'une valeur exceptionnelle.

Les amis intimes apportent quelquefois deux sortes de présents, l'une ordinaire, l'autre extraordinaire. Celle-ci consiste en objets précieux. On refuse avec instances ces derniers, par ces mots : **Pӳ sié** 璧謝. *Je n'oserais accepter.* Il y aurait de l'inconvenance à les accepter.

Lorsque l'on présente soi-même son cadeau, on fait d'abord les civilités ordinaires de la visite; puis on offre le **Lỳ tān.** Celui qui reçoit le cadeau le livre de suite, sans l'examiner, à un domestique, en remerciant poliment le donateur. La visite finie, on lit le billet et l'on reçoit ce qui convient. Si l'on accepte tout, on garde le **Lỳ tān** et l'on en envoie un autre pour accuser réception et remercier. Chaque fois que l'on accepte un présent, la politesse demande que l'on en rende soi-même un à une époque convenable.

Sur les présents, on voit toujours une carte en papier rouge, qui porte deux gros caractères chinois. Ces caractères sont expressifs et indiquent le motif qui détermine à offrir le présent. Ainsi, lorsque la personne à laquelle on offre un cadeau est sur le point de faire un long voyage, on écrit ces mots :

贐儀 **Tsín ngý.** *Présent de départ.*

Si le présent est offert à quelqu'un qui est de retour d'un voyage, on écrit :

洗塵 **Sỳ tchên.** Littér. : *Pour laver la poussière.*

Si c'est à l'occasion de l'anniversaire d'un jour de naissance, on écrit :

祝敬 **Choŭ kín.** *Don respectueux de congratulation et de vœux.*

Si c'est à propos de la mort de quelqu'un :

奠儀 **Tsín ngý.** *Doléances respectueuses.*

Lorsqu'on offre un cadeau en retour d'un autre qui a été reçu, on écrit :

厚貺 **Heóu hoúang.** *En retour d'un grand présent.*

Si le présent est offert par pure politesse, on dira :

贄敬 **Tché kín.**
ou 贄見 **Tché kién.** } *Don de première visite.*

Lorsqu'un haut fonctionnaire chinois va prendre possession de sa charge, les rites veulent que ses subalternes ou ses clients lui offrent un repas ou des cadeaux de départ. On dit alors : 餞行 **Tsién hîn.** *Don offert à l'illustre voyageur.*

Si c'est un mandarin qui offre ce repas ou ce cadeau, on dit alors : 公錢 Kōng tsiên.

Si ce sont des amis ou des clients : 私錢 Sē tsiên.

Dans tous les cas énumérés ci-dessus, on ne doit jamais manquer de s'excuser d'offrir des présents d'une valeur aussi minime : 禮薄 Lỳ pŏ. *Présent de peu de valeur.*

XI. — DES FESTINS CHINOIS.

Les Chinois s'invitent souvent à des festins où ils se donnent des marques d'estime et d'amitié. Il y a les festins solennels et les repas ordinaires. En bonne règle, tout festin un peu solennel est précédé de trois invitations, qui se font par des cartes de visite. La première se fait l'avant-veille. La deuxième le matin même du jour du festin. La troisième à peu près à l'heure du festin. Dans cette dernière, on annonce que le repas est préparé et l'on manifeste l'impatience où l'on est de voir arriver ses hôtes. Si la carte d'invitation est du genre de celles qu'on nomme : Tān tiĕ 單帖, ou du genre : Tsuĕn tiĕ 全帖, on répond sur une carte du même genre.

Lorsque l'on accepte, on peut dire : « *Vous êtes vraiment trop bon! Je n'ose-« rais refuser votre invitation.* » 老爺盛意不敢來領 Laò yê chén ý poŭ kàn laŷ lìn.

Si au contraire on refuse, on peut dire : « *Je ne puis absolument pas accepter. « Présentez mes respects et mes remercîments à votre maître et veuillez remporter « ce billet.* » 這个斷不敢領，煩管家與我拜上多謝了原帖煩管家拿去 Tché kó touán poŭ kān lìn fân kouān kiā yù ngò páy cháng tō sié leào, yuèn tiĕ fân kouān kiā lâ kiŭ.

Après la troisième invitation, on part, revêtu des habits de cérémonie, selon la saison. Un domestique précède quelque peu le convoi pour annoncer l'arrivée; les autres accompagnent la chaise du convive.

La salle du festin est parée de vases de fleurs, de peintures, de cartouches élégants et spirituels, de porcelaines, etc. Chaque table est revêtue de parements sur le devant. Les siéges sont couverts de tapis ou de fourrures.

En recevant chacun des convives, à l'entrée de la salle, le maître de la maison les salue les uns après les autres, en leur faisant le Tsó ў 作揖. Quand tous sont arrivés, il se fait servir du vin dans une tasse, qu'on apporte sur un cabaret. Il prend la tasse des deux mains, fait un salut à tous les convives; puis, se tournant vers la grande cour du logis, il s'avance sur le devant de la table. Là, il élève la tasse comme s'il l'offrait au Ciel, en tenant en même temps les yeux élevés en haut; puis il verse un peu de vin à terre, pour reconnaître que tous les biens et tous les dons nous viennent du Ciel.

Il se fait servir ensuite du vin dans une autre tasse, salue le plus honorable des convives et place cette tasse sur la crédence qui est à ses côtés. L'hôte répond à cette civilité en faisant des difficultés pour l'accepter : **Poŭ kàn** 不敢. *Comment oserais-je?* Lui-même se fait servir du vin et le porte à la place du maître de la maison qui, en Chine, est toujours la dernière.

Le maître de la maison conduit le premier hôte à son fauteuil, couvert de tapis ou de fourrures, et l'invite à s'asseoir : **Tsìn cháng tsó** 請上坐. *Veuillez prendre la place supérieure.* L'hôte s'excuse de prendre une place si honorable. **Kỳ kàn** 豈敢 *Est-ce que j'oserais?* Le maître du festin insiste : *Je vous en supplie, prenez cette place.* **Tsìn chēn cháng** 請升上. La place d'honneur est généralement décernée à un étranger, s'il s'en trouve un parmi les invités. Le maître de la maison, après avoir ainsi conduit les hôtes à leur place respective, prend la sienne au dernier siége de la table.

Un visiteur ne manque pas d'apporter quatre ou cinq rouleaux de papier rouge dans chacun desquels il met un peu d'argent ou des sapèques. L'un est destiné au cuisinier; l'autre au servant de table; celui-ci aux comédiens; celui-là aux musiciens; enfin, le dernier, aux porteurs de l'invitation. Sur chacun de ces rouleaux on écrit la destination.

Lorsque tous les hôtes sont rangés, arrive la troupe de comédiens, qui salue gracieusement les convives. Le chef de la troupe présente au premier convive une liste élégante, en papier rouge, sur laquelle sont écrits les titres des comédies. Le premier convive s'excuse souvent sur son mauvais goût et renvoie la liste au deuxième convive. Alors, comme pour couper court au différend, le chef de l'orchestre choisit une comédie, en montre le titre, et les autres hôtes approuvent. Immédiatement après, on commence le premier acte.

Le festin s'ouvre par le vin pur. Après avoir servi tous les convives, le maître d'hôtel salue d'un genou, en disant : *Messieurs, on vous invite à prendre chacun votre tasse.* **Tsìn laò yê mên kiù peỳ** 請老爺們舉盃.

A ces mots chacun prend sa tasse des deux mains, l'élève jusqu'au front, puis la baisse et la portant à la bouche boit lentement à deux ou trois reprises. **Tsìn kān** 請乾. *Buvez tout*, dit le maître de la maison. C'est ce qu'il fait le premier, en montrant qu'il a vidé sa tasse. Les hôtes inclinent un peu leur tasse vers le maître, comme pour lui montrer qu'on a obéi à ses ordres, et la déposent sur la table. On sert du vin plusieurs fois. *Nous allons boire à la ronde,* **Tsìn ỹ siûn** 請一巡. Ensuite, le maître dit : *Vous êtes priés, messieurs, de boire deux verres,* **Kín choaāng peỳ** 敬雙盃. Les hôtes s'excusent : *Nos forces ne le permettent pas,* **Leâng tchoûn** 量蠢. **Leáng tsién** 量淺. — *Ma tête est faible.* 喫不得 **Tchĕ poŭ tĕ** ou 量窄 **Leáng tsĕ**. — *Veuillez nous excuser.* 請恕 **Tsìn choŭ.** *Non, je n'admets pas votre excuse; vous êtes très-forts,*

Leâng hông 量宏. *Vos forces sont grandes,* 酒量大 Tsieoù leáng tá. *Vous êtes très-forts.* Les convives s'exécutent.

Chaque plat est apporté successivement. Après l'avoir disposé sur la table, le maître du festin, ou le maître d'hôtel, invite les hôtes à se servir : Tsìn tsaý 請菜 : *Veuillez vous servir.* Chacun prend alors les bâtonnets (Kouáy tsè 快子) des deux mains, les élève jusqu'à la poitrine et fait un salut de tête au maître, qui y répond, puis on se sert du mets qui vient d'être servi. Les mets chinois sont, en général, rangés en pyramides. Il ne convient pas de prendre au dessus, mais vers le milieu. On boit tous ensemble après chaque plat. Le nombre des plats varie selon la solennité du festin. Pour un festin ordinaire, on compte, au moins, 15 à 18 plats. On mange peu de chaque plat. Le maître du festin presse les convives à boire : *Vous cachez vos forces, messieurs,* Tsáng sín 藏性. Une fois, au moins, durant le repas, le maître sert lui-même du vin à chacun des hôtes : *Allons, messieurs, trois verres de vin font saisir une doctrine profonde,* Sān peȳ tǒng tá taó 三盃通大道. Les hôtes se faisant presser la dernière fois, le maître du festin dit avec grâce : *Vous le voyez, messieurs, ma main se fatigue, en tenant ainsi le vase élevé,* Tȳ hoû jên cheòu jouán 提壺人手軟. Après que tous les plats ont été servis, on offre du bouillon de viande ou de poisson, et chacun en boit avec sa cuiller. Au moment de servir le riz, le maître du festin dit : *Messieurs, il est de règle de boire, avant le riz, trois verres de vin,* Kién fán sān peȳ 見飯三盃. Ensuite, on sert le riz.

Si les convives sont liés entre eux par l'amitié, le maître du repas propose de faire une partie du jeu de mourre : Tsìn hoâ kiuěn 請譁拳. Si l'offre est acceptée : *M. un tel sera le régulateur du jeu,* N. tāng kouān 當官. Le maître, par politesse, commence avec l'un des hôtes. Peu après, il cède le tour à l'un des convives : Kiāo kiuěn 交拳. — *Il faut fixer la règle du jeu :* Hìn tsieoù lìn 興酒令. Celui qui perd est condamné à boire, chaque fois, une tasse : Fă tsieòu ȳ peȳ 罰酒一盃.

Après avoir joué quelque temps, on se lève de table et chaque hôte se lave les mains et la figure pour se rafraîchir. On se promène ensuite dans la cour, en examinant les fleurs et en fumant.

Dans les familles nobles, il existe un théâtre sur une des plates-formes du jardin. Il est du bon ton de faire jouer alors une pièce de comédie pour divertir les invités.

A la fin de la pièce de comédie, on se remet à table pour le dessert. Les cérémonies sont les mêmes. A la fin du repas, le maître du festin s'excuse d'avoir aussi mal traité ses convives : Mô yeoù tsáy 莫有菜. Les hôtes lui répondent : *Comment! Il y a beaucoup de superflu!* Pìn oŭ 品物 ou bien : Yeoù yû 有餘. — C'est alors que les domestiques de chaque hôte apportent les bourses à offrir, et on les place sur la table du maître, qui répond : Tŏ sié 多謝, *Bien merci!* Les hôtes : Poŭ kàn 不敢.

Le lendemain, les convives envoient leur carte pour remercier. Si le repas est ordinaire, on le fait avant de se retirer.

Si l'on avait été invité seulement à boire le thé, à ne prendre qu'une collation : Tièn sin 點心, on dit : Siè tchă 謝茶. Le maître répond : *C'est de bien mauvais thé,* Tsoū tchă 粗茶.

Dans les repas ordinaires, les convives, levant les baguettes qu'ils tiennent par l'extrémité entre les deux mains, disent aux autres convives : Kiā kouây sў 加快些, et, en déposant ses bâtonnets sur son écuelle, le maître dit : Chaò peў 少陪, *On vous a bien mal reçu.* — Les autres répondent : Tsìn lŏ tchoú 請落筯, *Permettez que nous déposions les bâtonnets.*

XII. — DE LA CORRESPONDANCE ÉPISTOLAIRE.

Le style de la correspondance épistolaire doit être plus ou moins élevé, selon la dignité de celui auquel on écrit. La variété du style épistolaire est donc fort grande. Nous traiterons ce sujet *ex professo* dans la deuxième partie de cette grammaire, au chapitre VII, qui a pour titre : *De la Littérature chinoise.*

Le choix du papier n'est pas indifférent en Chine pour les lettres. Plus on honore quelqu'un, plus on a soin de choisir un papier élégant. Il est du bon ton de prendre du petit papier et d'employer plusieurs demi-feuilles pour une lettre. L'entête de la lettre, les distances à garder entre les lignes, les caractères qui doivent ressortir du niveau de la ligne, ceux qui doivent être placés comme en interlignes et plus fins, tout cela est réglé par les rites de la Chine. Plus le caractère d'une lettre est petit, plus il est respectueux. Une chose fort importante est de donner à chacun les titres d'honneur qui lui sont dus.

Si l'on écrit à une personne élevée en dignité, on doit se servir d'un papier blanc qui ait dix ou douze replis à la manière des paravents. C'est sur le deuxième repli que commence la lettre. Il existe un papier spécial pour les suppliques à l'Empereur ou aux premiers dignitaires des grands tribunaux; c'est comme chez nous le papier dit *ministre.*

On a soin d'appliquer son sceau sur deux endroits d'une lettre, savoir : sur les premiers mots de la lettre et sur sa signature.

Les enveloppes des lettres chinoises sont comme de petits sacs recouverts d'une bande de papier rouge. La dimension de ces enveloppes varie selon la dignité de celui auquel on s'adresse.

Quant à la suscription de l'adresse, voici un modèle pour les lettres les plus ordinaires :

FACE DE LA SUSCRIPTION.

童 Tông
大 Tá — 面 mièn — 煩 fàn
老 laò — 呈 tchĕn — 交 kiaō
爺 yê — 四 sé
川 tchouān

ou 入 joŭ 目 moŭ — ou 膝 sý 下 hiá — ou 臺 Taý 前 tsiên — ou 足 tsioŭ 下 hiá — 重 Tchông 慶 kín 大 Tá 足 tsioŭ

ou 內 louý 具 ký — ou 內 louý 詳 siáng — ou 玉 yŭ 展 tchĕn 開 kāy 折 tsĕ — ou 升 Chēn 啟 kỳ — ou 親 tsīn 折 tsĕ 福 foŭ 剖 foú

TRADUCTION DE LA FACE DE LA SUSCRIPTION.

On regrette de vous donner la grande peine de faire parvenir cette lettre dans la ville de **Tá tsioŭ**, du département de **Tchông kín foù**, province du **Su-tchuen**. On vous prie de la remettre à Son Excellence **Tông**, en la déposant respectueusement en sa présence. Son Excellence l'ouvrira elle-même. Le nom de l'auteur de la lettre est écrit à l'intérieur.

REVERS DE LA SUSCRIPTION.

謹 護 緘

八 Pă

月 yuĕ

初 tsoū

三 sān

日 jĕ

緘 封 固

TRADUCTION DU REVERS DE LA SUSCRIPTION.

Cette lettre a été écrite le troisième jour de la huitième lune. Elle est bien fermée et scellée.

FIN DE LA PREMIÈRE PARTIE DE LA GRAMMAIRE CHINOISE.

www.ingramcontent.com/pod-product-compliance
Ingram Content Group UK Ltd.
Pitfield, Milton Keynes, MK11 3LW, UK
UKHW012204240726
13966UKWH00002B/574